BLUE BOOK OF CHONGQING'S CULTURE 文化蓝皮书

2012年
重庆文化产业发展报告

REPORT ON
DEVELOPMENT OF CHONGQING'S
CULTURAL INDUSTRY
(2012)

总顾问：何事忠 谭栖伟
主　编：刘庆渝 樊　伟 陈　扬
副主编：陈立宏 程　锋 袁道春
　　　　何　浩 袁　涛

重庆出版集团 重庆出版社

图书在版编目(CIP)数据

2012年:重庆文化产业发展报告/重庆市国有文化资产经营管理有限责任公司编.—重庆:重庆出版社,2012.9
ISBN 978-7-229-05764-0

Ⅰ.①2… Ⅱ.①重… Ⅲ.①文化产业—研究报告—重庆市—2012 Ⅳ.①G127.719

中国版本图书馆CIP数据核字(2012)第224409号

2012年:重庆文化产业发展报告
2012 NIAN：CHONGQING WENHUA CHANYE FAZHAN BAOGAO

总顾问:何事忠 谭栖伟
主 编:刘庆渝 樊 伟 陈 扬
副主编:陈立宏 程 锋 袁道春 何 浩 袁 涛
重庆市国有文化资产经营管理有限责任公司 编

出 版 人:罗小卫
责任编辑:曾海龙 刘向东
责任校对:李小君
装帧设计:重庆出版集团艺术设计有限公司·刘 尚 蒋忠智

重庆出版集团
重庆出版社 出版

重庆长江二路205号 邮政编码:400016 http://www.cqph.com
重庆出版集团艺术设计有限公司制版
重庆市伟业印刷有限公司印刷
重庆出版集团图书发行有限公司发行
E-MAIL:fxchu@cqph.com 邮购电话:023-68809452
全国新华书店经销

开本:787mm×1 092mm 1/16 印张:16.5 字数:279千
2012年9月第1版 2012年9月第1版第1次印刷
ISBN 978-7-229-05764-0
定价:27.00元

如有印装质量问题,请向本集团图书发行有限公司调换:023-68706683

版权所有 侵权必究

《2012年：重庆文化产业发展报告》
编委会

总顾问：
  何事忠 谭栖伟

主　编：
  刘庆渝 樊　伟 陈　扬

副主编：
  陈立宏 程　锋 袁道春 何　浩 袁　涛

编委会成员：
  王光胜 杨　龙 刘　新 童艺强 赖家国
  唐　凌 吴进科 杨晓莉 瞿庭涓 孙　俊

目 录

总报告

打造西部文化产业重要增长极
　　——2011年重庆文化产业发展总报告
　　··中共重庆市委宣传部文化产业发展指导处/3

行业报告

开栏语 ··/22
主营业务快速增长　资本运作全面启动
　　——2011年重庆报业产业发展报告　　　　　邓修明　吕建伟/24
　　高端访谈：传媒整合资本　资本壮大传媒 ·························/34
围绕媒体主业，走重庆广电产业的科学发展之路
　　——2011年重庆广电产业发展报告
　　··张向东　赵　新　冉义国/39
　　高端访谈：坚持走品牌发展之路 ····································/51
在转型升级中重拾动力
　　——2011年重庆出版业发展报告 ····················李为祎/57
　　高端访谈：深化"五个体系"　坚定不移建设重庆新闻出版强市
　　··/69
逆势而上　加快推进发行强市建设
　　——2011年重庆书报刊发行业发展报告······方林江　龚小嘉　张　锐/73
　　高端访谈：在曲折蜕变中实现凤凰涅槃 ···············/82
产业引资乘势而上　绿色转型谋势而动
　　——2011年重庆印刷业发展报告
　　···张富伟　程惠峰/85
　　高端访谈：产业转型　拥抱印刷业发展的第二波浪潮 ·········/93

加强产业构建　促进影视产业快速发展
　　——2011年重庆影视产业发展报告
　　　　…………………………严　兵　刘　亮　何洪元　史绍平　刘贵明/97
　　高端访谈：以内容创作为抓手　推进我市影视业跨体制、跨行业、跨区域合作 ……/106
加强文化交流　推动市场主体建设
　　——2011年重庆演艺产业发展报告 …………………………陶宏宽　史绍平/111
　　高端访谈：创新发展　做大做强 …………………………………………………/121
创新产业发展模式　打造西部强势品牌
　　——2011年重庆动漫产业发展报告 ………………重庆市动漫协会课题组/125
　　高端访谈：把握产业发展动态　在借鉴学习中不断进步 ………………………/137

市场调研

开栏语 …………………………………………………………………………………/142
重庆市民文化消费意愿调查报告
　　……………………………………王　东　容　琦　程晓宇　冉　庆/143

金点论坛

开栏语 …………………………………………………………………………………/156
实现"文化强市"新跨越的行动纲领
　　——《重庆市文化产业"十二五"发展规划纲要》解读 …………王祖勋/157
浅析重庆文化产业的政策构建 ……………………………………………吴进科/164
重庆市国有文化产业重大投资项目监管体系建立的探讨
　　…………………………………………………………………童艺强　朱旭龙/172
重庆长江三峡库区文化产业研究 ………三峡库区文化产业研究课题组/182

年度观察

开栏语 …………………………………………………………………………………/196
"文化湘军"的探索与突围
　　——解析中南传媒整体上市 …………………………………何　方　王　靓/198
河南清明上河园："无中生有"发展文化产业 ………………………………夏　帆/208

做大做强互联网产业　推动重庆文化产业大发展
——华龙网发展案例分析 ……………………………………… 李　成/217
瞄准新兴文化业态　加快文化产业发展
——对重庆猪八戒网络有限公司发展之路的调查与思考
………………………………………… 王　东　容　琦　程晓宇/224
白沙:重庆历史名镇的文化产业发展之路 ………… 陈　毅　刘　弘/230

年度大事记

2011年度重庆文化产业发展十大亮点 ………………………………… /241
2011年度重庆文化产业改革发展大事记 ……………… 钟兰祥整理/246

附录

征稿启事 ……………………………………………………………… /251
合作单位 ……………………………………………………………… /253

REPORT ON DEVELOPMENT OF
CHONGQING'S CULTURAL INDUSTRY (2012)

总报告

打造西部文化产业重要增长极
——2011年重庆文化产业发展总报告

中共重庆市委宣传部文化产业发展指导处

2011年是"十二五"开局之年。这一年里,世界多极化、经济全球化继续深入发展,世界经济政治格局出现新变化,科技创新孕育新突破,和平、发展、合作仍是时代潮流。同时,国际金融危机影响深远,欧洲主权债务危机日趋恶化,美国失业率居高不下,发达国家经济复苏乏力,使我国发展的外部需求减弱。而围绕市场、资源、人才、技术、标准等的竞争更加激烈,针对我国的贸易和投资保护明显抬头,成为影响我国经济增长的重要因素。在这种形势下,党中央、国务院牢牢把握科学发展这个主题和加快转变经济发展方式这个主线,实施"十二五"规划,加强和改善宏观调控,正确处理保持经济平稳较快发展、调整经济结构、管理通胀预期的关系,促进经济增长由政策刺激向自主增长有序转变,呈现出增长较快、价格趋稳、效益较好、民生改善的良好态势。据国家统计局公布数据,2011年全国GDP总量达47.2万亿元,增速为9.2%,公共财政收入10.37万亿元,增长24.8%,人均GDP已经突破5000美元。但不容忽视的是,随着深化改革开放、加快转变经济发展方式进入攻坚时期,经济增速缓慢回落与物价仍处高位两者交织,使宏观调控面临的两难问题增多,对就业和社会稳定形成较大压力;当前经济发展方式粗放、资源环境约束问题日趋尖锐、产业结构不合理,许多产业仍然处于全球价值链的中低端,都迫切需要坚定不移地以加快转变经济发展方式为主线,不断提高发展的全面性、协调性、可持续性,坚持在发展中促转变,在转变中谋发展,实现经济社会又好又快发展。

2011年,也是中国文化改革发展史上又一个里程碑。10月15日至18日,党的十七届六中全会召开,从中国特色社会主义事业总体布局的高度,部署深化文化体制改革、推动社会主义文化大发展大繁荣,审议通过《关于深化文化体制改革推动社会主义文化大发展大繁荣若干重大问题的决定》，提出了努力建设社会主义文化强国的宏伟目标。这也是继党的十二届六中全会、十四届六中全会之后，我们党召开的又一次专题研究部署文化建设的重要会议。在《决定》部署的六个方面重点任务中，特别提出：要"加快发展文化产业，推动文化产业成为国民经济支柱性产业"。强调"发展文化产业是社会主义市场经济条件下满足人民多样化精神文化需求的重要途径"，并将其提到了"新的经济增长点、经济结构战略性调整的重要支点、转变经济发展方式的重要着力点"的高度，掀起了文化产业跨越式发展的新热潮。在十七届六中全会精神鼓舞下，各级党委政府对文化建设的重视程度越来越高，职能部门对文化改革发展的支持力度越来越大，社会各界对文化产业发展的热情越来越高，2011年，有27个省区市出台贯彻落实《决定》的实施意见，提出了建设文化强省、文化强区或文化强市的目标。相关财税优惠政策对文化体制改革、文化产业发展促进作用继续发挥，动漫营业税、增值税优惠政策继续延续，并首次明确将动漫版权转让收入予以营业税优惠，国家发改委、财政部、税务总局、工商总局等部门出台或正在制定有关规范大型主题公园、加强中央文化企业国有资产监管、降低文化企业注册门槛、延续宣传文化企业增值税和营业税优惠等方面政策措施；中国文化产业投资基金正式设立，许多省市也设立了20多只文化产业投资基金，仅2011年上半年就募集资金300亿元，对文化市场的调控能力大大增强；金融支持文化产业力度进一步加大，2011年前9个月，工商银行、农业银行、中国银行、建设银行、交通银行等5家大型银行支持文化产业贷款余额已经达到2300多亿元，到11月底，国家开发银行文化产业贷款余额达到了1182亿元，全年实现发放323亿元，文化产业成为增长最快的业务领域。

2011年，历时8年的文化体制改革取得重大进展，文化产业发展势头不减。有27个省区市实现了省内广电传输网络整合，89家新闻网站完成转企改制，已完成和正在实施转制、撤销和划转的院团达1176家，占文化系统承担改革任务的2102家院团的56%，1600多家非时政类报刊登记或转制为企业。继中国出版、中国教育两大集团之后，中国科技出版传媒集团组建完成，形成国家层面的人文、教育和科技三大国有出版传媒集团公司，出版行业集中度继续提高；全年新增上市文化企业5家，目前在A股和H股上市的总数达到31家，另有4家已经证监会审核通过，9家正在履行核准程序，其中江苏凤凰出版传媒集团在A股主板上市，实现融资44.8亿元，是2011年国内资本市场

IPO规模最大的文化传媒企业；文化市场进一步繁荣，电影故事片产量由2003年的不足百部增长到558部，电视剧从1万集增加到1.5万集，影视动画产量由1.1万分钟增加到22万分钟，全国电影票房突破130亿元，同比增长29%，城市主流电影院线也达到39条，新增影院803家，增长40%，进而我国成为世界第一大电视剧生产国和第三大电影生产国；文化产品和服务走出去的步伐明显加快，2011年全国文化产品进出口总值达199亿美元，同比增长21%，其中出口值达187亿美元，增长22%，图书版权引进和输出比由2003年的15:1下降至2010年的3:1，国际文化贸易逆差呈现缩小趋势。从2004年至2010年，全国文化产业增加值年平均现价增长速度超过23%，2010年文化产业增加值突破1.1万亿元，占国内生产总值比重为2.75%。预计2011年将继续保持这一增速，占GDP比重提升到2.9%左右。

2011年，重庆改革开放和经济社会发展亮点纷呈，为文化建设注入了强劲动力。重庆GDP迈入"万亿俱乐部"，总量突破1万亿元，同比增长16.4%，增速高居全国第一，由全国第24位上升为第23位，西部第6位升为第5位，总量占西部比重由8.7%提升到10.1%。地方财政收入达到2909亿元，增长46.1%。实际利用外资106亿美元，比2007年增长10倍，进入全国前十。重庆文化改革发展生机勃发，突出表现为率先在西部地区建立起覆盖城乡的公共文化服务体系。近年来，通过持续实施"三个百亿"投入计划，即投入100亿元建设17个市级重大文化设施，100亿元为远郊区县添置文化设施大件，100亿元完善乡镇街道和村级、社区文化设施，实施"广播村村响电视户户通"工程，直接受益群众2000万人以上，重庆成为西部乃至全国公共文化服务体系最为完善的省市之一。作为首批文化体制改革试点地区，重庆文化体制改革一直走在全国前列，出版发行、影视剧制作、重点新闻网站、电影发行、一般性国有文艺院团等经营性文化单位全面转企改制，重庆已连续两年被表彰为全国文化体制改革先进地区。改革使新的文化市场主体活力彰显，新成立的重庆演艺集团、重庆红岩文化产业集团一扫颓势，演出场次和收入均大幅增长，报业、广电、出版和发行四大国有文化集团稳步发展，在全市文化产业版图中举足轻重。重庆市国有文化资产经营管理有限公司（下称"市文资公司"）成功注册中期票据14亿元，不仅有力地支持了重大文化产业项目建设，而且有效改善了国有文化集团融资结构。重庆文化产业融资担保有限责任公司运营灵活高效，全市文化产业投融资平台建设成效显著。重庆电影集团成功组建，填补了重庆没有电影制作机构的空白。借助大力扶持微型企业的东风,微型文化创意企业如雨后春笋涌现,截至 2011 年底,已占到全市微型企业 10% 左右,文化产业体系更加健全合理。区县发展文化产业的积极性高涨,《印象·武隆》大型实景演出、巴国城婚庆公园、酉阳《梦幻桃源》音诗画等文化产业项目引人注目,丰富了重庆文化产业生产线。党的十七届六中全会召开后,我市提出了"着力建设西部地区文化产业重要增长极"的奋斗目标,鼓励和支持各区县规划建设文化创业创意园区,投资兴建更多适合群众需求的文化消费场所,大力发展文化旅游等。重庆文化产业发展的追求更高、思路更新、举措更实。

一、"十一五"末重庆文化产业进入加速发展期

"十一五"末发布的各项统计数据表明,重庆文化产业无论是从横向、纵向比,还是放到全市经济社会发展中比,都遵循了一条良性的可持续发展轨迹。重庆文化产业已开始由快速上升期逐步进入加速发展期。

(一)文化产业总量迅速提升

2010 年,重庆实现文化产业增加值 238.75 亿元,较 2009 年增长 26.9%,高于同期重庆 GDP 增速(现价)5.5 个百分点,也分别高于同期重庆第二、三产业增速 4.2 个百分点和 14.5 个百分点。全市文化产业增加值占 GDP 的比重达 3.01%(2010 年重庆地区生产总值为 7894.24 亿元),较 2009 年增加 0.13 个百分点。文化产业各大门类均比上年实现快速增长,其中,网络文化服务增长最快,达 44.2%。其余各领域分别为:新闻服务 32.5%;广播电影电视服务 11.4%;出版发行和版权服务 28.5%;文化艺术服务 37.9%;文化休闲娱乐服务 20.4%;其他文化服务 40.2%;文化用品、设备及相关产品的生产 42.0%;文化用品、设备及相关产品销售增长 23.4%。

(二)文化产业结构不断优化

文化产业核心层、外围层、相关层 2010 年分别实现增加值 100.37 亿元、84.85 亿元、53.53 亿元(见表 1)。三大板块占比从 2005 年的 59.6∶26.5∶13.9 调整为 2010 年的 42.0∶35.5∶22.4,核心层、外围层、相关层对产业增长贡献值的比重不断优化。2010 年三大层增加值增速分别为 23.1%,29.3%,

30.8%,其中,核心层文化产业实现增加值总量最大,占比最大,国有主导的文化产业发展态势继续巩固,虽然其增速相对较慢,但在建的一批重大文化产业项目不久将释放规模效益;外围层及相关层增速相当,新兴文化产业保持良好增长态势。

表1 重庆文化产业分行业增加值数据

单位:亿元

层别	行业分类	2010年	2009年	2008年	2007年	2006年	2005年
	合计	238.75	188.06	146.46	114.19	88.57	66.66
核心层	一、新闻服务	0.32	0.24	0.21	0.15	0.14	0.13
	二、出版发行和版权服务	51.33	39.94	30.94	26.38	20.58	16.83
	三、广播电影电视服务	35.02	31.43	21.85	16.46	10.39	7.75
	四、文化艺术服务	13.7	9.94	7.84	6.44	7.21	5.86
	核心层小计	100.37	81.55	60.84	49.43	38.32	30.57
外围层	一、网络文化服务	6.74	4.68	3.40	2.42	1.45	1.07
	二、文化休闲娱乐服务	44.32	36.82	30.92	25.77	19.11	14.28
	三、其他文化服务	33.79	24.11	18.68	11.52	10.88	8.28
	外围层小计	84.85	65.61	53.00	39.71	31.44	23.63
相关层	一、文化用品、设备及相关产品的生产	23.35	16.44	13.67	10.92	7.62	5.67
	二、文化用品、设备及相关产品的销售	30.18	24.47	18.95	14.13	11.19	6.79
	相关层小计	53.53	40.91	32.62	25.05	18.81	12.46

注:1. 文化产业增加值增长速度按照现价计算。
2. 2010年文化产业增加值数据已经国家统计局认定。

(三)文化消费持续增长

居民收入的增加,促进了文化消费的增长。2010年,全市城镇居民人均文化娱乐用品及服务支出达935.59元,同比增长15.1%;农村居民人均文教娱乐用品及服务消费支出达239.03元,同比增长0.7%。在西部11个省市中,重庆城镇居民人均文化娱乐用品及服务支出居第二位,仅次于内蒙古;农村居民人均文教娱乐用品及服务消费支出居第五位,仅次于内蒙古、陕西、四川、宁夏(见图1)。

单位：元

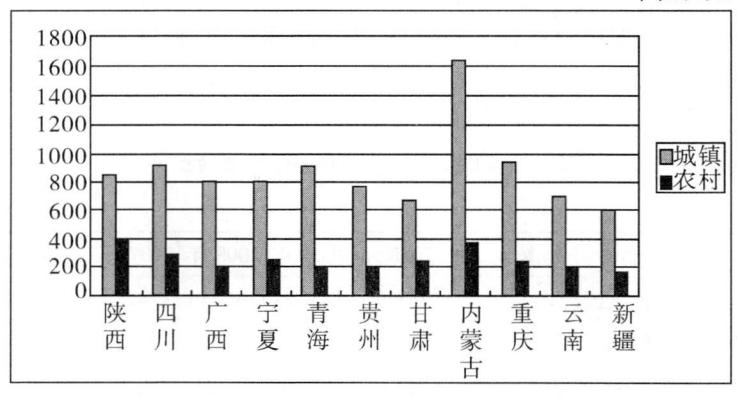

图 1　西部各省市城镇、农村居民人均文化娱乐用品及服务支出

二、2011 年重庆文化产业实现"十二五"良好开局

2011 年重庆文化产业实现增加值预计将达到 320 亿元，占 GDP 比重提升至 3.2%。全年文化产业发展呈现出新的特点和格局，为"十二五"末将文化产业打造成为全市国民经济支柱性产业奠定了坚实基础。

（一）重大项目建设进展顺利，成为重庆文化产业发展重要引擎

重大项目是文化产业做大增量、加速发展的发动机和助推器，加快实施重大项目带动战略是重庆建设西部地区文化产业重要增长极的必然选择。2011 年重庆文化产业在项目建设方面有序推进，成效明显。一批项目建成并投入使用：重庆新华物流配送中心建成运行，技术水平达到同行业一流，实现了收货、存储、拣选和退货处理环节的飞跃；黄桷坪艺术园区建成川美·创谷项目，引入 40 余家企业入驻登记；区县有线电视网络整合项目完成，总资产达 33 亿元，用户数达 450 多万户。一批项目取得实质性进展：重庆新闻传媒产业中心和重庆日报报业集团创意产业园于 2011 年底分别在渝北区空港新城、渝北农业园区奠基启动；出版传媒创意中心施工进展顺利，主体结构在 2011 年底前全部封顶；天健创意（动漫）产业基地与战略投资者新加坡元大投资咨询有限公司签订联建框架协议，引入外资 3 亿元；中国出版发行交易云平台策划方案

报经市政府领导批准,新闻出版总署同意在署市合作框架内联合实施;重庆文化产业促进中心项目完成前期可行性研究并初步确定选址。

(二)投融资平台建设加强,重庆文化产业发展获得源源不断的后劲和动力

投融资平台建设是健全文化产业市场体系,疏通文化产业发展瓶颈的重要途径。重庆推进文化产业投融资平台建设,对文化发展繁荣支撑作用初步显现。文化产业专项资金发挥"杠杆作用",以贷款贴息方式为主,2011年共资助32个项目,资助总金额2000万元。重庆文化产业融资担保有限公司加大对文化企业的支持力度,全年为27个文化项目提供了融资担保,金额达1.14亿元,支持了一批中小文化企业实现贷款融资。创新打造票据流贷平台,市文资公司成功发行14亿元中期票据,为"十二五"重大文化项目建设提供有力支撑。重庆文化产权交易中心经市政府批准筹建,注册资本1亿元,开展了管理制度和交易规则拟定、软件硬件建设、人员培训、(拟)转让资产的登记托管、(拟)转让文化商品的登记托管等前期工作。目前,正按照国发〔2011〕38号和中宣发〔2011〕49号精神,完善运行方案和管理制度。

(三)新的文化业态异军突起,动漫、网络为代表的新兴文化产业快速发展

动漫产业发展迅速。目前全市已有骨干动漫企业48家,其中,动画企业30家,漫画企业2家,游戏企业4家,衍生品、教育培训等周边产业领域企业12家,从业人数近万人,基本形成了动漫产业链的上下游合理化分工。2011年,重庆原创电视动画片产量共7部3340分钟,排名西部原创电视动画片生产总量第一。2007年以来,重庆动漫有1.6万多分钟在央视播出,1万多分钟出口美国、中东、越南等60多个国家和地区。网络服务业成长性良好。华龙网用足用活新闻门户网站的品牌和技术优势,敏锐捕捉信息技术发展机遇,大力拓展区县政务、无线增值和技术输出等业务,营业收入、利润和资产总额分别实现增值达60%、37%和71%的高速增长。2011年,手机报平均月发行量达180万户。腾讯·大渝网(重庆腾汇科技有限公司)经过5年多发展,公司年市场业绩已超8000万元,现拥有850万本地QQ用户,与800多个商家、企业、单位等建立了良好的合作关系。猪八戒网实现了战略转型,从国内最大的威客网站升级为第三产业交易平台,向全服务业电子商务进军,截至2011年底,猪八戒网累计交易额突破6亿元人民币,注册会员580万人,日均增长达200万元,交易总数超过50万件,年增长率超过500%。

(四)国有文化主体成长壮大,国有文化产业板块领军市场

国有板块是决定文化产业规模和实力的关键力量,坚持做大做强国有骨干文化企业,任何时候都不能动摇。2011年报业、广电、出版、新华书店四大文化集团资产总额约184.61亿元,同比增长23.70%,营业总收入68.38亿元,增长13.80%,利润总额2.57亿元,同比增长20.42%。重庆日报报业集团提出"建设综合性文化传媒集团"目标,着力解决都市报同质化问题,实施晨、晚、商报差异化发展战略。重庆广电集团(总台),推行频道制改革,形成14个各具特色、相互补充的频率频道群。重庆出版集团彻底完成转企改制,教材教辅实现30%以上增长,单品种入库码洋和重印再版率双双大幅提高。重庆新华书店集团在巩固免费教材和"农家书屋"阵地的同时,继续拓展自主教辅产品市场,采取合作出版、分印造货、地区代理经营模式,全年实现发货码洋2.48亿元,同比增长25.25%。同时,新培育的国有文化主体逐步发力。演艺集团全年实现总收入9659万元,演出1000余场。红岩文化产业集团充分依托红岩品牌,全年实现总收入3064万元。电影集团注册成立后以参投和加盟的方式切入一线影视公司,电影项目取得初步成效。

(五)"国进民也进",微型文化企业成为重庆文化产业生力军

加快发展微型文化企业是加强和改善文化民生的必然要求,是加快文化发展方式转变的重要手段。在市委市政府的强力推动下,全市鼓励新办了4700多家微型文化创意企业,涵盖网络文化服务、民间工艺美术品、演艺、媒体资讯等多个领域,获市财政补助资金1.43亿元,解决3万多人就业,年产值近6亿元。微型文化企业的迅速成长进一步催生对重点微型文化创意园的培育。比如,以四川美术学院"虎溪公社"为主体,设立了重庆市大学城文化创意微型企业园,重点发展设计类、绘画类、雕塑类、动漫类等文化创意类产业。园区成立以来,已申办微型企业73家,入驻"虎溪公社"的微型企业58家。

(六)拓展视野,重庆文化企业"走出去"迈开新步伐

文化"走出去"是坚持走中国特色社会主义文化发展道路的必由之路,也是重庆建设内陆开放高地和实施文化强市战略的重要举措,更是不同文化相互借鉴的实现途径。一方面,走出重庆,提高重庆文化在全国的知名度。2011年,重庆组团参加了第七届深圳文化产业博览会、北京文博会。第七届深圳文

博会期间,共有近50家来自国内外的演出机构与重庆代表团进行了洽谈,并基本确定8个合作意向,推出招商引资项目70余个,签订项目合作协议16个,累计签约资金近15亿元。北京文化创意产业博览会重点推出了"川美·创谷"等原创艺术精品。另一方面,面向世界,增强重庆文化在国际上的话语权和影响力。2011年重庆在澳大利亚、美国、加拿大、英国开展海外春节文化活动,在英国、泰国举办重庆文化周,组团赴波黑、捷克、新加坡、白俄罗斯演出,充分展示了重庆非物质文化遗产和文艺精品剧目,加强了国际文化交流。其中,重庆演艺集团加大海外市场开拓力度,第一个海外演出基地在美国布兰森挂牌,以重庆杂技为主的文化产品出口到了美、英、法等10多个国家,重庆杂技《花木兰》《红舞鞋》,民族音乐会《巴渝风》等剧目海内外上演800余场,年总收入达9659万元,比2010年增长59%,其中自主创收5101万元,比2010年增长了201%。

(七)政策给力,产业发展保障机制日臻完善

　　强有力的扶持政策始终是文化产业发展的重要保障。2011年在市级有关部门共同努力下,文化政策执行有力,并在一些方面作了积极探索。市区两级财政投入大幅增长。2011年,市财政对文化建设投入的增长幅度为28.3%,高于财政经常性收入增长幅度(2011年财政经常性收入增长幅度为21%)。文化产业发展专项资金增加到每年2000万元。从2007年至2011年,全市文化设施建设已累计投入三个"100亿",分别用于市级重大文化设施、区县公益文化大件和乡镇、街道文化设施建设。文化体制改革政策到位给力。不折不扣落实中央文化改革发展政策,2011年,会同财政、税务部门认定文化企业12家,减免税收1亿多元。认真执行"老人老政策,新人新办法",转制前已经离退休人员,工资待遇和经费渠道一律不变;经营性文化事业单位转制时,所有在职在编事业人员作为"老人",可自愿选择按事业身份或企业身份参加养老保险,需补缴部分由市财政承担。市财政对国有文艺院团投入不减反增,以2009年对院团投入为基数,转制后每年按递增10%的标准拨付经费;每个院团转制时一次性给予400万元改革配套经费。从2011年起,市级文艺院团在职演职人员按照财政性补贴人均3000元/月的标准执行,由市财政负责解决;市政府购买文艺演出场次由每年1000场增至2000场,平均每场1万元。重庆国有文艺院团改革没有后顾之忧。再则,大力扶持民营微型文化企业。重庆创办微企用工要求在4人以上,文化微企则可低于4人,不低于 2 人。文化微企还可使用家庭住所作为办公场所,经营面积不再限定在 40 平方米以上。市财政对新创办文化微企给予补贴,最高可达 5 万元。税收方面,按企业实际缴付所有税收中地方留存部分,以注册资本金的补助金额等额为限,给予税收优惠财政补贴。在降低企业集团组建条件方面,明确内资文化企业集团母公司注册资本由最低 5000 万元降至 500 万元,母子公司注册资本总额由最低 1 亿元降至 1000 万元,子公司数量由最低 5 家降至 3 家。外资文化企业集团母公司注册资本降至 3000 万元或 500 万美元,母子公司注册资本总额降至 5000 万元或 600 万美元。

三、重庆文化产业存在的问题及原因分析

重庆文化产业的发展取得了长足进步,但与北京、上海、湖南等兄弟省市相比,仍存在较大差距,特别在产业集聚效应、金融服务创新、人才队伍建设等方面尚存在一些困难和问题,成为制约重庆文化产业进一步做大做强的关键。

(一)文化产业集聚效应尚未凸显

文化产业发展与城市建设相互影响、相互促进,但由于发育、规划和建设相对滞后,重庆未能形成具有示范带动作用的空间集聚区,影响了文化要素资源整合,始终无法有效产生裂变效应。现有的 6 个市级文化产业示范园区"集而不群",只解决了文化产业企业集中,但对产业要素的吸引、产业链的打造等,都不够成熟。园区内的企业"五脏俱全",但企业之间缺乏专业化分工,没有形成固定的网络化组织结构,知识和信息外溢,劳动共享等集群优势表现并不明显。另一方面,这些企业大多处于文化产业链条上的同一环节,没有清晰的产业上下游关联性,产品间缺乏必要的差异性、互补性,同业竞争现象普遍存在。初具规模的黄桷坪艺术园区、大学城"虎溪公社"文化艺术创意产业园区,入驻的企业大多为中小创业型企业,尚处在维系生存阶段,缺乏龙头企业的投射和带动。在城市文化竞争力角逐中,不同地区依据其区位资源禀赋,形成了不同的产业园区集聚模式,如以人才聚集而形成的北京 798 艺术区,以文化资源整合形成的西安曲江新区,以龙头企业带动形成的深圳东部华侨城等等,并且这些园区的发展对周边的商贸、旅游、餐饮等产生了巨大的辐射影响力。重庆至今没有形成一个在全国有影响力、有竞争力的产业集聚品牌,在

文化部命名的国家级文化产业示范园区名录中,重庆榜上无名,在参与国家级层面文化产业竞争中处于劣势。

(二)文化产业金融创新有待加强

在重庆文化产业大发展的同时,融资难一直是近年来制约重庆文化产业发展的瓶颈难题。国内各省市由财政直接投入的文化产业专项资金中,重庆是规模最小的省市之一,2010年增至2000万元,此前一直是1000万,对于全市文化产业发展只能起到十分有限的引导和补充作用。近几年来,北京、天津、上海、浙江、安徽等省市,先后成立了各种文化产业投资基金,其中财政部、中银国际控股有限公司、中国国际电视总公司和深圳国际文化产业博览交易会有限公司等4家单位共同发起设立了200亿元的首家国家级文化产业投资基金——中国文化产业投资基金,很好地弥补了文化产业发展的资金空缺。相比之下,重庆对文化产业的投入渠道较为单一,规模也无法相提并论。"十二五"期间,重庆市要实施文化产业"十大项目"和"50个重点项目",需要投入资金1000亿元左右。承担重大项目建设的四大国有文化集团,其以百亿元的整体资产规模实难融得千亿元的建设资金。加之2010年以来,国家实施宏观调控,连续出招收紧银根,银行贷款利率大增,甚至无款可贷。国有文化集团上市步伐缓慢,资本市场融资也是"远水难解近渴"。银行对文化产业和文化企业不够了解,加之部分中小文化企业财务不健全,运作不规范,规模小,实力弱,信贷资本对文化项目认可度普遍不高。部分民营文化企业没有足够的资本金和抵押资产,对融资信心不足,融资担保资料收集困难,融资时间远远长于一般非文化中小企业,很大程度上影响了金融支持文化的力度。

(三)文化产业与相关产业的融合度不高

文化产业与相关产业的融合转型跨界发展,是文化产业发展的强大引擎和推动力。但重庆文化企业普遍不够注重研发,产品与服务的科技含量较低,运用高科技手段开发文化资源、改造传统文化产业、创新文化表现形式的能力较弱,阻碍了文化企业的跨行业、跨领域、跨地区发展,缺乏推动文化产业可持续发展的兴奋点和增长点。文化企业在高科技投入上还不足,文化产品的科技含量较低;文化产业与传统产业汽车、摩托车、包装印刷等之间的互动性差,运用高科技手段开发文化资源、改造传统文化产业、创新文化表现形式的能力较弱,文化创意融入工业设计、造型设计、装潢设计、印刷平面设计的程度和范围比较低与有限,产品造型设计、装潢设计、印刷平面设计产业园区仍是空白;在网络、动漫、信息技术等方面具有文化与科技知识的高素质文化产业人才更是匮乏。长期以来,重庆文化产业与旅游产业"两张皮",尽管拥有温泉之都、三峡风光、大足石刻等独特的人文历史资源和秀美的自然风光,但在政府管理、产业规划、市场运营、品牌营销等方面,文化资源与旅游资源的整合还远远不够,导致旅游产品单一,综合开发产品少,文化含量低。

(四)文化产业人才队伍建设量小质弱

人才是文化产业竞争力中最有价值的核心元素,要使文化产业发展成为国民经济的支柱产业,离不开高素质、高层次的领军人才和创意团队。重庆文化产业人才匮乏,一直是制约重庆文化产业竞争力的根本因素。主要表现在:文化产业经营管理人才数量少,专业化程度不高,特别缺乏有较强市场应变能力的文化品牌策划、文化产品设计、文化生产经营、文化中介服务、文化市场营销等方面的人才。重庆尚没有高校开设专门的文化产业经营管理专业;缺少一批既懂经营管理又熟悉文化产业运作流程的复合型人才,尤其缺乏懂文化、善经营、会管理,能够整合产业资本、金融资本与文化资源的企业家,在广电、报业、出版、动漫、演艺等行业缺乏领军人物;文化产业人才流失严重,由于文化产业人才培养、引进、使用、流动、激励等方面的机制还不够健全,文化产业人才缺口很大,一些高素质人才向经济发达地区流失严重。以动漫企业为例,尽管四川美术学院、重庆大学、重庆工商大学等近10所高校相继开设了动画、游戏专业,但由于创业环境、待遇水平等原因,具有一定从业经验的设计及策划人才纷纷流向沿海等发达地区,致使重庆动漫在产业链低端做短线替代加工成为常态。

四、2012年发展展望与建议

(一)展望

2012年,重庆文化产业将迎来前所未有的黄金发展机遇期。

党的十八大将胜利召开,在新的历史起点上继续推进社会主义现代化进程。全国人民人心振奋、力量凝聚,中国发展的趋势将更加不可阻挡,前途将更加充满希望。我国经济社会将稳中求进,GDP增长目标为7.5%,CPI控制在4%左右,财政支出更加注重向民生倾斜,加强对小微企业信贷支持,降低实体经济融资成本,把稳增长、控物价、调结构、惠民生、抓改革、促和谐更好地结合起来。

重庆经济社会将继续保持良好发展势头。重庆将召开第四次党代会、迎来直辖15周年。重庆正加快建设国家中心城市,主城已进入二环时代,面积扩展到1000平方公里,将加快转变经济发展方式,着力扩大内需,着力发展实体经济,着力深化改革开放,着力保障和改善民生,同步提升经济增长质量和市民幸福指数,重庆生产总值增长目标为13.5%,将新增市场主体17万户,城镇居民人均可支配收入、农村居民人均纯收入将分别增长13%和18%。重庆人民将在市委市政府带领下,同心同德,开拓进取,共同把重庆建设得更加美好,为在西部地区率先实现全面建设小康社会目标而努力奋斗。

重庆将全面贯彻十七届六中全会精神、加快推进文化强市建设。重庆将全面实施"十二五"时期文化改革发展规划纲要,推动文化产业各大门类健康发展,一批"十二五"时期重大文化产业项目建设将加快推进,文化产业招商引资力度加大,举办重庆文化产业博览会、西部动漫节等节会活动,加强国有文化资产监管力度,四大国有文化集团收入利润增长幅度预计达到12%以上。扶持一批代表性的民营文化企业,全年新发展2000家微型文化创意企业。2012年,重庆文化产业将继续保持高速增长势头。

新的一年,重庆文化产业也面临着极大的挑战。一方面,六中全会召开后,全国各省市进一步加快了文化产业发展步伐,竞争态势更加激烈,对重庆文化产业发展形成了"紧逼"之势。另一方面,重庆经济社会快速发展对文化产业发展形成"倒逼"之势。2011年重庆GDP超过1万亿元,增幅跃居全国第一。按目前的增速,预计2015年将达到1.5万亿元。重庆文化产业要成长为支柱性产业,占GDP比重必须达到5%以上,到2015年总量必须达到750亿元。这意味着"十二五"时期重庆文化产业增加值年均增速必须保持在34%以上。这对重庆文化产业发展无疑带来了巨大压力。

置身于全国和重庆经济社会发展的有利环境和文化产业发展的激烈竞争态势中,重庆文化产业呈现如下发展趋势:

政策环境将更加优化。贯彻党的十七届六中全会《决定》、"十二五"时期文化改革发展规划纲要,中央和重庆市相关政府职能部门将出台一系列具体落实措施,把六中全会精神"落地"转化为"真金白银",进一步形成推动文化产业发展的政策扶持体系。

文化市场主体将更有活力。2012年,重庆将在2011年底提前实现中央明确的十八大"三个基本完成"目标基础上,进一步加大力度、加快进度,完成改革扫尾任务,推进已转制文化企业建立现代企业制度,深化公益性文化事业单位"三项制度"改革,继续把各项配套政策落实到位。随着改革的不断深化,党委领导、政府管理、行业自律、社会监督、企事业单位依法运营的文化管理体制和富有活力的文化产品生产经营机制将更加完善,必将培育出更多真正的文化市场主体,催生一大批活力四射的文化企业。

重大项目拉动作用将更加明显。《重庆市"十二五"时期文化改革发展规划纲要》规划了"十二五"时期重庆将建设的10大公益性文化设施项目、10大文化产业项目。这些项目采取财政投入、企业投融资相结合,总投资达到280亿元左右,将对重庆文化产业产生强大的拉动作用和示范效应。涵盖影视基地、文化创意产业基地、主题公园三大板块的两江国际影视城已开工,建成后将推动两江新区成为重庆文化产业策源地和示范窗口建设,其核心项目——民国风情街已进入扫尾阶段,2012年2月冯小刚《温故一九四二》剧组入场拍摄。2011年底在渝北新城奠基的三大文化产业项目正加快建设,重庆新闻传媒中心建成后将容纳重庆日报报业集团各主要新闻单位、传媒核心产业及其他相关产业,成为西部的传媒航母和重庆的文化地标,文化创意产业园将打造成为重庆重要的文化产业孵化和生长基地,有线电视网络产业基地将成为辐射西部地区有线电视网络未来业务发展的核心枢纽。重庆天健创意产业基地将打造成为创意人才培训、创意产业孵化、出版传媒选题基地。重庆市十大书城项目建设加快推进。

文化消费将更加活跃。市场需求是推动文化产业发展的基础。当前,重庆文化消费和文化市场正处于快速发展期。一方面,国家正加大对服务业的支持力度。温家宝总理在2012年政府工作报告中强调开展开始营业税改征增值税试点,文化创意产业等其他部分现代服务业可能将适用6%的税率,文化企业的税负将大大减低。另一方面,重庆文化消费还有非常大的挖掘空间。再一方面,2012年重庆将以城乡一体化为目标进一步完善公共文化服务体系,将新建8个区县博物馆、530个标准化乡镇公共电子阅览室、10000个农村文化中心户、100个社区文化室、274个街道和社区文化共享工程基层服务点;建成1000个阅报栏、2000个书报刊亭,更好地为城乡群众提供便捷的文化服务,群众的消费力将得到大大增强。

文化产业与旅游等相关产业将加快融合。2012年,重庆各精品景区将进一步凝练文化主题、深化文化内涵,其中长江三峡景区突出巫文化、巴文化、三国文化和移民文化,大足石刻突出石刻文化和孝文化,仙女山以印象武隆为载体突出原生态、大自然的民俗生态文化,《印象·武隆》5月正式公演,成为文化与旅游融合发展的典范。重庆"世界温泉之都"建设将加快推进。重庆都市旅游景点将进一步与优秀文化活动融合,打造全国独具特色的现代都市旅游景区。重庆酉阳桃花源国际休闲旅游文化节、巫山红叶节、渝东南民俗文化节等重要文化旅游节庆活动品牌将更加亮丽,有力促进文化旅游消费。

文化市场建设管理将更加规范。重庆将进一步突出封堵查缴政治类非法出版物和摒除有害信息,全面扫除淫秽色情等文化垃圾,大力查处各类侵权盗版行为,不断净化网络文化环境,切实加强文化市场安全监管,促进重庆文化市场更加安全可控有序,为文化市场繁荣提供有力保障。

(二) 建议

加大培育和扶持力度,打造"旗舰"级骨干文化企业。一个方兴未艾的产业必须有自己的企业代表,有能够与世界抗衡的"航空母舰"。目前,入围世界500强的迪斯尼公司(美国,年营业收入380亿美元)、新闻集团(美国,年营业收入327亿美元)、谷歌公司(美国,年营业收入293亿美元)、时代华纳公司(美国,年营业收入268亿美元)、塔曼贝斯集团(德国,年营业收入217亿美元)五大世界文化企业"巨头",无一不是跨媒体、跨行业经营,拥有强大的资金、内容和人才优势。中国在世界500强中上榜公司已达到69家,但其中尚无一家文化类企业。国家对此高度重视,"十二五"时期,将选择50家实力较强、影响力较大的文化企业予以重点扶持。重庆作为西部唯一的直辖市,必须加快培育有代表性的文化企业,在文化企业"国家队"中占有一席之地。建议以超常的措施,超强的扶持力度,打破行业和所有制界限,对重庆文化企业进行充分整合、重组,集中优势资源,打造1—2家能够入选"国家队"的"旗舰"文化企业。要加快形成由"旗舰"文化企业领军、数百家中小型文化企业和上万家微型文化企业组成的结构合理、梯次配备、产业链完整、实力雄厚、竞争力强的文化企业"渝军"。

围绕重大项目建设打造几个各具特色的文化产业集聚区。文化创意产业需要整合各种资源,集聚化、集群化发展趋势非常明显。建议重庆抓住"十二五"时期推动重大项目建设的时机,加强政策引导,着力打造产业集聚度较高的特色文化产业集聚区。一是依托重庆建设"时尚之都、设计之都"的构想，建设重庆时尚文化中心，引领高端品牌文化发展；二是可进一步发挥重庆红色旅游资源较集中的优势，依托红岩联线中心，整合区县资源，促进文化与旅游的融合，打造全国驰名的都市文化旅游产业带；三是可依托两江新区和保税港区，利用"三网融合"产业园项目、重庆电影集团及其基地建设、数字传媒工程项目、中国出版发行交易云平台等重大项目建设契机，打造全国知名的影视创意和数字出版产业中心，探索建设重庆文化产业保税区；四是可依托万州区，整合库区相关区县资源，用好"世界唯一的三峡"这一独特的文化旅游资源，打造世界驰名的三峡文化旅游产业带；五是依托大学城，发挥其文化人才资源高度集中的优势，特别是用好四川美术学院这个全国知名的艺术文化品牌，整合西南大学美术学院、重庆大学艺术学院、重庆师范大学美术学院等院校资源，做大做强"川美创谷"、"虎溪公社"，打造全国独具特色的当代美术创意产业基地。

加强与金融资本的对接构建强有力的投融资平台。按照中宣部、人民银行、证监委等九部委关于金融支持文化产业发展的指导意见，创新思路，扩大规模，打造强有力的金融支撑平台。一是要进一步做大文化产业融资担保公司，扩大规模，优化担保结构；二是要探索建立文化产业投资基金或是引进全国的基金参与文化产业发展，实现股权、债权的多方式融资；三是要创新模式，开拓性地做好文化产权交易，丰富发展要素市场；四是要继续探索发行债券、中小企业集合贷款、文化艺术品消费集合贷款、信托等融资方式，拓展渠道解决资金瓶颈问题。

鼓励区县因地制宜发展文化产业。打造西部地区文化产业重要增长极，区县文化产业是重要支撑。重庆大城市、大农村、大山区、大库区的特殊市情，决定了重庆文化产业必须深入贯彻落实科学发展观，注重统筹兼顾，改善文化民生，在重点发展都市文化产业的同时，加大发展区县文化产业力度。建议：一是各区县党委政府要提高对文化产业的重视扶持程度。加大重视力度，把文化产业摆上议事日程，纳入科学发展考核指标体系。二是要加大保护和开发文化资源力度。要围绕文化遗产保护开发和资源整合利用，因地制宜开发独具特色的文化产品和文化服务。主城九区可利用主城文化人才高度集中、经济社会高度发达、居民文化消费力强的优势，重点发展影视制作、文化创意、演艺娱乐、数字动漫、艺术品交易等都市类文化产业门类；渝东北片区各区县可深度开发三峡文化资源，加强文化与旅游的融合，做大做强做亮三峡文化品牌,打造全球独一无二的长江三峡旅游文化产业带;渝东南片区各区县可利用少数民族文化资源丰富的优势,重点发展民俗文化特色文化产业;渝西片区各区县可利用靠近主城、旅游资源丰富的优势,依托主城,大力发展印刷包装、休闲旅游、文化创意等产业。有条件的区县,还可结合实际打造一批特色文化镇(街)。三是要大力发展微型文化企业。在国家和重庆出台优惠政策的基础上,各区县要结合实际制定贯彻落实办法,鼓励发展一大批微型文化企业。

着力提升科技含量,积极扶持发展新兴文化产业。前不久,曾经闻名全球的百年老店柯达公司宣布倒闭。与之形成对照的是,由年仅27岁的哈佛大学学生扎克伯格于2004年创办的互联网企业Facebook,宣布于2012年4月上市融资50亿美元,估值最高可达1000亿美元。这启示我们,文化产业与科学技术发展密不可分,必须在注重发展传统产业门类的同时,加快转变方式,加快发展新兴文化产业门类。从重庆的实际来看,互联网、数字动漫等新兴文化产业正在加快发展,重庆猪八戒网络公司等一批优质文化企业正在茁壮成长。这些门类的文化企业虽然目前数量还不多、实力还不强,但从某种意义上说,它们是最有朝气、最有活力的文化企业,代表着文化产业的发展方向。建议重庆加大对新兴文化产业门类的规划、扶持发展力度,在财税、土地、奖励政策等方面出台具体措施,加快扶持这些企业做大做强。

加大体制机制创新和政策扶持力度,不断优化重庆文化产业发展的环境。党的十七届六中全会召开后,在全国各省区市普遍重视文化产业发展、纷纷出台扶持发展政策措施的大背景下,重庆现有的文化产业发展扶持政策还缺乏力度。比如,仅就各省区市设立的文化产业发展专项资金额度而言,目前重庆文化产业发展专项资金仅为每年2000万元,而云南省从2011年起为每年1亿元;内蒙古为5000万元;福建省为8000万元;天津市仅滨海新区文化产业资金2011年为1亿元;陕西省2011年为1亿元;广东省2009—2010年为每年2亿元,从2011年起每年增加4000万元。重庆文化产业要实现"后来居上"、"弯道超车",必须加大体制机制创新和政策扶持力度,更加优化重庆文化产业发展的环境。建议进一步创新制度机制,打破职能分割和交叉,形成更加统一、规范的文化产业管理体制机制;大幅增加重庆文化产业发展专项资金规模,重点扶持文化产业龙头企业、重点文化产业基地、重点文化产业园区等建设;借鉴外省市经验,进一步研究出台促进文化产业发展,特别是文化与信息、汽摩、旅游、科技等实体产业融合发展的财政、税收、金融扶持措施,为重庆文化产业实现"后来居上"创造良好的政策条件和支持;必要时可以考虑立法建设"文化强市",规划重庆长远文化核心竞争力。

作者单位:
何　浩　中共重庆市委宣传部文化产业发展指导处
王光胜　中共重庆市委宣传部文化产业发展指导处
吴进科　中共重庆市委宣传部文化产业发展指导处
杨晓莉　中共重庆市委宣传部文化产业发展指导处

REPORT ON DEVELOPMENT OF
CHONGQING'S CULTURAL INDUSTRY (2012)

行业报告

开栏语

2011年,党的十七届六中全会吹响"文化强国"的号角,进一步明确把文化产业培育成为国民经济支柱性产业,提出了文化产业的顶层思路:构建结构合理、门类齐全、科技含量高、富有创意、竞争力强的现代文化产业体系;形成公有制为主体、多种所有制共同发展的文化产业格局。在国家政策的感召下,2011年社会力量进入文化产业的热情空前高涨,中央各个部门也对文化产业发展频出实招,营造了良好发展环境:文化产业专项基金在2011年底已累计安排60亿元,累计支持项目1000多个;2011年7月成立中国文化产业投资基金,基金目标总规模为200亿元,首期募集60亿元;商务部本着"扶优扶强"的原则,进一步完善支持文化产品和服务"走出去",新修订《文化产品和服务出口指导目录》,支持文化出口重点企业和重点项目,培育壮大一批具有国际竞争力的外向型文化企业和中介机构等等。不管是六中全会纲领性的决定,还是各部门有针对性的扶持政策,都表明政策引擎开足马力,让2011年文化产业形成一种开放的发展格局:科技加入进来,提高文化产业的技术装备水平,增强文化产业核心竞争力。以网络游戏为例,中国网络游戏市场规模已经接近400亿元,动漫产业产值接近500亿元;金融参与进来,为文化产业破解"融资难"瓶颈;旅游融合进来,促进文化消费,文化融入到国民经济和群众文化生活的方方面面;制造业与文化相得益彰,提升中国制造的文化附加值……中国文化产业迎来黄金发展期。文化产业增加值在2010年超过1万亿元,达到11052亿元,2011年依然是个"丰收年",影视、出版、发行、演出所带来的文化消费活力迸发:2011年电影站上120亿元票房的新台阶,平均每天新增银幕超过8块;收藏品市场方面,徐悲鸿创作于1951年的《九州无事乐耕耘》,以2.668亿元的成交价被买家收入囊中,居中国艺术品秋拍单品成交价榜首;一批核心竞争力强的国有或国有控股大型文化企业在发展产业和繁荣市场方面发挥主导作用,2011年11月30日,凤凰传媒上市,募集资金44.79亿元,超过2010年中南传媒42.3亿元募集金额。

在我国文化产业大气候的影响下,2011年重庆文化产业加速发展,呈现出百舸争流的态势。报业进一步做强内容,夯实根基,将优质资产注入重报传媒有限公司和重报新媒体发展有限公司,舆论导向、项目建设和资本运作齐头并进;广电业从容应对低迷的市场环境和激烈的行业挑战,闯出了一条整合资源、改革机制、调整布局、重点突破的发展路子;出版业克服资金、资源积累的不足,加快资本化、数字化转型,与科技深度融合,规模扩张势头向好;书报刊发行业深挖潜力、拓展经营,重庆新华书店集团公司再创佳绩,五洲公司、西西弗、重庆市书刊交易市场、重庆购书中心等一批两个效益突出的民营企业总体实力提升;动漫业把优化产业结构、开拓多元盈利模式、发展衍生产业、提升品牌经营作为持续发展的着力点,成功举办第三届西部动漫节;演艺业以国有文艺演出团体为骨干,进一步释放潜力、焕发活力,不断加强对外交流,重庆演艺在文化体制改革的大潮中栉风沐雨,破浪前行;印刷业稳步发展,产业结构调整初见成效,产业引资乘势而上,绿色转型谋势而动;电影业受宏观利好因素影响,电影创作生产、城市院线电影发行放映、农村惠民电影放映工程竞相发力。与国有文化企业交相辉映的是茁壮成长的微型文化企业。新创办的4700多家微型文化创意企业,涵盖网络文化服务、民间工艺美术品、演艺、媒体资讯等多个领域,获市财政补助资金1.43亿元。毋庸置疑,这支生力军将为"十二五"时期文化产业发展带来新的增量。

　　回顾2011,我们步履坚实,展望2012,我们信心满怀。我们将始终坚持中国特色社会主义文化发展,始终坚持稳中求进的工作总基调,继续迈向建设西部地区文化产业重要增长极这一新的历史征程,以文化产业发展的优异成绩为党的十八大和市第四次党代会召开献礼!

主营业务快速增长　资本运作全面启动
——2011年重庆报业产业发展报告

邓修明　吕建伟

2011年对重庆来说具有划时代的意义,2007年3月胡锦涛总书记"314"总体部署的各项任务于2011年底已取得了重要阶段性成果,重庆GDP总量突破1万亿元,"长江上游地区的经济中心"功能日益增强。在重庆高速前进中,重庆报业也迎来了难得的发展机遇,产业规模不断壮大,经济实力日益增强,整个报业保持了持续、稳定、健康发展的良好势头。

一、2011年重庆报业发展现状及特征

2011年,重庆报业获得快速发展,全市报纸广告总收入同比增长15%;利润同比增长15%。其中以重庆日报为龙头的重庆日报报业集团继续领跑,通过深化体制改革,调整产业结构,强化主营业务和外埠广告市场开拓,全年实现销售收入138410万元,同比增长17.77%,实现利润7464万元,同比增长30.37%,收入、利润增长水平均超过全市平均水平。另外,重庆日报报业集团还荣获中国传媒大会颁发的"2011年度十大传媒集团"、"数字化出版全国示范企业"等大奖。作为非党报集团代表的《电脑报》,其下属天极网实现收入2亿多元,跨入了全国一流互联网企业的行列。

回顾2011年,重庆报业产业发展呈现六大特征:

1. 体制改革机制创新,不断深化

按照《中共中央关于深化文化体制改革、推动社会主义文化大发展大繁荣若干重大问题的决定》精神,重庆报业按照时政类报刊、学术性报刊、非时

政类报刊三类分别推进改革。一是重庆晚报、重庆晨报等25家时政类报刊，按照采编与经营分开原则，不断完善管理与运行机制，提高"报"与"刊"分离面向市场、面向群众提供服务的能力；二是《改革》等98种学术性报刊，暂不转企，重点进行资源整合等改革；三是《商界》、《新女报》等57家非时政类报刊，已逐步按照自负盈亏、自我发展的市场主体，注册成立经营性公司。时政类报刊、学术类报刊均已按照中央文化体制要求改制到位。非时政类报刊以建立现代企业制度、建立合格市场主体为重点，均已成立了转企改制组织机构，制定了改革方案，进行了清产核资、财务审计、完成企业工商登记等改革步骤，注销事业法人资格也正稳步推进中。

根据中央文化体制改革精神及市委宣传部有关部署，重庆日报报业集团制定了文化体制改革"三步走"总体方案。按照方案，重庆日报报业集团于2011年2月28日，对集团内资产重组，将经营性资产注入产业公司，完成了文化体制改革关于时政类报刊采编与经营分开的第一步。9月29日，由产业公司独资组建重报传媒有限公司、重报新媒体发展有限公司，按照现代企业制度，建立法人治理结构，进行规范化运行，完成了文化体制改革要求建立文化企业市场经济主体的第二步。第三步，即加快非时政类报刊整体转制。《新女报》《健康人报》《都市热报》（重庆轻轨地铁报）等完成了清产核资工作，组建了传媒公司；通过合作，重庆日报报业集团与市司法局所属渝剑集团共同完成了《重庆法制报》的改制工作，成立了法制报经营公司。至此，重庆日报报业集团基本完成了中央要求的文化体制改革的相关工作。

在加强经营管理，创新管理机制中，重庆报业进行了大量的探索。为进一步理顺经营管理秩序，明确各单位权责关系，重庆日报报业集团制定了《重庆日报报业集团关于进一步加强管理规范经营搞活机制的工作意见》，完善了财务委派制度，成立了集团广告结算中心，完善资金统一调度等，实现了管理有序、富有活力的企业运行机制。

2. 做强内容产业，进一步夯实报媒根基

内容是媒体生存、发展的基础。重庆报业在做强内容产业过程中，首先坚持了正确的舆论导向。2011年，重庆日报报业集团新闻宣传报道先后38次受到中宣部评阅组、重庆市主要领导以及市委宣传部领导批示肯定表扬，为历年之最，充分体现出报纸的坚持正确舆论导向的主流媒体地位。其次坚持了民生导向。2011年，重庆报业做强主题报道，打好各大宣传战役，大力提升新闻原创和策划能力,做活民生内容,加强民生工程报道,创新话语体系。扎实组织开展"专项学习教育"、"三进三同"和"走转改"活动,加大两江新区、"第二大城市"万州等重点地区报道,加快媒体改革转型,报纸内容质量进一步提高,受到读者的好评。

办报质量都有了进一步提高。《重庆日报》进一步发挥党报在主流媒体中的龙头地位作用,以"民生年"为主题,创新话语体系,公信力、影响力、传播力不断提升;《重庆晚报》坚持"主流传播、民生服务、重庆人文"的办报方向,按照彰显市民报内涵的发展思路,报纸质量稳步提升;《重庆晨报》以"关注民生"为主线,发挥都市报特色,不断提高影响力,加快推进"50万都市报"建设;《新女报》的版面不断推陈出新,可读性更强,版式更规范、时尚;尤其可喜的是,重庆日报报业集团2011年12月22日推出了针对轨道交通乘客发行的免费轻轨地铁报,吸引了年轻白领加入到报纸读者群,弥补了重庆报业市场空白,改善了重庆报业读者结构,为重庆报业的发展开辟了一条新路。

3. 报业主营业务获得快速发展

在国内纸张价格上涨、用工成本增加等不利条件下,重庆报业克服重重困难,取得了营业总收入同比增长17%,利润同比增长15%的骄人业绩。

在报纸广告方面,2011年全国报业广告同比增长13%,重庆报业广告收入同比增长15%,重庆报业高于全国报业广告平均增长速度。这得益于优化版面结构,提高广告版面含金量,建立广告经营协调机制,规范广告经营秩序,减少恶性竞争,采用公开招标的广告代理模式、创新广告招标模式等。在广告结构方面,重庆报业与全国报业类似,房地产、餐饮、旅游、娱乐等行业的广告增长迅速,汽车、医药类广告等增长放缓。

在报纸发行方面,报纸发行量稳步提升。重庆报业通过整合社会资源,与沁园、乡村基、中石油以及大型超市等合作,拓宽发行网络渠道,提高发行量。通过提高报纸价格,减轻发行收入与成本严重倒挂的程度。

在报纸印刷方面,以增添印刷设备,解决印力不足的问题。重庆日报报业集团积极推进印务环保搬迁工作,投资近5000万元,改善印刷设施条件,解决了《重庆晨报》超50万份发行量的印力问题,同时解决了轻轨地铁报创刊,《重庆晚报》部分版面黑改彩、《重庆商报》印刷设备严重老化等问题。

4. 报业新媒体发展势头强劲

据中国互联网络信息中心发布的数据显示,中国网民人数在2011年底已经突破5亿,达到5.13亿人,中国互联网普及率已经高达38.3%。随着中国互联网的发展,中国报业新媒体也发展迅速,如《人民日报》旗下的人民网即将在国内A股市场上市,杭报集团所办19楼网年收入达亿元,已达到一张普通都市报的收入水平。

重庆报业新媒体发展方面,也取得了长足的进步。华龙网年收入超过3000万元,顺利完成了英、日、法、俄、韩、西班牙六种外语频道的上线运行,提高了国际影响力;大渝网进一步拓展QQ用户,实现日均1800万PV的网站流量,在网友与客户间建立了良好的市场口碑,年收入超过6000万元;晚报网、晨报网通过与报纸的互动合作,无论是经营收入还是经营利润,同比增长100%以上,体现出两个网站的高速成长性。通过与百度网的合作,"重庆一百度"实现了经济效益、社会效益的双丰收,收入也近千万元。天极网实现收入2亿多元。

为进一步加大新媒体的发展,重庆日报报业集团在2011年9月投资成立重报新媒体发展有限公司,整合重庆日报报业集团新媒体资源,搭建报业新媒体发展平台,将晨报网、晚报网股权装入重报新媒体公司,为重庆报业新媒体的发展提供更多的支持。

5. 重点文化项目建设取得重大进展

重点项目建设是企业发展的抓手。重庆报业重点项目推进形势喜人。

在文化产业基础设施建设项目方面,重庆新闻传媒中心(报业大厦)落户两江新区空港新城,重庆日报报业集团文化创意产业园区已于11月8日与重庆新闻传媒中心一起奠基,长江三峡文化创意产业园已签订用地协议落户万州。重庆两大老年护养项目之一花落樵坪,形成"北有青杠,南有樵坪"的重庆老年护养格局。重庆印发物流基地项目已在两江新区水土高新技术产业园区落实项目用地。随着以上重点项目的推进,重庆报业产业发展基础设施落后的局面将得到极大改观。

在产业项目建设方面,投资5000万元的重报传媒有限公司,投资2000万元的重报新媒体发展有限公司,投资1000万元的重庆轻轨地铁报项目,投资300万元的《重庆晨报》966966项目已经启动。随着一批传媒产业重点项的开工建设,重庆报业产业发展潜力明显。

6. 资本运作工作正全力推进

从全国来看,2011年报业上市潮头涌动。浙报集团借壳st白猫,改为浙报传媒成功上市,南方报业集团、广西日报报业集团也作了借壳上市的种种尝试。辽沈晚报改制成立股份有限公司,迈出了都市报采编纳入整体改制的试点范围,准备整体上市。中南传媒、江西出版、长江出版传媒等均有非时政类报纸装入上市公司。

2011年,重庆报业也加快了上市步伐。重庆日报报业集团就上市可行性、上市主体、上市步骤、上市方案等进行充分论证,报市文资公司批复同意后,设立了拟在国内主板上市的重报传媒有限公司、拟在创业板上市的重报新媒体发展有限公司。重庆日报报业集团的广告、印刷、发行等业务及资产已按照上市要求逐步装入重报传媒有限公司,重庆日报报业集团产业有限公司持有的晨报网、晚报网等新媒体股权装入了重报新媒体发展有限公司,上市工作走出了坚实的一步。

此外,重庆日报报业集团利用自身品牌资源,大胆探索,充分发挥社会资本的作用,共同做大做强重庆文化产业。重庆日报报业集团先后与重庆正点演艺有限公司成立重庆报业正点演艺有限公司,与重庆舞美有限公司成立重庆报业新舞美有限公司等,取得了利用轻资产,实现跨越式发展的成功经验。

二、2011年度重庆报业发展中存在的问题

重庆报业在2011年取得了超过全国报业平均水平的发展业绩,但与报业发展最快的地区相比,重庆报业在发展中仍然存在不少问题。

1. 体制、机制创新有待进一步深化

时政类报刊采取的采编、经营分开的体制,有效规避了有偿新闻等弊端,但由于"两分开"带来的采编与经营"两张皮"现象,一定程度上抑制了企业的发展活力。非时政类报刊整体事转企方面,又由于事业身份老员工的种种担心,改革还不够彻底。要解决这些问题,还必须进一步创新体制、机制。

2. 新媒体对报业的冲击日渐明显

近年来，由于重庆整顿户外广告等原因，使原来投放其他广告载体的广告主转投报纸广告，这在一定程度上掩盖了重庆报业受新媒体冲击增长乏力的趋势。实际上，网络媒体已对传统报业形成了实质性冲击，无论是在读者数量、内容建设、舆论监督、广告金额等各个方面，逐步成为主流媒体。在读者数量上，中国互联网人数已超过5亿人，网络媒体已成为大众媒体；在内容建设上，财经、娱乐、文体等方面，网络媒体已成为内容的主要提供者；在舆论监督上，网络舆论监督更是担负起舆论监督的主阵地作用；在广告金额上，根据艾瑞最新发布的2011年度中国互联网广告核心数据，2011年中国网络广告市场规模达到511.9亿元，较2010年增长57.3%，已较2011年报纸广告453.6亿元高出了58.3亿元。网络媒体的崛起，对重庆报业来说，也是巨大的冲击，其影响将逐渐在未来几年突显。

面对这一困境，重庆报业已开始在新媒体领域发力突围。重庆报业的新媒体发展虽走在了全国报业发展新媒体的前列，发展速度较快，但总体规模仍小，力量也较为分散，短期内还难以担当成为报业转型的支柱。

3. 报业主业有待进一步开发

重庆报业广告含金量有待进一步提高。重庆报业普遍采用的广告代理模式，虽一定程度上享受了专业化带来的好处，但另一方面，广告代理模式的推行，一定程度上限制了报业广告的利润率，同时也远离了对客户需求的准确把握。

发行有效性有待进一步提高。由于网络媒体的免费性、海量、及时性等特点导致读者阅读习惯发生了改变，越来越多的读者远离了纸质媒体而转向了互联网等新型媒体。报纸读者流失速度加快，吸引青少年读者、留住原有报纸读者也越来越困难。为保证报纸发行量，报纸的发送对象也被迫靠向非主要消费人群。报纸的这种发行结构，较大程度地影响了发行的有效性级广告的效果，进而影响广告含金量。

4. 文化产业多元化的贡献较小

重庆报业涉足了文化旅游、图书出版、文化演艺、会展舞美等多种与文化相关的产业，收入规模也有大幅增长，但多元化产业对重庆报业的利润贡献仍然较小。

如在内容产业开发领域,重庆报业一直未找到合适的增值服务模式。报业内容资源的新闻性、时效性,较大程度抑制了报业内容的长期增值应用。形成重庆报业内容资源的人才优势所包含的经济价值未能充分挖掘出来。

从现阶段来看,重庆报业的文化多元化产业的经营仍在摸索中,还难以担当优化重庆报业收入结构的重任。

5. 资本运作手段较为单一

重庆报业现在尚无一家公司在国内外资本市场上市,融资渠道主要为债权融资,尤其以向银行融资为主。股权融资在融资额中所占比例较小,融资金额不多。以债权融资为主的较为单一的融资方式,影响了重庆报业的融资能力和多样融资手段的应用。

三、2012 重庆报业九大发展趋势

全球金融危机对中国经济带来深刻变化并最终波及到重庆报业。另外,互联网网民增长速度虽已不及往年,但人数的增长在 2012 年仍将超过 40%,网络媒体对报媒的冲击将更加明显。在以上因素影响下,在中央十八大召开之年,对重庆报业来说,将注定是不平凡的一年。预计在 2012 年重庆报业将显现出九大发展趋势。

1. 文化体制改革更加深入,经营管理机制持续创新

根据中央文化体制改革的精神,2012 年年中,必须完成时政类报刊的采编、经营两分开,改制成立经营公司,非时政类报刊必须完成整体"事转企",成立公司。中央文化体制改革的要求必定对重庆报业带来深远影响。

在 2012 年,重庆报业将按照中央文化体制改革的要求,在已完成采编与经营两分开的基础上,进一步推进非时政类报刊"整体转企"改制工作。加快建立现代企业制度,推动改革发展步入规范化、科学化、制度化、高效化轨道。非时政类报刊事改企后,约束报社发展的原有体制将被打破,采编、经营融为一体,薪酬与经营业绩紧密挂钩的体制将会建立,这将使各个报社焕发出新的活力。

重庆报业将持续推进经营管理机制创新。重庆日报报业集团将加强各报采编和经营工作的配合和融合,促进各报广告经营的良性发展;完善工资总额与效益挂钩激励机制;建立"目标分解、逐项预算、充分授权,全面考核"的全面预算管理模式,通过多种方式的管理创新,激发报业活力。

2. 报纸内容建设将更加关注民生,更加注重提供观点

报纸内容是报纸的核心竞争力,正确舆论导向更是媒体的灵魂,重庆报业将继续抓好各项重大主题报道,坚持正确舆论导向,做好全国、重庆市"两会"报道,做好我市换届工作报道,做好党的十七届六中全会报道,做好党的十八大宣传报道等,重庆报业将继续围绕中心工作,服务大局,主动引导社会舆论。

2012年,重庆报业将更加关注民生。重庆以民生为导向的科学发展道路,更加注重为读者提供有价值的信息,重庆报媒将与读者之间建立更加紧密的联系。为发挥报媒优势,减轻网络等新兴媒体带来的冲击,重庆报业将更加注重改变话语方式,改变文风,更加注重优化版面结构,突出民生性和特色性,努力提供读者所喜闻乐见的精神食粮。

重庆报业将更加注重特色、注重提供观点。读者接触新闻的渠道越来越多,报媒相比网络媒体海量性、及时性等介质弱点,要求报媒必须在内容上转型。预计2012年,重庆报业将发挥人才优势,从主要"提供新闻信息的吹鼓手"逐步向"提供观点的思想家"转变。

3. 报纸广告业务机遇与挑战并存

报业广告在经历2011年的快速增长后,增长乏力。但目前报业广告仍将是报业的主要经济支撑。因此,各报均在创新渠道为广告客户提供增值服务,巩固原有广告市场。

2012年重庆报业广告形势严峻。预计重庆报业广告将低于2011年增长率。从广告投放行业来看,2011年开始的房地产市场低迷、房地产商资金吃紧的状态将持续到2012年,这将极大影响房地产商对报纸广告的投放量。在报纸汽车广告市场方面,受汽车消费市场颓势、网络广告分流等因素的影响,报纸汽车广告市场也不容乐观。随着重庆人均GDP超过4000美元,文化娱乐产业将获得快速增长,其行业广告预计也将大幅增长。另外,随着电子商务挤压传统销售渠道,基于苏宁、国美、商社三家家电卖场企业带来的广告增长将不乐观。

4. 发行创新不断,发行竞争更加白热化

发行是报业生存发展的基础,尤其是新媒体的冲击下,报纸发行必须进行创新。

为扩大影响力,预计《重庆日报》将进一步扩大在重点城区和窗口单位的发行量,《重庆晨报》将加快推进完成 2012 年 50 万份发行目标,重庆日报报业集团将加快建设全市 2000 个新型报刊亭工作,预计 2012 年底前主城报刊亭将全部安装到位并投入使用,区县建设工作将得到逐步推进。重庆报业的发行效率将进一步增长,发行结构将进一步优化,发行有效性也将不断提高。

5. 报业人才竞争日趋激烈

随着城镇职工社会平均工资的增加,曾经有较强竞争力的重庆报业薪酬吸引力在下降,越来越多人才流失到高薪酬的非媒体行业,或者向全国性网络媒体的地方站流动。重庆报业吸引人才、留住人才的压力越来越大。缺乏人才的媒体是没有竞争力的媒体,没有竞争力的媒体难有好的经营业绩,员工难有好的薪酬待遇,而没有吸引力的薪酬待遇,难以吸引留住优秀人才。如果陷入这样的怪圈,将对重庆报业造成毁灭性冲击。要改变这一状况,重庆报业必须勇于创新,坚持以读者为中心,增强报媒竞争力;大力开发文化创意产业,增强报媒盈利能力;加快推进资本经营,实现报媒发展转型,最终通过报媒的发展,为人才提供良好的发展机遇,吸引人才、留住人才。基于吸引留住人才的压力,预计在 2012 年,重庆报业采编一线员工及印刷、发行等经营一线员工收入将有显著提高。

6. 新媒体的发展将受到更大程度的关注

从全国来看,随着数字媒体的广泛应用,新媒体所占市场份额将越来越大,对报业赖以生存的基础构成重大挑战,平面媒体必须转型,必须开发新的媒介,向新媒体方向发展。

从目前发展情况来看,重庆报业已有新媒体在 2012 年将延续其高速发展的势头。华龙网、大渝网、晨报网、晚报网等一批报业网站影响力将不断提升,预计其经营收入将获得超过 50% 的年增长率。重庆报业一批新媒体项目,如"966966"呼叫中心商务资讯平台、5000 台文明读报屏、中小企业网上融资超市、手机数据库等项目将正式运营。服务重庆本地的新媒体项目将受到资金

的追捧,预计家居商务网、重庆房产网、手机数据库等新媒体项目将启动。随着一批新媒体项目的启动,重庆报业新媒体的发展将呈现出百花齐放、百舸争流的繁荣景象。

7. 重庆报业重点项目建设将加速

重点项目是企业发展的抓手。重庆文化产业十大重点项目就有两项花落报业:一是重庆新闻传媒中心项目;二是重庆日报报业集团文化创意产业园项目。2012年重庆报业将大力发展文化创意产业园区等重点项目,做大重庆报业资产规模,继续挖掘文化题材,开发文化创意产业。

2012年,预计重庆新闻传媒中心、重庆日报报业集团文化创意产业园将进入主体工程建设阶段,重庆印发基地、重庆三峡文化创意产业园、樵坪老人养护中心、加州6－1文化地产项目将开工,涪陵文化产业园,巴南鹿角温泉项目、重庆新媒体基地、黑山谷文化创意产业园区等项目将签约落地。

8. 从传媒经营到资本经营转变将获得超常规发展

十七届六中全会关于支持国有文化企业面向资本市场融资,支持其吸引社会资本进行股份制改造,推动文化产业大发展的会议精神,以及浙报传媒、人民网的成功上市的榜样作用,将极大地推动重庆报业加快资本运作的步伐。重庆报业资本运作中"两条腿"走路的思想,将贯穿在整个资本运作过程中。一方面,以上市为主线的资本运作方式,将稳步推进;另一方面,以建立私募文化产业基金为抓手的投融资新模式将在重庆报业市场出现。为加快上市步伐,重庆日报报业集团的直接IPO上市、借壳上市将同步推进,国内上市、境外上市都将成为上市选项。而私募文化产业基金的建立,将极大地推动重庆报业跨行业、跨媒体、跨地区、跨所有制的兼并重组,壮大重庆报业实力,推动重庆报业超常规发展。另外,重庆报业也会通过战略性、资源性以及财务性等多种并购重组形式,优化重庆报业产业布局。

预计2012年,重庆日报报业集团将会加快上市步伐,重庆重报传媒有限公司、重庆重报新媒体发展有限公司资产,业务装入工作将全面完成,2012年底前,两家公司将引进战略投资者,完成股份公司组建工作。

为实现资本经营与产业经营协调发展,预计重庆日报报业集团将在2012年牵头发起成立股权投资基金;也将开拓以银行贷款、商业承兑汇票为主的间接融资方式,与引进战略投资、IPO上市融资等为主的直接融资方式相结合。

通过多种融资渠道,做大重庆报业资金规模总量,为重庆报业提供经营和投资所需资金作出贡献。

9. 品牌建设将是重庆报业今年重头戏

2012 年 8 月 5 日是《重庆日报》创刊 60 周年纪念日。重庆日报报业集团将以庆祝《重庆日报》创刊 60 周年为契机,加大品牌推广力度。为此,重庆日报报业集团将成立《重庆日报》创刊 60 周年庆祝活动办公室,以组织《重庆日报》创刊 60 周年庆祝大会,建立重庆报史陈列室,制作《重庆日报》和重庆日报报业集团形象宣传片,编辑出版 60 年纪念画册,推出报庆系列特刊等方式,加大各媒体对外宣传报道力度,着力反映《重庆日报》和重庆日报报业集团围绕党委、政府中心工作所作出的贡献与取得的成绩,大力推广重庆日报报业集团及所属媒体品牌,提升重庆日报报业集团以及整个重庆报业的整体形象和知名度。

高端访谈:
管　洪　重庆日报报业集团总裁

传媒整合资本　资本壮大传媒

蓝皮书: 根据互联网研究室的调查报告,2011 年网络广告总额是 511.9 亿元,报纸广告总额是 453.6 亿元,网络广告已经超过报纸广告 58.3 亿元,对此,你有何想法?

管　洪: 这个消息对我来说既震惊,又警醒。互联网从一诞生开始就发展非常迅速,网络广告每年以超过或接近 100% 的速度增长,网络广告超过报纸广告是必然趋势。只是这一天来得太快,在 2011 年,网络广告额就超过了报纸广告额,这是一件让所有报媒人都感到震惊的消息。由于重庆报业具有区域特性的原因,我们虽强烈感受到互联网的冲击,也注意到重庆网络广告每年也以超过或接近100%的速度增长,但从总量来说,重庆网络广告还远远落后于报纸广告。但全国网络广告总额超过报纸广告总额这一事件也预示着,即使是有着区域优势、落地优势的重庆报纸广告,被网络广告超过也只是时间问题,这一过程慢则十年,快则三五年。这个趋势我们要警醒。在震惊、警醒之余,我们更要充分利用资源,尽快转型,要从单一的传媒经营向全方位的资本经营转型。

蓝皮书:中共中央十七届六中全会关于支持传媒企业通过资本市场融资、支持其吸引社会资本进行股份制改造的精神,能否理解为中央支持传媒企业由传媒经营向资本经营转型的政策导向?资本经营与传媒经营有什么不同?

管　洪:中央十七届六中全会为传媒的发展指明了道路,中央明确支持传媒企业由传媒经营向资本经营转型。传媒应借助资本经营实现快速发展。

传媒经营是产业经营,资本经营是跨界经营。资本经营与传媒经营最大区别在于关注重点不同。传媒经营是以自身媒介资源为关注重点的经营方式,资本经营是以各类资本的整合运用为关注重点的经营方式。资本经营关注的范围更宽更广,更关注对各类资本,包括政治资源、经济资本、人力资本等各类资本的运用。传媒经营向资本经营转型的核心,就是传媒利用自身的优势整合资本,再利用整合后的资本壮大传媒的过程。传媒整合资本是手段,资本壮大传媒是目的。

蓝皮书:重庆日报报业集团在从传媒经营向资本经营转型中,有什么规划?

管　洪:我从四个方面谈谈重庆日报报业集团在传媒整合资本,进行资本经营方面的实践与规划:

一是发挥传媒影响力,整合产业资本,开展资本经营。重庆日报报业集团计划利用传媒优势,整合各行业产业链。计划由单一的提供宣传推广服务转型为向房地产、汽车、时尚、旅游等各行业提供整合推广、销售代理、金融服务、教育培训等全方位服务。在旅游产业已经设立新闻培训中心、新闻旅行社等整合开发文化旅游产业。在文化娱乐产业已经设立演艺、舞美等公司,以整合开发重庆演艺、会展、舞美等行业。这为重庆日报报业集团通过传媒影响力,整合产业资本,再通过优化资本结构、发展传媒,积累了很好的经验。

二是发挥传媒人才优势,开展资本经营,发展新媒体产业。传媒主要由两块构成,一块是内容,一块是承载内容的载体。任何传媒要有生命力,必须有内容作支撑。因此,进行内容生产的记者编辑是传媒最大的资本之一。重庆日报报业集团有很好的记者编辑队伍,他们是重庆日报报业集团的最大财富。我们要充分发挥他们的价值。但传媒企业必须意识到,不同时代有不同时代的强势媒体类型。就像曾经作为报纸主要替代品的广播,随着电视的普及,迅速衰落。但如今随着汽车产业的发展,私家车的逐渐普及,交通广播又重新焕发了生机。因此,传媒企业应当顺应时代发展,利用采编队伍人才优势,开发适合受众的多种媒介。目前,重庆日报报业集团在开发新媒体方面,已经建立了12个互联网网站、1个呼叫中心、一个户外视频项目、若干个手机媒体项目,这些项目都取得了一定的成绩。重庆日报报业集团将会不遗余力按照内容、载体两条线的方向,大力开发适合受众的内容及新媒介形式。

三是发挥党报集团政治优势,发展文化创意产业。党报集团的核心优势是影响力。党报集团的传媒影响力、经济实力、资源整合力等因素整体构成了报业集团强有力的政治优势。我们将依托党报集团的政治优势,整合资源,开发出既有社会效益又有经济效益的文化创意产业项目。重庆日报报业集团在加快建设重庆新闻传媒中心、重庆日报报业集团文化创意产业园、万州文化创意产业园、重庆日报报业集团印发基地的基础上,将加快涪陵文化创意产业园、巴南区广告文化创意产业园、重庆新媒体基地等项目的落地工作,拟通过大力发展文化创意产业,快速做大集团资产规模。

四是发挥金融资本作用,发展金融产业。金融产业是资本经营的核心。重庆日报报业集团将在上市融资、成立基金、并购重组、项目孵化、成立财务公司等金融领域开展资本经营工作。

在上市方面,重庆日报报业集团将加快推进重庆重报传媒有限公司资产、业务装入工作,积极、稳妥引进战略投资者,在2012年底前完成股份公司改制,力争重庆重报传媒公司于2015年实现国内主板市场上市。同时加快推进将重庆日报报业集团旗下新媒体业务装入重报新媒体发展有限公司的工作,快速壮大新媒体公司资产、收入规模,提高盈利水平,积极引入战略投资者,力争2014年实现在创业板上市。

在成立基金方面,重庆日报报业集团将成立股权投资基金,实现资本经营与产业经营协调发展。力争在2012年组建重报文化产业基金,基金募集资金规模2亿元,重点投资新媒体业务为核心的文化产业,推进重庆日报报业集团的快速发展。

在并购重组方面,重庆日报报业集团将积极推进战略性、资源性以及财务性等多种并购重组形式的并购重组工作,优化集团产业布局。在战略性并购重组方面,整合重庆都市报,规范重庆报业市场,推进重庆报业良性健康发展;集团切实履行对三峡都市报、巴渝都市报、武陵都市报的主管、主办责任,以资产为纽带,组建经营公司,做大做强重庆日报报业集团报业主业;并购重庆本地有影响力的网站,形成新媒体规模效应。资源性并购方面,重庆日报报业集团将选择具备垄断资源的项目进行并购或合资,以获得中长期的稳定收益。财务型并购方面,我们会择机收购价值被低估的公司并进行整合,待价值提升后再出售以获得机会型的差价收益。

在项目培育孵化方面,重庆日报报业集团将建立项目孵化中心,培育集团新的经济增长点。项目孵化中心通过征集金点子,集纳众长,组建项目团队,以培育有发展潜力的文化产业项目。第一期孵化项目为重庆公共文化平台、呼叫中心、手机数据库、家居建材商务网、重庆房产网等。

在融资的其他方面,重庆日报报业集团将积极拓宽融资渠道,做大集团资金"蓄水池"。我们将以银行贷款、商业承兑汇票为主的间接融资方式,与引进战略投资、IPO上市融资等为主的直接融资方式相结合,做大集团资金规模总量,为集团提供经营和投资所需资金。

创造条件成立财务公司,提高集团资金使用效率。我们要加快集团资本经营,尽快达到成立财务公司的条件,即资产过80亿,净资产过30亿元,销售收入过40亿元。通过成立财务公司,进一步提高集团资金使用效率。

蓝皮书:重庆日报报业集团在传媒经营向资本经营转型中有什么具体保障措施?

管　洪:为保障资本经营的顺利开展,我们将从四个方面予以保障。

第一,在全集团树立资本运作观念。让集团上下充分认识到推进资本经营工作的重要性和紧迫性,在集团全体员工,特别是高层管理者和业务板块负责人当中树立资本经营的观念,以推进集团又好又快发展为目标,为运用资本经营手段实现集团"十二五"规划目标而努力。

第二,健全资本经营组织架构。集团将成立资本经营领导小组,提高资本经营水平,寻找资本市场机遇,适时捕捉资产并购重组的机遇,优化整合集团产业分布,逐步形成主业突出、业务布局合理的资产结构,推动集团不断发展壮大。

第三,建立人力资源保障机制。集团将通过内部选拔培养和外部招聘相结合的形式,为资本经营配备包括金融、投资、财务、法律等资本运作方面的专业人才,迅速形成运作能力,保证资本经营战略能够得到迅速有效的执行。合理搭配专业人员的能力、经验、知识水平等各方面的层次,对人力资源实施定岗定员,制定具有竞争力和吸引力的薪酬待遇体系。

第四,提供资金配套保障。集团对资本经营提供专项办公经费,用于相关运作的开展和实施。另外,对于文化产业投资基金和财务公司等机构所需资本金,其实施方案在报市文资公司批复后由集团投资成立。

作者单位:
邓修明　重庆日报报业集团
吕建伟　重庆日报报业集团

围绕媒体主业，走重庆广电产业的科学发展之路
——2011年重庆广电产业发展报告

张向东　赵　新　冉义国

2011年，是重庆广播电视产业发展具有转折意义的一年。这一年，全球经济经历金融危机后的短暂复苏再现动荡，低增长、高通胀压力贯穿国内经济全年，传媒产业发展的外部形势严峻；以广播电视为代表的传媒文化产业成为产业资本竞相追逐的目标，传统媒体与新兴媒体的融合发展不断加快，广播电视媒体竞争发展格局正在发生全面而深刻的变化；全国省级广播电视媒体的体制改革机制创新风起云涌、纵深推进，以卫视为龙头的广播电视行业竞争日趋白热，媒体阵营出现明显分化，强者愈强，弱者愈弱；重庆广电产业在历经了数年的快速发展后，伴随高速扩张所带来的定位不清晰、布局欠合理、治理不规范、管控不到位问题和矛盾逐渐暴露显现，处理好规模与效益、规范和发展之间的关系成为当前重庆广电产业发展面临的首要问题。

面对低迷的宏观市场环境和内挤外压的行业竞争挑战，重庆广播做出"将发展重心转移到媒体主业上来"的战略决策。以打造重庆卫视"公益频道"为契机，坚持围绕媒体主业的产业发展战略固本强基，通过整合资源、改革机制、调整布局、重点突破，实现了重庆广电产业的平稳转型和可持续发展：2011年，集团营业收入总额220588万元，比2010年增长7.45%；利润为1858万元，比2010年增长42.3%。

一、调整布局:优化广电产业发展的阵线和布局

(一)深耕频道频率集群,巩固和扩大本地市场占有

2011年,通过继续强化地面广播电视频道频率的统筹运行格局,形成了本地频道频率群对抗埠外媒体蚕食的竞争合力,媒体本地市场影响力和占有率得到巩固和加强。

电视影视频道以《巴山剧场》为重点,精心选购剧目,科学策划编播,收视率稳居地面电视频道群首位,广告创收同比增长46%;新闻频道主力打造《重庆新闻联播》、《天天630》、《直播重庆》等新闻资讯栏目,实现了电视新闻直播常态化运作,频道品质进一步优化;都市·公共农村频道以"三凡"(《凡人有乐》、《凡人有事》、《凡人有喜》)为开发对象性资源,收视表现良好;娱乐·旅游频道完成了频道改版,实现了平稳开局;时尚·生活频道着力巩固品牌,《生活麻辣烫》、《有话好好说》、《冷暖人生》等质量显著提升;少儿频道精心打造"缇可"品牌,制作完成了《缇可夏季篇》、《缇可讲故事》动画片等系列节目,商业动画片创作实力有了提升;科教频道形成了"科教纪法"四大板块并行的内容格局,《千秋红岩》等获得良好反响;新财经、魅力时装、汽摩频道强化专业化定位,影响力逐渐扩大。

广播各频率全年保持了80%以上的收听份额,《阳光重庆》、《桑榆情》、《955与您相随》等十大品牌栏目影响力进一步扩大。新闻频率凸显"以新闻服务大众"的特色,开通了"阳光重庆网站",在广大听众中获得了较高的美誉度;经济频率精确定位专业财经,整体形成了良好的品牌效应;交通频率立足专业特色,提升资讯服务水平,品牌栏目影响力和创收能力持续提升;音乐频率牢牢把握"城市精英调频"定位,提高点状节目质量,拓展高端品牌合作,品牌价值更加凸显;广播都市频率突出"都市生活台"风格,媒体商业价值有了提升;故事频率尝试改版转型,栏目文化内涵不断增强。

(二)合理扩张收缩阵线,强化围绕主业发展的新格局

围绕发展媒体主业,重庆广电在产业发展战线上适度伸缩,有进有退,围绕媒体主业发展广电产业的科学合理布局逐步构建完善。

一是扩张。完成了对全市31个区县和主城重庆钢铁(集团)有限责任公司、沙坪坝区西永镇等企事业单位的有线网络资产的整合,实现了"全市一张网"。网络整合的完成,为有线网络参与"三网融合"市场业务竞争奠定了良好的基础。完成了重视传媒公司的增资工作,传媒股份公司以现金和实物资产共计4000万元对重视传媒公司进行了单方增资,出资比例由原来的75%提高到88.89%,进一步增强了对重视传媒的控制力;积极争取国家广电总局和市委、市政府的支持,完成了重庆电影集团的组建方案和工商注册工作。

二是收缩。完成了大足影视公司70%股权转让工作。实现股权转让净收益10390.56万元,同时收回大足影视公司借款及利息29095.91万元及评估日后借款及利息2421.8万元。集团通过增资6303.2万元后,保留了大足影视公司20%的股份;完成了部分所属公司的"关停并转",撤销重庆重视传媒营销有限公司、重庆渝缘影视有限公司,挂牌转让了重庆重视家里安科技发展有限公司。

三是理顺。按照国家广电总局的要求,妥善解决了与深圳宏天公司的CMMB业务合作的有关遗留问题,并与广电总局旗下的中广传播公司合作组建重庆中广传播有限公司,强势股东的引入让CMMB等新媒体业务的开发前景更加光明。

二、完善机制:发挥体制机制的积极作用

(一)启动频道、频率制改革,增强市场竞争应对能力

为增强重庆广电参与市场竞争的应对能力,按照"责权配套、资源整合、运营高效、激励到位"的总体原则,2011年重庆广电正式启动了频道、频率制改革。

频道、频率制打破了原有的中心制架构,确定了8个电视频道(频道群)和6个广播频率为责任主体,通过竞聘上岗选拔出了频道、频率总监、副总监。对广播各频率、电视各频道的运行机制、日常管理、考核办法进行了调整和完善,形成了《广播频率运营机制和管理办法》《电视频道运营机制》和《电视频道管理办法》等制度文本,构建起了以频道、频率制为主体的运营机制、以统分结合为基础的管理机制、以目标考核为手段的激励机制和以资源优化配置

为导向的保障机制,有针对性地解决了"责""权""利"不匹配、运行体制不统一、广告经营和节目生产分离、频率频道效益和个人收益脱节、激励机制不科学、资源保障不到位等问题,初步形成了符合未来改革发展战略目标的运营管理体系,有效地激发了节目生产一线的创新活力。

(二)完善公司法人治理,强化基础制度建设

针对近年来重庆广电产业在快速发展过程中暴露出来的法人治理不够规范完善、风险防控和基础管理跟不上产业发展需要的具体问题,重庆广电切实强化公司治理和基础管理。

针对个别公司法人治理虚位、缺位的情况,对产业系统各公司"三会一层"(股东会、董事会、监事会、管理层)建立完善提出了明确要求,加强了对运行情况的指导和监督,"三会一层"工作制度为产业发展的规范运行发挥了重要保障作用。同时出台内控制度,从制度建设层面对各公司规范法人治理、强化风险控制、加强基础管理提出了硬性要求,范围涵盖公司治理、行政管理、党群工作、安全生产、经营管理、人力资源管理、财务管理、广告管理等八个方面。同时,按照年初有具体任务、年末有专项考核的要求,确保各公司风险内控制度建设落到实处。

(三)实施目标管理改革,分类落实责任目标

根据事业、产业的不同属性,针对性地制定两套目标考核体系,有效落实了各主体在扩大媒体影响和市场竞争力的目标责任。

其中,对实施频道、频率制的责任主体每年签订《目标责任书》,制定了量化、考核性强的宣传导向、经济指标、收视指标和内部管理指标,明确了风险责任与奖惩措施。对其他产业系统各公司,其经营管理目标考核以定量考核为主、定性考核为辅,考核指标分为经济指标和保证目标两大类,以百分制实行量化计分;新增了公司经营班子成员的考核内容,明确了公司主要负责人全年薪酬标准和其他经营班子成员的薪酬系数,并根据薪酬结构情况制定了考核方式。新的考核方式构建起了科学、规范的激励约束机制,有助于客观、有效地评价各公司的经营业绩。为激发广播电视的产业活力,重庆广电全面实施频道、频率制改革,明确了各频道、频率的责任主体地位,让责、权、利三者关联,让电视频道在竞争激烈、瞬息万变的市场中能够快速、灵活地果断决策。同时,积极创新管理工作方式方法,建立科学合理的绩效考核体系,为重庆广

电快速健康发展提供有力保障。

三、业务突进:产业规模和效益进一步提高

(一)广播电视广告:2011年广播电视广告收入共计7.36亿元,占集团营业总收入的32.5%。

2011年竞争对手加剧了对重庆收视和广告市场的挤压,广告形势空前严峻。重庆广电集团(总台)一方面积极做大做强电视地面频道,提高本地市场份额,引导卫视广告向地面频道转移,全年实现电视广告收入6.27亿元,较好地弥补了卫视不播商业广告带来的部分损失。另一方面努力提高广播广告创收能力,广播广告创收首次突破亿元大关,全年实现广播广告收入1.09亿元。

(二)有线网络产业:全年实现收入1.29亿元,占重庆广电集团(总台)营业总收入的57.3%。

全程全网运营格局已经形成。随着2011年全市广播电视网络整合的完成,全市广播电视网络已形成了全市"统一经营管理、统一规划建设、统一业务平台、统一技术标准、统一运行维护"的发展格局,进一步拓展了业务空间,加快了网络发展的步伐。

业务规模继续扩大。截至2011年末,重庆有线公司直接经营管理的全市有线电视网络资产总量为33.72亿元;共有有线电视用户450万户,其中数字电视用户262.2万户、互动电视用户50.3万户(高清互动25.1万户)、宽带互联网用户12.3万户、集团专线用户数千个。资产规模在全市文化类企业中名列第一,资产总额和用户数量在西部地区也位居前列。

业务融合步伐加快。分别与中国移动重庆分公司及重庆通信服务有限公司签订了战略合作框架协议,探索双方在产品、终端、渠道、内容、互联网出口、三网融合业务等多层次、全方位的合作模式。其中,与重庆移动合作推进了手机支付及联合宽带产品项目,目前手机支付项目已上线试运行,联合宽带产品已在珠江花园进行商用试点;合作共建的沙南街联合营业厅已于11月底正式营业。除此之外,与长城宽带达成了全面战略合作关系,4个月内发展高清终端2500多台。

参与城市信息化建设。落实了"阳光警务"终端机部分移动改网业务。取得了"平安重庆"项目的建设经营权,已成功签约巴南、北碚、合川、潼南、永川等5个区县。为重庆交旅集团、融汇温泉、协信集团等数家公司量身定做的"重庆有线高清数字电视综合信息服务系统",已与协信集团达成155万元的业务合作协议并全面实施;获得"重庆警备区高清视频会议系统项目"建设经营权,未来10年将每年为公司带来180万元的收入。在社区信息化项目上,"万事通"综合信息基础应用平台上线试运营,联合保利国宾上院小区推出了"保利社区信息化"产品,与海尔集团形成"海尔·海语江山"的社区信息化的推进意向。

(三)内容产业:2011年,重庆广电集团(总台)所属的重视传媒、视美动画、纪实传媒、银龙公司、剧龙公司等制作生产的情景剧、动漫、纪录片、电视剧等对外销售收入5730万元,占集团营业总收入的2.5%;演艺业务实现收入3015万元,占集团营业总收入的1.3%。

内容生产势头良好。电视剧《解放大西南》在中央台和全国省级台播出,并获得"飞天奖"一等奖;《中国1945·重庆风云》在中央台和天津、北京、重庆三大卫视同时播出,反响热烈;新版《鸟瞰新重庆》、40集电视系列片《人文地理志——重庆》完成拍摄制作已上市销售;舞剧《邹容》在国家大剧院成功上演,并荣获中国戏剧奖"优秀剧目奖";动漫节目生产完成二维、FLASH动画片共计1586分钟,商业动画《东方少年之击斗战车》制作完成获得发行许可证,《梦月精灵》进入量产。

内容研发力度增强。老牌栏目继续提升品质,《冷暖人生》栏目获得"情感类2011十大品牌电视栏目",《有话好好说》栏目获得"生活服务类2011十大品牌电视栏目";积极研发新的品牌栏目,重视传媒公司精心制作的《经典电影》、《百家故事台》栏目已正式在重庆卫视播出,大型日播公益服务类栏目《我来帮你忙》栏目公益品牌与服务理念已初步树立,纪实传媒公司精心打造的《记忆》栏目取得了良好的社会反响。

内容外销取得突破。《百家故事台》等实现对外销售收入755万元,同比增长了74%,预计年内可以实现发行金额过千万元的目标(数据核实);与央视12频道紧密合作,向央视12频道销售200余集系列剧《走进监狱的女人》,并接受委托承制了系列剧《走出婚姻的女人》首批60集;视美动画《麻辣小冤家》继续授予麒麟电视台在线播映权,《缇可》(冬、春季篇)与百度奇艺公司签署了网络播映协议,玩具销售代理创收1200多万元,《弹珠传说》已实现累计销售收入过亿;时尚购物频道日均销售已突破180万元大关。

活动营销再创佳绩。第三届中国西部动漫文化节取得圆满成功,成为最具全国影响的动漫展会之一;重视传媒公司先后成功举办或承办了四十余项各类商业活动。交广传媒举行大型品牌公益活动十多场,并以交通行业为依托,以交广车友为群体开展系列专业活动近百场。歌舞团公司举办了天府煤矿迎春晚会、铜梁龙文化节、达州旅发大会开幕式、潼南高粱节开幕式晚会及闭幕式、彭水渝东南民族生态文化节、开县三色文化节、第五届巫山红叶节等演出活动。纪实传媒公司举办了"首届重庆国际纪录片发展论坛"等大型活动。

(四)新媒体产业:2011年实现收入5644万元,占集团营业总收入的2.5%,正逐渐成为重庆广电未来发展的新增长点

车载移动电视计划推广顺利。公交车终端累积已安装220条线路4603辆车,出租车推广安装2000辆的移动电视终端,户外静屏已安装楼宇130个,置放于火车北站的移动LED大屏车以租赁广告代理方式经营,市场反应较好。

移动多媒体业务取得新进展。与《重庆法制报》合作的"公众多媒体法制信息宣传平台"项目已达成合作意向协议,并配合完成宣传平台的建设、运行试验;成功开发了CMMB自办频道的广告经营代理业务,为移动多媒体业务开发增加了持续稳定的现金流;流媒体电视业务与重庆联通签订了线路传输业务合作协议,结算金额较去年大幅度增加;IPTV技术平台的基础设施建设已进入施工阶段,与重庆电信的战略合作项目已经启动。

数字专业频道的影响力扩大。新财经频道完成了新节目框架的搭建,形成了以《直播新财经》为主的财经资讯节目《理财这点事》、《股会》为主的财经服务节目以及以《声音》为主的财经观赏类节目的节目体系,节目影响力逐渐扩大。魅力时装频道专业化节目所占比例由54%提升到72%。频道节目日更新量330分钟,较去年增加37%。品牌栏目《时尚救兵》从节目质量和节目生产量上明显提高,周更新量上升100%。汽摩频道实现了节目全面改版,频道总计播出栏目达11个,日更新量达3.6小时。

动漫新媒体运作取得突破。视美动画投入上百万资金研发的亲子励志网络动漫游戏于2011年初进入测试,获得了几千名测试玩家普遍好评。与重庆

电信合作开展彩信动画的设计、制作、传播和推广的项目进展顺利,共计制作数百条动画彩信,在电信手机用户中广泛传播。

(五)其他产业:2011年实现收入8644万元,占营业总收入的3.9%

物业经营开发进展顺利。平顶山园区的开发工作逐步推进,成立了专项工作小组,抓紧项目策划;存量资产的招商工作进展顺利,上清寺园区办公楼除电台大楼6、7楼为电影集团留用外,其他办公用房已全部出租;广电宾馆已与汉庭星空(上海)酒店管理有限公司建立合作;美堤雅城完成商业与车库销售收入1063万元、净利润242万元;物业管理质量全面提升,较好地完成了广电大厦、彩电中心、上清寺园区的物业管理,对小龙坎广电小区开展绿化等相关的环境整治工作。"广电物业"的市场品牌正在建立。

教育培训产业稳步发展。歌舞团公司对教学场所加以装修整改,并对软、硬件设施进行更新、购置与完善;文化传媒公司除了做好重庆40个区县教育培训宣传工作外,还辐射到四川邻水、广安和贵州遵义等地。广播教育学校沙坪坝分部教学场地面积从300平方米扩大为1300平方米;歌舞团公司参加"花儿朵朵向太阳第六届'小荷风采'全国少儿舞蹈展演"荣获"小荷之星"金奖、优秀组织工作奖、"小荷园丁"奖;文化传媒公司组织重庆地区选手赴韩国参加"首尔杯"才艺大赛,所送节目获得"首尔杯最高奖"、"大金奖"和"金奖"。

四、广电产业发展面临的主要问题

(一)从发展观念看,对发展广电产业认识还不到位,危机意识、市场意识不够

从对广电产业定位认识看,重庆广电虽然提出了将发展重心转移到媒体主业上来的要求,但对发展媒体主业的具体路径还存在认识误区,将事业和产业简单对立,将发展媒体主业简单等同于发展事业本体,没有认识到发展媒体主业,本质上是要围绕广播电视核心业务做大做强,实现集团的可持续发展。发展媒体主业必须坚持社会效益和经济效益相结合,必须利用和调动事业和产业的双重体制优势。

从对市场竞争的认识看,市场意识、责任意识、风险意识还很淡漠,安于发展现状,不愿正视发展的问题,缺乏对市场竞争的认识;对情势的变化反应迟钝,缺乏生存的危机感和压力感;不肯承担市场风险,过多地强调自身的权利,不愿意承担更多责任等等。

(二)从媒体竞争力看,广播频率群、地面电视频道竞争力不足,广告创收缺乏强有力的节目支撑

广播电视广告在未来仍将是重庆广电最重要的收入来源之一,卫视频道、地面频道、频率群必须继续积极开拓广告业务,以保证重庆广电的健康可持续发展。

从广播频率群、地面电视频道现状看,现有的节目和频道影响尚难以对广告创收形成有效支撑:广播拥有绝对垄断的本地市场份额,但广播除交通频率外,各频率的市场份额优势尚未有效转化为经济创收优势;电视地面频道缺乏品牌节目的支持,对本地市场份额难以形成有效控制,中央、省级卫视群以及新媒体对本地市场冲击愈发强烈;在广电总局"限娱令"、"限广令"等诸多新规的影响下,维持原有广告段位和总量已无可能,更没有通过增加段位、延展时长换取创收的空间。广播电视广告创收唯有通过加强节目研发,树立节目和频道品牌,提升自身竞争能力,从而获得更好的广告吸附力。

(三)从经济实力看,重庆广电产业总量未上规模,效益不高,后劲不足

从收入上看,2010年以来,湖南、上海、江苏等省级广电收入已先后跨过百亿,重庆广电产业25亿的收入体量与之相比,差距巨大;从效益上看,613万的利润水平与25亿的收入规模明显不成比例(未考虑2011年消化往年电视剧播出成本1.3亿,抵减利润的因素);从发展布局看,湖南、上海等省级广电已形成了传统广播电视与IPTV、手机电视、高清电视、宽带电视、地面无线电视等全媒体发展的格局,重庆广电集团(总台)在传统产业的开发和新媒体业务布局上都落后,发展后劲明显不足。

五、重庆广电产业 2012 发展展望

（一）形势：充满机遇与挑战的一年

从宏观经济环境看，始于 2008 年的全球金融危机在短暂回稳后二次回落趋势明显，全球经济增长充满了不确定性；中国经济经历了三十年的高速增长后进入发展平台期，稳增长、调结构、保民生、促稳定是未来一段时间经济发展的主题。在高通胀、低增长的背景下，削减不必需的开支成为厂商和大众的共同选择，无论是广告客商的投放热情还是普通民众的文化消费都将受到一定程度的抑制。

从产业政策环境看，中共中央十七届六中全会的召开为广播电视文化事业产业的发展带来了新的曙光，全会决定成为指导未来产业发展的行动指针和纲领，未来几年文化产业发展面临更为宽松有利的政策环境。随着《国家"十二五"时期文化改革发展规划纲要》的颁布，广播电视文化新兴产业的发展面临前所未有的新的历史机遇。

从微观运行环境看，重庆广电产业发展面临的困难依旧不少：缺少创收主力频道卫视的频道频率群阵容不整，严厉的地方广告监管政策仍将延续，广电总局颁布"限娱令"和电视剧中广告插播禁令，广告创收增长的前景并不乐观；囿于自身资金实力，广播电视内容生产难有突破性的大投入和大产出；区县网络整合后资产及运营提振将有一个过程，随着主城整体转换完成后安装业务锐减，未来两到三年有线网络都将暂时面临增收不增利的局面；新媒体无论是布局还是盈利模式都还处在艰难的探索阶段……

（二）对策：以改革创新实现广电产业新突破

2012 年，重庆广电将坚持以邓小平理论和"三个代表"重要思想为指导，深入贯彻落实科学发展观，坚持既定的发展战略和定位，重庆卫视要提升品质，地面频道要增大收视，广播频率要扩大影响，产业系统要提高效益，统筹兼顾，把握重点，全面推进，不断在改革创新中取得新的突破，进一步增强重庆广播电视的影响力、传播力和整体实力。

1. 着力提升重庆卫视的频道品质

进一步增强节目的思想性、知识性、艺术性、观赏性，不断巩固和扩大在全国的影响力、传播力。根据频道定位和受众收视心理，统筹策划和实施重庆卫视的包装，从频道标识、形象片、宣传片、广告语以及频道个性化的音乐、片花、字幕、色彩等识别元素进行设计和制作，建立重庆卫视规范的视觉识别系统，提升频道包装的文化内涵。巩固和扩大重庆卫视在全国的有效落地覆盖，努力实现在全国71个收视数据测试城市的全覆盖。继续实施"优化落地、高效落地"策略，适度调整对等落地城市，重点保证在重点城市、重要单位和高端人群的覆盖。抓好卫视在互联网、手机电视和IPTV等新媒体的覆盖，实现多介质、全方位的传播，扩大品牌影响。

2. 努力扩大地面电视频道的市场收视

着力抓好地面频道品牌建设，巩固和扩大地面频道市场收视，为地面频道创收奠定基础。各频道根据定位发挥特色和优势，避免同构化、同质化甚至内部恶性竞争，走差异化、专业化的发展路子。新闻频道要继续打造各档新闻节目和专题节目，在深度报道上再下工夫，走"新闻立台"的发展之路。都市频道要抓好栏目的市场合作和活动营销，推进公共·农村频道向公共法制频道转型。娱乐频道要继续办好特色栏目，精心策划综艺节目，着力打造"重庆本土最大旅游综艺平台"。时尚·生活频道有机融入时尚元素，加快实现向情景剧、电视剧、娱乐、体育、商务等类型节目生产转型，生产更多拥有自主版权的原创节目。生活频道要进一步彰显频道特色，打造一批生活资讯类、服务类节目。科教频道要精办科普、教育、法制类栏目，继续打造渝派纪录片，提升文化品位和市场竞争力。少儿频道要扩大动漫生产能力，办好第四届中国西部动漫文化节，构建动漫产业发展链。国际频道要集约节目资源，精心编排，扩大频道的海外影响力。在对频道定位和发展进行统一规划管理的前提下，通过建立节目创新、节目质量评价的激励机制，鼓励和引导各地面频道打造专业化、差异化的品牌栏目和品牌活动，形成各自独占的、特色化的核心竞争资源，培养和推出符合频道气质的知名专业人员。在统一广告经营控管平台的前提下，通过建立业绩评价体系，鼓励各频道开发衍生产业，增强频道自我运营、自我发展的能力。

3. 深入发掘广播频率的影响和价值

广播各频率要继续深化差异化的专业定位，巩固风格鲜明、市场细分、定位清晰、市场互补的频率市场格局。新闻频率要做深做精新闻资讯和新闻评论,突出频率的"本土化"特色;经济频率要按照"专业财经理财频率"定位,调整节目设置;交通频率要围绕交通出行和用车服务,增强节目的"三贴近";音乐频率要以打造"城市精英调频"为目标,提升节目的人文性和专业性;都市频率要强化生活服务功能,办好生活类、娱乐类节目;故事频率要创新"讲故事"节目的表现形态,形成独有的特色。加强广播频率的统筹营销,整合广播6个频率的整体营销平台,实行统筹策划和运作,加强宣传推广,开展营销活动,拓展线下广告和延伸产业。研究将交广传媒公司和广播广告经营中心逐步一体化运营的可行性,推进营销活动与广告经营的有机结合。

4. 努力提高广播电视产业的经营效益

做强有线网络传输业。尽快完成区县有线网络的双向数字化改造。积极落实市财政项目贷款贴息支持,尽快实现全程全网运营;抓住"三网融合"机遇,大力推进高清业务、数据业务、宽带增值业务及付费点播业务开发,提高运营服务水平;要积极参与一些重大建设项目和开展对外合作,重点抓好"平安重庆"视频监控系统、党员干部现代远程教育、警备区高清视频会议系统等项目的建设和运营,同时与移动、联通等通信运营商及"一卡通"、重百超市等大型连锁企业开展合作,开发以宽带业务为重点的增值业务。

增大广告创收。强化广告经营活动的统一管理。除个别广告经营外包频道(如动漫频道)外,由重庆广电集团(总台)广告经营中心统一制定价格体系,统一组织对外招商,统一管理广告入账,统一管理合同文本,在保持内部经营主体适度良性竞争的前提下,避免各经营主体各自为政所造成的恶性竞争和资源内耗,最大限度地维护和提升频道、频率整体经营价值;进一步明确频道责任主体和广告经营中心的责权利界限,平衡好提升频道形象和广告创收效益之间的关系,在通过完善配套机制尽快解决主体间的人财物资源的无缝对接问题,形成频道和广告主体之间在广告经营创收工作中更好的扣合;创新丰富广播电视广告创收形式。通过开发植入式广告、拓展活动创收等,形成广播电视广告创收新的业务增长点,弥补因硬广告减少所带来的损失。

壮大内容产业。抓好重点电视剧的生产,努力扩大在全国的发行;要抓好节目的对外营销,深化与中央电视台的合作,继续拓宽节目销售渠道,加快资金回笼速度,继续做好向区县台的供片工作;着力打造好全市区县节庆活动的演出平台,抢占歌舞商演市场。策划推出一些大型舞台剧目。

推进新媒体发展。完成新媒体平台基础建设,搭建IPTV、手持电视集成播控平台,实现与中央集成播控平台的对接。推进与本地运营商的合作,建立运营中心。开展移动多媒体广播(CMMB)业务和流动媒体手机电视业务。抓好车载移动电视的发展。扩大车载移动电视国标信号的覆盖地域和提升传输质量,力争公交车移动电视安装量达到5000—5500辆,出租车移动电视安装量达到3000辆。在各大商圈、车站、码头、旅游景点等地安装移动LED车显示屏,拓展户外市场。办好新财经、汽摩、魅力时装3个数字专业频道,创新经营模式,提高盈利水平。继续积极筹建重庆网络电视台。

稳步开发其他产业。盘活现有物业,实现保值增值;整合教育培训资源,科学布局教育相关产业项目;推进重视传媒时尚之都创意产业园、视美动漫基地、有线网络产业基地等产业园项目的选址和开发;做好重庆电影集团挂牌和起步运行的工作。

高端访谈:

刘光全　重庆广播电视集团(总台)总裁

坚持走品牌发展之路

把握新形势下的新机遇和新挑战

蓝皮书:在新的一年里,如何认识和把握广播电视面临的新形势和新任务?请谈谈您的看法。

刘光全:2012年,是广播电视调整转型、创新发展的重要一年。可以从两个方面来认识和把握新的形势和任务:

一方面,推进文化大发展大繁荣给广播电视带来了新机遇。党的十七届六中全会指出:"文化越来越成为民族凝聚力和创造力的重要源泉、越来越成为综合国力竞争的重要因素、越来越成为经济社会发展的重要支撑,丰富精神文化生活越来越成为我国人民的热切愿望。"这"四个越来越",是我们党对文化建设重要性的深刻阐述,反映了文化建设在社会主义现代化建设总体布局中的极端重要性,文化"软实力"的打造已经放到了一个重要战略高度。六中全会明确提出,到2020年文化产业要成为国民经济支柱性产业。何为支柱性产业?那就是产业增加值必须占GDP的比重达到5%以上,才能称得上是支柱性产业。为了实现这一目标,六中全会还制定了相关政策保障机制,比如"保证公共财政对文化建设投入的增长幅度高于财政经常性收入增长幅度","加大财政、税收、金融、用地等方面对文化产业的政策扶持力度,鼓励文化企业和社会资本对接,对文化内容创意生产实行税收优惠","继续执行文化体制改革配套政策,对转企改制国有文化单位扶持政策执行期限再延长五年"等等。我认为,六中全会作出的战略部署和制定的系列保障机制,给广播电视也带来了一个前所未有的黄金机遇期。广播电视必须抓住这一机遇,顺势而上,积极推进新一轮的改革创新。

另一方面,媒体之间的激烈竞争给广播电视带来了新挑战。新机遇推动大发展,也必然催生新竞争、新挑战。随着文化体制改革的深入和新技术、新媒体的发展,媒体之间的竞争更加白热化。一是传统的广播电视与新媒体的竞争。当前,IPTV、网络电视、手机电视、移动多媒体广播(CMMB)等新媒体方兴未艾,微博、博客等发展迅猛。有数据显示,2011年全国IPTV用户数量突破了1200万户,中国网民规模突破5亿,微博用户数达到2.5亿。其中微博用户较上一年底增长了296%,成为网民获取信息的重要渠道。新媒体依托互联网、无线通信网、卫星等渠道以及电脑、手机、数字电视机等终端,向用户提供海量信息和娱乐服务。因其快捷、信息量大、互动性强的优势,新媒体的受众与日俱增,已经渗透到人们生活的每一个角落,可谓无时不在、无处不有。而传统广播电视的受众则不断分流,市场被蚕食。有人认为,如今的手机已不再单单是通讯工具,它还担当起了"第五媒体"的重任。在这种形势下,如果广播电视不尽快改革创新,依然走过去的老路子,必然会被新媒体所取代。二是广播电视之间的竞争。省级广播电视的竞争最突出的是卫视的竞争。2011年,以国家广电总局《关于进一步加强电视上星综合频道节目管理的意见》即所谓的"限娱令"出台为标志,国家加强了对广播电视的从严管理。加上"限广令"、"限宫廷剧"、"限穿越剧"等诸多新规的出台,各省市卫视不得不在节目设置、营销策略上采取了积极的应对措施。这些措施,既是为了服从管理的需要,更是为了适应竞争的需要。湖南、江苏、浙江、上海等省市卫视纷纷加大了对非娱乐和非黄金档新节目的研发力度。不仅如此,还仍然把着力点放在了电视剧的竞争上,连央视都和各地方台一起跻身电视剧市场,按照"高品质电视剧—高收视率—高广告收入"的一贯逻辑,彼此之间展开了一场没有硝烟的抢购大战。江苏卫视宣称,2012年投入电视剧的预算将达10亿元;东方卫视已经确定2012年为"定制独播年",将定制10部共300集的独播剧。这种竞争格局导致电视剧价格年年飞涨,一部投资千万元的电视剧很可能卖出上亿元的天价。对于重庆广电集团而言,怎样在日趋激烈的竞争形势面前,结合自身实际,加快改革创新的步伐,走出一条又好又快的发展路子,是我们当下必须认真思考的重要课题。

找准自身定位和正视制约发展的问题

蓝皮书:客观地看,重庆广电集团(总台)在坚持主流文化、弘扬社会主义核心价值观方面作出了有益探索,在全国有较大的影响力。请您评价一下2011年的广播电视工作。

刘光全:2011年,广电集团又走过了一段不平凡的历程,各项工作在改革创新中实现了新的突破。主要体现在四个方面:

一是舆论引导更加有力。年内完成了庆祝建党90周年、纪念辛亥革命100周年、全国"两会"、十七届六中全会等重要活动、重要会议的宣传报道。共开办新闻专栏和专题105个,播出新闻消息20余万条。向中央电台和中国广播新闻网联盟发新闻稿件1460条,在中央电视台上稿1353条,其中在《新闻联播》上稿226条。总的看,舆论导向把握平稳,更加有力。

二是卫视改版不断深化。重庆卫视遵循"宣传重庆、引导社会"的职能定位,坚决抵制低俗化和泛娱乐化,推出了一系列文化教育类节目,同时增大了新闻类节目的播出量。节目类型呈现"3+1"结构,即:新闻类、文化教育类、影视剧和各类公益宣传片。其中新闻类节目首播时间达到299分钟,占全天播出总量的20.76%,加上重播时间达到527分钟,占全天播出总量的36.59%。文化教育类节目首播重播时间加在一起达到460分钟,占全天播出总量的31.94%。影视剧主要开设一档《英雄剧场》和《星电影》栏目,首播时间为170分钟,占全天播出总量的11.80%,加上重播时间达到330分钟,占全天播出总量的22.91%。各类公益宣传片播出时间为80分钟,占全天播出总量的5.5%。重庆卫视自制节目量达到播出总量的60%以上,居全国省级卫视前列。

三是体制机制改革迈出步伐。为适应媒体竞争形势,我们强力推行了频道频率运营责任制改革,以8个电视频道(频道群)、6个广播频率为责任主体,实行总监负责制,制定目标责任进行严格考核,绩效与个人收入挂钩,以此调动干部员工的积极性和创造性。新的运营责任制运行以来,各频率频道发展呈现新气象。广播频率不断深化专业定位,打造了十大品牌栏目,全年广播本地平均市场份额达到80%以上,创收突破1亿元大关;电视频道进一步明晰专业定位,加强统一规划和统筹营销,节目质量和收视有了新的提升。

四是产业发展平稳运行。一是根据发展需要,完成了大足影视公司70%股权转让,实现净收益1亿多元。二是有线网络传输业务发展提速。完成了主城区大型企事业单位网络整合和区县网络整合工作,形成了"一市一网"的格局。三是内容生产势头良好。一些节目实现对外销售;电视剧《解放大西南》获得全国"飞天奖"一等奖;大型舞剧《邹容》在重庆大剧院、国家大剧院和台湾演出后均获得好评,荣获"中国戏剧奖·优秀剧目奖";举办了第三届中国西部动漫节,承办了巫山红叶节等区县节庆活动的开、闭幕式晚会50余场。四是新媒体业务不断拓展。移动电视累计安装220条线路、4603辆公交车,2000辆出租车。移动多媒体广播业务顺利与中广传播集团签约合作。IPTV内容和集成播控平台已开始搭建。

蓝皮书:当前广播电视工作尚存在哪些方面的突出问题?

刘光全:主要有四个方面的突出问题:一是节目质量不精,市场收视不高。虽然我们推出了一系列自制节目,但完成指令性任务较多,主动策划既符合频道定位又具有良好市场收视的节目较少,在前期选题、方案制定上策划不深,在节目制作、包装上打磨不够,导致节目质量不精,品牌活动也不多,大型综艺类节目欠缺,不能适应大众化、多样化的需求。二是产业发展的效益还不够高,经济实力还不够强。2011年我们调整了产业发展的工作思路,重点抓了产业系统的清理整顿,对一些存在问题、效益不佳的公司实行了"关停并转",因而还未及时对今后产业如何发展进行系统研究和长远规划,项目储备也不多,发展后劲还不足。亟待通过改革调整,重新梳理产业发展规划,建立新的经济增长点,增大市场效益。三是频道频率运营责任制的配套制度还未及时跟进。特别是薪酬体系还不尽合理,没有真正体现多劳多得、优劳多得,激励机制还不够活,大胆创新、踊跃创新的氛围还不浓。四是专业人才还较为欠缺。特别是在全国有影响力的名记者、名编辑、名主持人、名技术人才以及懂经营、善管理的复合型人才非常欠缺,成了我们事业产业发展的一个"短板"。

致力于品牌打造和效益提升

蓝皮书:您对过去一年工作的评价和问题分析都较为实事求是和客观公正。请您谈谈2012年的工作重点。

刘光全:关于2012的工作,我们提出的总体思路和要求是:重庆卫视要提升品质,地面频道要增大收视,广播频率要扩大影响,产业系统要提高效益。按照这一布局,重点抓好五个方面的工作。

一是围绕重大主题,加强正面宣传重点围绕党的十八大、市第四次党代会召开和重庆直辖15周年,浓墨重彩地推出系列主题报道,掀起各阶段的宣传热潮。同时围绕市委、市政府的中心工作,把握正确舆论导向,为全市经济社会发展提供强大的舆论支持。抓好社会热点问题的舆论引导,把握主动权,掌握话语权,增强新闻宣传的权威性和公信力。

二是围绕品质提升,打造卫视品牌继续办好《拍案说法》、《财经时间》等栏目和各档新闻节目,节目内容更加丰富,制作更加精良,重点在进一步增强节目的可看性、贴近性上下工夫,保证节目既有品位,又有观众。同时抓好符合频道定位的优质电视剧的购买和储备,巩固和扩大受众群,提升卫视的品牌影响力。

三是围绕市场收视,做强地面频道要适应当今媒体发展规律和竞争形势,进一步明晰影视、新闻、都市、时尚、生活、科教、公共·农村、娱乐、少儿等频道的定位,着力打造各频道的特色栏目和品牌活动,避免同质化,真正走差异化、特色化的发展路子,增大市场收视。

四是围绕专业建设,扩大广播影响广播2012年的重点任务是深化各频率专业定位,推进频率专业化和受众细分化,扩大整体影响力。要利用交广传媒这一平台,加强对广播频率的整体营销,同时借力电视和平面媒体宣传造势,促进宣传和营销跃上新的台阶。

五是围绕质量效益,推进产业发展做强有线网络传输业务,大力发展数字电视及各项新业务;增大广告创收,增强经济实力;壮大内容产业,在满足自身播出的同时积极开展对外营销;推进新媒体发展,争取项目盈利;抓好其他相关产业,实现可持续发展。

总的来说，2012年的改革发展任务更加繁重，面临的形势和挑战更加严峻。我们将坚持走品牌发展之路，不断探索，锐意创新，加快事业产业同发展，全面提升整体实力和竞争力。

作者单位：
张向东　重庆广电集团（总台）
赵　新　重庆广电集团（总台）
冉义国　重庆广电集团（总台）

在转型升级中重拾动力
——2011年重庆出版业发展报告

李为祎

当今重庆出版业的趋势,是加快资本化、数字化转型。此趋势的根源,是文化与经济、文化与科技相互融合。出版作为文化的核心产业,站上了人文、经济、科技的交集。而交集汇合的力,又倒逼着出版体制及政策激烈变革,推动着出版产品创新。关注重庆出版业转型升级的历史进程,思索和重拾动力,是我们的命题。

一、统计分析

据重庆市新闻出版局2011年年检,全市有图书出版社3家、音像电子出版社6家、互联网出版单位11家;报纸45种、期刊135种、内刊近600种;发行企业及个体3000多家,其中批发商140多家;印刷企业及个体3500多家,其中出版物印企86家、包装印企600多家。较上年有三点变化:一是企业法人总量从1819家减少至1784家,主因是部分零售发行企业申请注销;二是出版物印企(含专项)从157家减少至86家,71家印企在政府引导下放弃了产能严重过剩的出版物印务,多数转向包装印务,全市出版物印刷产需比从6∶1缩小至4∶1;三是获准新设维普资讯、聚购科技2家互联网出版单位。初步统计,2011年全行业销售收入208亿元、增加值72亿元,增加值增长18.6%,高出全国行业平均(13%)5.6%,高出全市经济平均(16.4%)2.2%。

市新闻出版局还据年检对2010年统计作了勘正,结合新闻出版总署产业调查,可作如下剖析:

1. 总体位次

2010年，重庆出版业增加值61.25亿元，在全市文化产业核心层中比重从60.6%上升至63.8%，占全市GDP的0.816%，比全国出版业占GDP比重（0.9%）略低。重庆出版业增加值、总产出、销售收入分列全国第15、16、16位，显出规模扩张的势头；但总资产、净资产、利润、纳税分列全国第19、20、20、20位，显出资金、资源积累的不足。重庆综合评价得分-0.4625（主成分分析，显示相对位置，负数不代表负面评价），居全国第19位，与陕西（-0.3870）、云南（-0.4009）争夺激烈，与四川（0.0938，全国第9位）差距较大，应对全国竞争任重道远。

2. 图书业

2010年，重庆新出图书2355种，同比增长29.61%，高于全国平均的12.5%；再版重印图书2779种，同比增长28.12%，显著高于全国平均的4.5%；总印数13650万册，同比增长5.44%，高于全国平均的1.4%。品种印数双双增长，且旧书表现不逊新书，显出规模效益良性互动。重庆图书业总产出稳居西部第一，在全国权重从2.2%上升至3.94%，在地区权重从8.59%上升至11.54%。但须指出：爆发性增长有三家出版社进入"中国百强"惯性加力和转企改制累积效应浮出的因素，业界更要致力于规模向效益的转化。

3. 报刊业

报刊业曾在金融危机中受挫，此后随经济及广告复苏有力反弹，其中报纸反弹强于期刊。2010年，重庆报纸业利润0.9亿元，同比增长50%；期刊业利润0.5亿元，同比增长25%。重庆期刊业总产出仍居西部第一，但增长放缓。重庆报刊业总产出在西部仅次于四川，但利润水平悬殊。

4. 发行业

发行作为出版业中市场化程度较高的领域，面临更直接的转型压力。近3年来，全国1万多家民营实体书店不堪租金、人力成本节节攀升及恶性价格战关门。从全国看，发行业经济贡献权重有所下降。尽管如此，重庆发行业改进连锁经营，实施减员增效，2010年实现利润1.74亿元，同比增长24%。重庆发行业总产出暂列西部第四，与新华文轩领衔的四川差距较大。

5. 印刷业

包装印刷与主体经济关联度极高，近年来受投资拉动，增长很快。2010年，重庆印刷业总产出占地区出版业53.04%，是名副其实的半壁河山，其中包装印刷权重35.81%。鉴于全国包装印刷总产出已占整个出版业的一半，重庆包装印刷仍有巨大提升空间。重庆印刷业总产出暂列西部第三。

6. 音像电子业

全国音像电子业规模连续3年以40%的速度萎缩。重庆音像电子业总资产已不足1亿元，但扭亏为盈，2010年实现利润0.32亿元。传统音像电子业将加快转型为数字出版业的一个部分。

7. 数字出版业

全国数字出版业总产出年均增长30%，2010年突破千亿元，超越图书、报刊，成为出版业中第三大产出部门（次于印刷、发行）。重庆数字出版业总产出年均增长约40%，2010年达25亿元。其中，手机出版、网游、网络广告贡献较大。11家互联网出版单位总产出4亿元，仅占全市数字出版业的15%。表明：传统出版企业尽管加快进入数字领域，但仍未取得该领域的主导权。

8. 非公经济

非公经济难以享受国有经济的政策优待，且在融资上困难重重，却一直顽强壮大。2010年，非公资本在重庆出版业中比重再次上升1.2%，达53.8%。其中，非公资本占重庆印刷业的八成半，略高于全国平均的八成；占重庆发行业的五成半，略低于全国平均的六成。重庆出版非公经济增加值为39亿元，占全行业的63.8%，整体绩效好于国有经济。

9. 集团及骨干单位

2010年，重庆日报报业集团、重庆出版集团公司、重庆新华书店集团公司三大集团总收入42.8亿元、总资产96亿元，分别占全行业的1/4和2/5。同期，全国新闻出版集团收入、资产分别占全行业的1/2和3/4，重庆出版业集中度尚低。重庆日报报业集团得分从-0.3304下降至-0.4048，在全国47家报刊集团（新增8家）中排名从第21位下降至第26位；重庆出版集团公司得分从－0.7061上升至－0.2987,在全国31家出版集团(新增4家)中排名从第19位上升至第15位;重庆新华书店集团公司得分从－0.5019上升至－0.3116,在全国29家发行集团(新增2家)中排名从第16位上升至第15位;全国有13家印刷集团(新增8家),重庆无一上榜。在550家图书出版社中:重庆出版社得分从6.8147上升至8.4211,仍居第3位,与前两位(人教社、高教社)差距尚大,但对第4位(外研社,4.9645)优势扩大,其图书零售市场占有率1.2%,为历年最高;西南师范大学出版社得分从0.3087上升至0.7174,排名从第79位上升至第48位,首次进入大学出版社前十(挤出复旦大学出版社);重庆大学出版社得分从0.1271上升至0.1357,排名从第99位上升至第96位。

10. 人员及人均

2010年,重庆出版业从业人员7.1万人,同比减少4%。显示:行业正在经历转型期的人员分流。一批印刷企业技术升级,一批发行企业连锁经营,减少了低端用工需求。同一进程的背面,人均效益大幅提升。2010年,重庆出版业人均增加值8.62万元,同比增长23.67%,高出全国出版业人均增加值(7.59万元)1.03万元,高出全市文化产业人均增加值(5.5万元)3.12万元。出版业的高端服务业属性显现。

二、2011年述要

2011年是"十二五"开局之年,重庆出版业呈规模扩张之势。

1. 诸多项目启动

业界7个项目进入新闻出版总署改革发展项目库、8个项目进入重庆市重大建设项目库(含前期项目)。一批项目取得阶段成果:现代印刷包装基地一期投产;解放碑时尚文化城基本完成拆迁;十大书城中涪陵、黔江书城建成,江北、渝北、大学城书城正在建设;重庆书刊交易市场升级全国库存(特价)图书交易市场;新华物流中心投入使用;出版传媒创意中心主体工程竣工;总署教育培训中心重庆分中心获准设立。这些项目的启动,为发展积蓄了后劲。

2. 投资增长迅猛

新增投资主要来自三个方面。一是新上马的园区项目。如天健创意产业基地、江南书城、西部书城,都是当年签约、投资甚巨的物业。二是新注册的印刷企业。裕同、美盈森等国内印刷龙头来渝办厂,注册资本纷纷过亿。重庆印企有海内外上市公司背景的不下 10 家。三是试水的技术项目。包括电子书签、游戏工厂等,前期投入不大,后期看市场反应。2011 年全行业新增投资超 70 亿元,比"十一五"年均水平翻一番。

3. 出版精品迭出

2011 年,业界拿下国家"十二五"重点出版项目 18 个。一批渝版图书赢得精品口碑:《读点经典》累计发行超 2000 万册,"口袋书做成了文化大工程";《中国抗战大后方历史文化丛书》出版 10 卷;《中华大典·法学典》出版刑法、法律分典;《域外汉籍珍本文库》出版第 2 辑;《农家丛书》累计出版 350 种。一批渝版图书畅销长销:《藏地密码》收官之作第 10 辑发行 40 万册;《气场》由当当网独家包销 26 万册,后又跟进《潜意识》《信念力》等,引进版魔幻传奇《冰与火之歌》、"愈合系"的《我终于可以不再爱你了》、实话实说的《我们台湾这些年》、虫虫、Milly 的"小清新"图文书及独行特立的《寡人》,都引人眼球。重庆出版集团、重大出版社及重报图书公司,在国有民营互动后,书路变开阔了。出版集团内部严厉推行控量提质,提高了品种效益。

4. 数字化转型加快

市政府办公厅转发了《关于加快重庆数字出版产业发展的指导意见》。国家数字出版基地加快建设。全国出版发行交易云平台完成论证启动申报,其核心功能和商业模式被设计为"构建出版单位网上直销的第三方服务平台,即出版业的淘宝网(B2B、B2C),并成为国家知识元数据库的组成部分"。数字出版监管平台购置物业及硬件,数字印刷及个性化应用工程启动建设,仓储式出版平台上线,"名师在线"一期建成。新推《商界传奇》《大剑 OL》等本土网络游戏。聚购科技成我市首家获互联网出版权的民营企业。至此,业界出版环节的初级数字化已基本完成,即编辑出版流程数字化和电子书制作,但高级数字化尚待时日,即数字内容结构化加工和全媒体同步。

5. 改革稳步推进

全市图书、音像电子出版单位完成了转企改制的实质动作：注销事业法人、登记企业法人。新办的互联网出版单位均为企业。首批33家非时政类报刊完成转企改制，第二批11家非时政类报刊正在转企改制，第三批10家非时政类报刊下一步转企改制。报刊综合质量评估工作启动试点，32家效益差的报刊纳入评估范围，现正报批退出调整方案。《都市热报》转型免费轻轨（地铁）报后复刊，电子阅报屏、自动售报机现身街头。

6. 读书风气更浓

2011年，重庆新建农家书屋4299个，比全国提前一年实现行政村全覆盖。全市基层书屋（含农家书屋）18000余个，社区书屋覆盖面超80%。第四届重庆读书月贯穿全年，开展群众性读书活动463项，参与市民超1100万人次。书香重庆网上线，免费提供20多万册电子书，访问量突破50万人次。重庆市民综合阅读率达85.5%，高出全国平均（77.1%）8.4%。

7. 监管服务优化

享弘影视以版权质押获2600万元商业贷款，开全国先河。全市68个市级机关、7个区县完成软件正版化，累计采购近4000万元，表明了政府率先垂范保护版权的决心。全市普通作品登记871件，同比增长91%。綦江农民版画版权兴业基地建立。市新闻出版局加强了审读、质检工作，开展了教辅整治，推动印包职教基地订单式招生，重建职业技能鉴定所，组织了18期4950人培训。

8. 政策扶持加大

2011年，业界新获2165万元国家出版基金（《中华大典·法学典》1262万元、《中华大典·地学典》419万元、《中华大典·天文典》414万元、《马恩列画传》70万元）和500万元中央文化产业专项资金（天健网）。近5年来，总署已批准重庆创办1报3刊8网2家出口企业2个全国书展和2个国家基地，协调中央财政直接投入2.39亿元，市财政也配套投入1亿多元，政策实惠增多。

三、行业态势

当下,全国出版业各层面转型步伐加快:

(一)政策面

1. 决策层持续高度关注

中央十七届六中全会把文化摆在突出战略地位——文化作为产业,应成为国民经济新的支柱;文化作为事业,关乎民生。决策层吸纳学养,在多处规划、报告指出:文化作为生产性服务业,特别是工业设计,可优化国民经济结构;文化具有经济地理属性,可完善城市和地区功能。国家提出了到2015年文化产业分别占GDP 3.27%(比2010年翻一番)和5%(成为支柱产业)的低高限目标。

2. 改革表象"胶着"、暗流激进

近两年,全国出版业事业法人总量下降15.4%,企业法人增加15.1%,体现转企改制成果;国有全资在企业中比重下降2.1%,体现股份制改造成果。中央以注销事业法人为督察转企改制的标准,就是要做到"真改"、"不可逆"。

3. 引导资本、技术突破的政策频频出台

新闻出版总署出台了加快数字出版及电子书产业发展的意见,新批基地皆为数字出版基地,新批资源皆为互联网出版单位,且对进入基地的民营企业破例授予互联网出版权。下一步,总署将出台加快集团化的意见,支持出版集团异地设立有出版权的子公司,允许民营图书公司成为国有出版集团一个部门,支持内容业务整体上市,在上市公司开展股权激励试点。有关部委提出财税分成意见,欲实质性推动跨地区重组。总署还与环保部联合公告:加快实现教材绿色印刷全覆盖,政府采购首选绿色印刷。

(二)资本面

1. 重组

中央人文、教育、科技三大出版传媒集团成立,组建了出版"国家队"。接下来,总署将力推北方、南方、邮政三大发行物流集团,组建发行"国家队"。各地方集团特别是上市公司开始收购转制中陷入困境的部委出版社。四川新

华文轩连锁股份有限公司收购四川出版集团有限责任公司,下游整合了上游。全国已有江苏、湖南、浙江三家出版集团和解放日报资产过百亿。

2. 上市

中南传媒上市募资 40 多亿元,创文化板块之最。新华传媒收购新闻晚报资产,开非时政类报刊内容上市先例。天舟文化成首家上市的民营图书公司。当当网在纽交所上市。人民网也将整体上市。全国已有 48 家出版相关业务的上市公司。

3. 联合

国有出版集团与民营图书公司深化合资合作。通过联合,国有壮大规模以为上市砝码,民营规避政策和财务风险。有的民营在机制上难与国有磨合,对选题和渠道控制权争夺不下,就实施"转会"。重庆日日新图书公司便合资成为江苏凤凰出版集团旗下机构(易名为重庆决定图书公司)。

(三) 技术面

1. "苹果"惊艳面市,电子阅读器坐过山车

国内电子阅读器产业依赖台湾元太等电子纸技术,曾短暂浮华,2010 年销售 100 万台、同质化品牌达 50 多个;但随着以 iPhone 为代表的智能手机、iPad 为代表的平板电脑迅速崛起,2011 年就跌入了全行业亏损。与"苹果"时尚、简洁、友好相比,电子阅读器粗糙、"山寨",像过渡品,价格跳水。许多出版企业甚至庆幸没有追入电子阅读器的代工生产。

2. 微博和网文繁盛

全国博客、微博用户已超 3 亿,原创文学网站用户超 2 亿,原创电子书达 200 多万种,不仅大大超过传统图书品种,也超过了出版企业转换的电子书品种。网络内容膨胀、良莠不齐。

3. 传统出版企业踌躇介入数字领域的模式

"纠结"之事有三:一是控制权问题。移动等国内运营商大多与出版企业四六分成。苹果公司与出版企业三七分成。表面上,苹果公司采用代理模式,由登录 App Store 的出版企业自定电子书价格,固定抽走三成。实际上,苹果公司随时可凭借平台的垄断地位提出调整定价的意见,且不对出版企业开放任何订户信息。"这些读者究竟属于苹果公司,还是属于出版企业?"在话语及收益权受制的情形下,出版企业更像为苹果公司打工。有的出版企业试图垂直整合,如定制自己的电子阅读器,但由于技术落后,且一家内容资源不能

支撑，风险很大。

二是标准问题。电子书格式标准不统一，使出版企业无所适从。有的寄望国家尽快统一标准，但不现实。因为标准最终还是要在市场竞争中产生。现有平台商各拥标准，有的希望开放标准来扩大市场份额，有的希望封闭标准来实现一体化控制。博弈之下，数字出版标准可能像3G标准一样寡头竞争，加大了路径选择的难度。

三是版权问题。出版企业尚未完全解决在库书刊数字版权的遗留问题。对网友自主上传盗版，各方争议最大，也最难解决。

（四）产品面

1. 教材教辅市场洗牌

国家启动了教材审查和教辅整治，教育出版资质须专项申报，品质差的要退出。中国教育出版集团成立后，对各地租型谈判更强势。有的出版企业一直侵权出版配套教辅，倘若原创出版社以法律手段追索授权，恐有毁灭性打击。

2. 价格及营销战升级

自"禁折令"夭折，业界只能承认：价格战或成为常态。网络书店打折的游戏规则自亚马逊建立，后来者尽管抱怨，也只能跟从。当当、卓越、京东三大网店不时发起价格战，实体书店被殃及池鱼。战术层面，微博营销、营销季、团购书、网上预售、独家先售等鲜活儿层出不穷。出版企业须应对复杂多变的业态。

四、2012展望

2012年是"十二五"全面发力之年，市新闻出版局将深化"五个体系"打造，出版业规模扩张与转型升级并重。

1. 图书业

市财政有望扩大公益出版资金规模，强化出版引导机制。《中华大典》《中国抗战大后方历史文化丛书》《读点经典》等重大出版项目继续推进。《惠民小书屋丛书》年内出齐100种。《巴渝文库》巨型出版工程有望启动实施，目标是"用心集成巴渝文化,到 2020 年出齐 500 种,使之流传久远"。三家出版社迎战全国出版社第二次等级评估,力争在"百强"中保级升位。本次评估加大对精品力作的考核比重,各出版社会乘势加快内部"提质"进程,即"在总体稳定品种规模的同时,重点提高再版重印率及首印量,向品种要效益,把历年累积的规模转化为效益"。三家出版社还将迎战教辅出版资质申报工作,以期在更规范、严酷的教育市场中生存、壮大。

2. 报刊业

市新闻出版局将筹措一笔资金,启动大报名刊扶持试点。其资助、奖励范围包括"稿酬补贴国内一流学术文章、都市报开办读书副刊、非时政类大报扩大发行量"等。《重庆日报》全新改版,《重庆晨报》冲击期发量 50 万份,《都市热报》拓展免费报纸和移动阅读市场。一批报刊调整定位,深化采编和经营模式创新。

3. 发行业

重庆发布《重庆市加强城乡出版物发行网点建设的实施意见》,引导全社会投入多层次、外向型发行市场建设。重庆书刊交易市场和新华物流中心的区域辐射功能增强。市民瞩目的解放碑时尚文化城、江北书城加快建设。万州、城口等一批书城破土动工。全市农家、社区书屋加挂新华书店代销点。城区报刊亭有望恢复新建并统一布局设计。业界申请财政投入设置一批阅报栏(屏)。

4. 印刷业

行业大力推广低碳环保的绿色印刷和个性化的数字印刷。主管部门积极申报印刷产业转型升级专项资金,辅以实施技改项目、评选示范企业、补贴认证费用等手段,推动教材、食品药品包装、IT 产品包装等重点领域品牌印企率先"变绿"和数字化。伴随产业内迁进程,市外海外来渝投资印刷仍将全速增长。

5. 数字出版业

全行业深化数字化转型。署市合力打造重庆国家数字出版基地,市财政酝酿设立数字出版产业发展专项资金。全国出版发行交易云平台项目有望落户重庆,并在年内实现模拟运行。出版企业在数字领域的实质性动作增多,近期着力"数字内容二次加工、电子书签应用、数字内容投送平台搭建、网络游戏产品开发"等,远期着眼"全媒体同步、电子书包"等。各企业数字化定位渐渐明确、数字化路径渐渐清晰。

6. 版权业

市政府有望出台补贴单位及市民免费登记版权的政策,版权登记量或爆发性增长,创新氛围进一步活跃。全市区县政府力争年内完成软件正版化。市版权局与区县政府联合筹建荣昌、梁平、川美·创谷等版权兴业基地,促进民间工艺产业化和县域经济增长。

7. 改革方面

改革聚焦报刊攻坚,全市第二、三批共 21 家非时政类报刊力争年内完成转企改制。启动非独立法人报刊编辑部改革试点。推进报刊综合质量评估试点,5 家左右效益差的报刊将退出,空出刊号调配用于品牌报刊的集群化发展。改革进入"后转企"阶段,发展机制逐步理顺。主管部门按转制企业的资产关系严格主管主办制度,明确权债及人员处置。有的转制企业在国有全资出版公司架构下设立民营参股的经营公司,平衡管控要求和创办人动力问题。都市报媒体整合工作进入洽谈阶段。三大集团所属的五洲传媒、新华传媒、重报传媒筹备上市进入实操阶段。出版集团申报设立教育出版社,以完善五洲传媒产业链,冲击创业板。

8. 项目方面

"十二五"规划的产业项目全力推进,各业主单位经受运营能力及资金链考验。重庆出版传媒产业中心年底建成,新闻传媒产业中心年中动工,现代印刷包装基地二期、天健动漫产业基地、聚购大厦等加快建设,文化产业促进中心项目启动论证。市内外、业内外合资合作力度加大。项目中期管理机制完善,土地、资金、财税、金融等相关政策落实。

9. 服务方面

市财政有望设立农家书屋后续配置资金,数字农家书屋试点启动,社区书屋加快实现全覆盖。第五届重庆读书月在常规活动基础上,力推全社会各领域层层推进的好书推介活动和依托书香重庆网的数字阅读活动,营造互动读书氛围。

10. 管理方面

2012年时值换届敏感之年,出版导向管理将加强。数字出版监管平台调试上线,进一步形成全媒体、全过程的审读反应机制。以出版编辑资质审查为重点,从业人员管理趋严。第二届重庆出版政府奖评选推出一批名家力作。新闻出版职业教育基地加快建设,行业培训的社会化水平提高。

五、建议

为重拾发展动力,我们提出五点建议:

第一,坚定不移地深化改革。改革是大势所趋,任何的认识反弹都不能阻挡其步伐。改革是根本性的,任何的局部调整都不能实现其目的。改革有昂贵的机会成本,当前政策机遇叠加,正是深化改革的最佳时期。重庆出版业若不能在改革的"时间窗口"关闭前果断冲关,必然丧失文化体制改革试点的先发优势,陷入改革成本不断攀高的窘境。因此,决策层须强化改革的恒定导向,在产权、融资、地区性战略重组等关键领域大胆创新制度安排,逼迫业界应变求强。

第二,改善资本运营。"国家队"及"百亿军团"施压,地方出版企业普遍怀有规模化冲动,有的一度陷入低水平、同质化的物业扩张中。这种扩张,伴随经济下行和反复,开始释放风险。"阿猫阿狗赚钱的时代"(王石语)过去了。现在,出版企业不仅要重归项目定位——即与出版主业的关联度及协同效应;还要审慎思考投资周期问题——相距不远的时点可能导致截然不同的成本,包括土地、原料、融资成本。这要求出版企业提高判断、风险控制和政策议价能力。

第三,明智地介入数字出版。数字出版大趋势是"短期看终端、中期看平台、长期看内容"。目前,产业链争夺焦点已从终端向平台转移。当平台发展到一定阶段,就会免费化(参见互联网资费下调)。当硬件足够强大,就会自我简化(参见触摸屏取代物理键盘)。这时,伴随数字用户普及,就有了内容主导产业的空间。所以,出版企业要卧薪尝胆:一面做好准备,买断数字版权,加快数字内容结构化加工;一面找寻机会,依托政府项目降低研发风险,选对终端、平台合作伙伴,从代理深入合资。

　　第四,专注细分内容。出版产业,资本或许为王,创意(内容)定当先行。出版竞争,归根结底是内容细分市场占有率的竞争。各出版企业,须大力打造类型书系和特色报刊,在产品线之上积累品牌。这不仅需要人才和选题的投入,对大集团来说还需要组织架构的支撑——在强化后端营销、渠道规模优势的同时,保持前端策划、编辑的独立和创造性。数字书报刊的文本形式统统碎片化了(如手机小说、手机报);其内容更要面向读者差异化定位、加工才能附加价值。

　　第五,培育"新人"。像出版这类文化产业,无论对组织或个人,金钱的回报率都不高。因此,出版业很难吸引金融等领域拔尖人才。况且,"外来的和尚"未必能把握文化与产业的平衡。出版业的希望还在出版人自身。当下,由于过渡安排,"新人""老人"待遇悬殊,"新人"上升通道受阻、跨业流失严重,出版人才队伍有断层危险。主管部门和企业都应正视并妥善解决这一问题。

　　总之,出版业大势所向,人文与经济、科技深度交融,创造了新机会,也导致了新威胁。我们只有更加积极而不失冷静地应对,才能有所作为。

　　(注:重庆市新闻出版局朱莉、肖晖对本文统计亦有贡献,谨鸣谢。)

高端访谈:

杨恩芳　重庆市新闻出版局局长

深化"五个体系"　坚定不移建设重庆新闻出版强市

"十二五"开局:事业产业双轮驱动

　　蓝皮书:"十二五"规划提出建设重庆新闻出版强市,2011年是开局之年,我们的工作有什么特点?

杨恩芳:最大特点就是服务民生与发展产业并重。

事业产业是新闻出版的一体两面,产业是事业的基础,事业是产业的支撑。为此,我们注意把握事业产业双重属性,做到服务民生与发展产业相互促进。

服务方面,打造了公共阅读系统工程。一是抓书屋建设。2011年财政投入近9000万元,新建4299个农家书屋、12897个书刊外借点。重庆比全国提前一年实现9969个行政村书屋全覆盖。二是抓读书活动。2011年的第四届重庆读书月举办群众性读书活动463项,参与市民超1100万人次,推出了书香重庆网。重庆市民综合阅读率达85.5%,高出全国平均(77.1%)8.4%,正逐步成为全国人均读书最多的城市之一。三是抓惠民出版。继续实施每年500万元公益出版资助计划,推出了《农家丛书》《惠民小书屋丛书》《缩小三个差距 促进共同富裕——惠民政策实施指南》等一大批群众"买得起、看得懂、用得上"的读物。四是强化了审读、质检等公共监管,净化了阅读环境。

发展方面,实施了重大项目带动战略。"十二五"规划的"四一五"重大项目全面启动,7个项目进入新闻出版总署改革发展项目库,8个项目进入重庆市重大建设项目库,成功申报国家重点出版项目18个,新获2165万元国家出版基金和500万元中央文化产业资金资助。一批产业项目取得阶段成果:现代印包基地一期投产,解放碑时尚文化城完成拆迁,十大书城部分建成,书刊交易市场升级,新华物流中心投入使用,出版传媒创意中心主体竣工。一批出版项目推出文化精品,《读点经典》累计发行近2300万册,《中华大典》出版2部分典,《中国抗战大后方历史文化丛书》出版10卷,《域外汉籍珍本文库》出版第2辑。国家数字出版基地加快建设,全国出版发行交易云平台启动申报,全行业数字化转型加快。

得益于事业产业双轮驱动,2011年全市新闻出版业新增投资超70亿元,比"十一五"年均水平翻一番,实现增加值72亿元,增速18.6%,高出全国行业平均(13%)5%,高出全市经济平均(16.5%)1.5%,"十二五"开局良好。

机遇仍是主流,大发展仍是主题

蓝皮书:如何看待重庆新闻出版业现阶段面临的形势?

杨恩芳：应该说挑战与机遇并存，但机遇依然是矛盾的主要方面。

大的挑战：一是2012年政治敏感话题相对集中，对把关导向提出严格要求；二是经济下行压力较大，社会资金调度压力不小；三是行业资源、资金的瓶颈仍制约着今后发展。

大的机遇：一是政策走向更注重扩大内需、更注重实体经济、更注重民生建设，为转变发展方式提供了良好条件；二是重庆走民生导向的发展之路，让老百姓的文化需求空前增长；三是中央十七届六中全会提出了建设文化强国的战略目标，市委三届五次、十次全会两次出台关于建设文化强市的决定，新闻出版作为文化的核心产业，受到前所未有的关注和厚爱，特别是总署与市政府携手落实共建重庆新闻出版强市的协议，对我们的扶持和投入力度不断加大。

最重要的是，行业大发展已具备坚实基础。重庆新闻出版业尽管受资源、资金局限，但经业界同仁近年来锲而不舍的努力，新闻出版导向已形成一套良好机制和较强功能，得到全国同行认同；出版产品已形成服务社会的综合能力和品类品质，三家出版社整体进入"中国百强"；出版产业已形成门类齐全、结构合理的产能布局，各项经济指标居西部前列；公共服务已形成统筹城乡、形式鲜活的阅读体系，市民阅读率超过全国平均水平；出版市场已形成法人主体和覆盖城乡的市场载体及运行机制，渐成西部区域性市场集散地。

深化"五个体系"，全面发力强市基础建设

蓝皮书：2012年重庆新闻出版工作总的思路是什么？

杨恩芳：总的思路就是：深化"十二五"规划确立的传播、服务、产品、产业、市场"五个体系"的打造，全面发力新闻出版强市基础建设。

一是打造服务大局引导舆论的现代传播体系。以完善引导机制为根本，以打造品牌传媒为重点，以健全监管机制为保障，打造适应市场经济和现代社会的传播体系，强化围绕中心服务大局的导向作用。

二是夯实以民为本统筹城乡的公共服务体系。以满足群众文化需求为目标，实施惠民出版工程。以基层群众为服务对象，实施书屋建设工程。以群众性读书活动为主要内容，实施全民阅读工程。构建起出书、送书、读书一体化的公共阅读服务体系，保障人民群众文化权益。

三是优化弘扬核心价值观的出版产品体系。大力实施精品图书出版工程,大力实施品牌报刊工程,大力开发网络出版精品。打造满足市民多元化、多样性阅读需求的产品体系,形成重庆出版的主流定位和优势品牌。

四是构建科技引领结构优化的出版产业体系。率先发展云平台引领的数字出版产业,稳健发展以精品为内核的传统出版产业,着力发展绿色、数字化引领的印刷产业,全力开拓以创新为内核的版权产业。充分发挥现代科技在出版产业中的应用,全面推动传统出版向现代出版转变。

五是建设拉动内需扩大开放的出版市场体系。深入实施《重庆市加强城乡出版物发行网点建设的实施意见》,落实激励扶持政策,形成国内外出版会展、全国书刊市场和区域物流中心、十大书城及区县中心书城、书报刊连锁网点、书报刊亭及阅报栏、网络书店等六个层面的外向型市场体系。

配套五大举措,支撑"五个体系"

蓝皮书:对于深化"五个体系",我们有什么保障措施?

杨恩芳:我们将着力配套宣传、监管、体制、项目、人才五大举措,以分别支撑"五个体系"的打造。

一是将正确舆论导向作为打造传播体系的重中之重。要在新闻宣传中唱响主旋律,在出版中彰显核心价值观,大力实施新闻出版环保工程。

二是强化依法监管,为夯实公共服务体系提供制度保障。要提高依法行政水平,强化版权监管,加强区县管理,开展廉洁行业建设。

三是推进改革重组,为建设出版市场体系提供深层动力。要继续培育合格市场主体,推动集约化战略重组,不断扩大对内对外开放。

四是实施重大项目,为构建出版产业体系开拓新的增长点。对于"十二五"规划的"四一五"重大项目,要继续争取署市立项,积极申报专项资金,对口督导项目实施。

五是加强人才培养,为优化出版产品体系提供智力支撑。要制定人才规划,完善人才库,加强从业资格管理,提高行业培训的社会化水平。

作者单位:

李为祎　重庆市新闻出版局

逆势而上　加快推进发行强市建设
——2011年重庆书报刊发行业发展报告

方林江　龚小嘉　张　锐

2011年,受数字出版、电子阅读、网络售书以及成本增长等诸多因素影响,书刊发行企业面临世界性困难,美国、英国等西方国家百年老牌书店大量萎缩甚至倒闭,重庆市发行企业同样遭遇巨大冲击。但在我市持之以恒开展全民阅读活动,全面完善公共文化服务体系,加快推进各级各类基层书屋建设等重要举措推动下,各书报刊发行企业主动应对、深挖潜力、拓展经营,仍然保持了良好的增长势头。

2012年,伴随《中共中央关于深化文化体制改革、推动社会主义文化大发展大繁荣若干重大问题的决定》各项优惠政策的出台,以及我市"十二五"重大新闻出版项目的强力推进,可以预期,我市书报刊发行业必将得到更好更快的发展。

一、2011年发展状况

(一)发展成果

1. 产业发展势头强劲

2011年,全市发行销售总额475400.4万元,利润总额38781.6万元,分别较2010年增长18.2%、14.4%。截至2011年底,全市共有书报刊经营企业2707家。总发行2家,批发单位233家,零售单位2472家。其中,从事连锁经营的3家、网上售书的4家;共有书报刊发行网点200个;店面规模在1000㎡以上的发行单位16个;批发市场1个,场内批发企业132家,场外批发企业53

家。从业人员13470余人。

重庆新华书店集团公司再创佳绩。全年实现销售总收入18.78亿元,较上年增长12%;利润7380万元,较上年增长40.85%;国有资产增值保值率达110.58%。教材、教辅实现销售92560万元,同比增长3%。其中,教材实现销售54603万元,同比增长6.12%,免费教材满足率达到99.64%;教辅实现销售37957万元,同比增长1.4%。租型《中国共产党历史》第二卷,(租型是指出版单位从其他出版单位租入型版自己印制、发行出版物,并按出版定价的一定比例向出租单位支付专有出版权再许可权使用费。)开传媒公司政治类重点图书租型造货先河。以CD、DVD等多种媒介出版发行《经典歌曲》歌碟,打造《重庆抗战遗址寻踪》、《巴渝非物质文化遗产》等重点品种,实现销售额800万元。承担国企社会责任,按时、按质将价值1.32亿元的1800余万册出版物配送到位,出色完成全年农家书屋物资配送任务。发行《中国共产党历史》第一卷1.1万册、码洋132万元,《中国共产党历史》第二卷3.7万册、码洋560万元;发行《读点经典》丛书440万册、码洋3060万元。新增营业面积8000 ㎡。解放碑、沙坪坝、九龙坡三大书城实现销售2.904亿元,渝中、北碚等17个零售卖场独立核算实现盈利。连锁经营实现销售5.26亿元,同比增长7.57%。被评为第二届"重庆知名品牌企业——最具影响力的重庆知名品牌企业"。

重庆邮政报刊发行亮点纷呈。全年实现收入12448.92万元,比上年增长13.9%;业务收入同比增长13.96%,高于全国平均增幅2.96个百分点,全国排名第八。新增畅销期刊74种。报刊大收订实现流转额2.5407亿元,为计划目标的104.56%,全国排名第四;增幅17.01%,全国排名第二。报刊零售收入2864.26万元,同比增长3.7%,实现止跌回升。整合《特别关注》、《南方周末》等其他发行渠道,发行量超过12000份。全面完成党报党刊发行任务,中央党报流转额同比增长4.29%,省级党报流转额同比增长1.60%;主要行业报刊流转额同比增幅32.99%,排名全国第一;新华社报刊流转额同比增长38.94%,排名全国第四。

民营发行业稳步发展。全年新增民营注册资金1.163亿元,为2010年的12.8倍。品牌好、规模大、渠道独特的民企呈现出强者愈强的趋势,年销售码洋5000万元以上民营发行企业已超过5家。五洲公司、重庆购书中心、西西弗、民进书社等一批社会效益和经营业绩突出的企业总体实力进一步提升。民营企业履行社会负责意识进一步增强。重庆书刊交易市场先后承担了

"2011中国·重庆库存图书交易会暨第四届重庆读书月书市"、"第五个农民工日优惠图书展销"、"4·23世界读书日暨江北区读书月展销"等9项社会效益突出的文化活动。

2. 重点项目强力推进

全市"十二五"十大重点文化设施项目"十大书城"建设步伐进一步加快。涪陵、黔江书城主体大楼均已竣工，即将投入使用；江北书城完成设计，拆迁进度超80%；渝北空港文化城开始拆迁；万州书城重新选址江南新区，占地193亩，建筑面积53万㎡；大渡口书城初步选址翠园村；解放碑时尚文化城开建在即，该项目占地面积7700㎡，总建筑面积201254㎡，预计总投资达20亿元，建成后将与重庆书城、新华国际大楼一同，形成大文化产业集聚区。目前已完成整体设计、概念规划、环评和商业策划等工作。新华物流配送中心项目运营稳定，日收发货3000件以上，基本满足了业务需要。待磨合结束后，其满负荷运转年吞吐量可达40亿元，储存单品25万个，一般图书日发货5000件。书刊交易市场二期工程建设顺利。该项目占地3000㎡，于2011年4月招商，5月开建，7月花鸟商户入驻，9月文化跳蚤市场开市，11月古玩商户入驻，现已形成300多个文化微企的创意街市，进一步扩大了北滨文化市场的整体规模。

3. 公共文化服务体系建设提速

全市新建农家书屋4299个、书刊外借点12897个，较全国提前一年实现全覆盖。每个书屋配送图书1900余册、报刊20余种、音像制品200余张；每个书刊外借点配送图书100余册，总计配送图书827.1819万册、音像制品123.8112万张。同时，价值720万元的6种报纸、12种期刊也于2012年1月开始向各书屋配送。2011年11月14日，市委办公厅、市政府办公厅转发了《重庆市新闻出版局关于加强城乡出版物发行网点建设的实施意见》（渝委办发〔2011〕52号），从市级、市级直属区县、镇乡街道、村社以及城市居民小区、各类园区、商业集聚区和农村村民小组等六个层次的出版物发行网点建设提出了明确要求和配套政策，出版物发行网点建设提升到一个全新的高度。

4. 行业监管规范有序

联合市文化执法总队，重点检查了2010年以来中小学教辅材料发行情况，查缴侵权盗版和非法出版教辅材料，严厉打击制售、储运、批销侵权盗版和非法出版教辅材料的违法行为。对47批次出版物进行鉴定，鉴定出版物图书530种546本，文字343600千字；报刊12种13份，文字1383千字；音像制品（光碟）2403种3365张，时长504727分钟；电子出版物2种4件，文字1114千字,有效杜绝违法违禁出版物流入、流出市场。宣传落实2011年修订出台的《出版管理条例》、《出版物市场管理规定》,培训经营业主230余人,帮助商户知法、懂法,进一步规范经营行为。下发《关于严格出版物批发单位准入准出制度的通知》,进一步规范出版物批发单位准入准出行为。

5. 全民阅读成效显著

以"讲、演、赛"等多种形式,开展"读经典"百场巡回报告会、"四评两命名"、"红书回放"竞赛展演、优秀出版物推荐、读书论坛、好书进农村进社区,以及"党在我心中"读书活动、"好书伴我行"读书活动、"中华魂"青少年读书活动等数十项主题读书活动,40个区县、56个市级单位策划开展各类读书活动463项,吸引1100多万人次积极参与。举办2011中国·重庆库存图书交易会暨第四届重庆读书月书市,展出全国400多家出版社、20多家音像社近20万种出版物,吸引71.8万市民参观和采购,销售图书45.5万余册、3867万码洋。举办"看精品·读经典"读书报告330余场所,直接听众近20万人次。建成村社、车间、高校、商店、医院、连队等各类图书室18000多个。重庆广播电台、重庆电视台开设专门读书栏目,通过《新闻联播》、《直通现场》、《移动电视新闻》等跟踪报道各项读书活动。市内外70多家新闻媒体刊发新闻3000余条,多角度、大篇幅、全方位报道了我市全民阅读活动盛况。第八次全国国民阅读调查结果显示,我市城乡居民综合阅读率已达85.5%,高出全国平均水平(77.1%)8.4个百分点。重庆正逐渐成为全国人均读书最多的城市之一。

6. 对外交流影响广泛

2011北京图书订货会上,重庆展团以1200余种图书、20个展位、11个团购书架的宏大阵容亮相,实现订货码洋5500余万元。2011上海书展暨"书香中国"上海周,重庆作为主宾市参加,接待读者20余万人次,售出出版物3万余册,销售码洋80余万元;580多家馆配单位采购重庆出版物2万余册,各项数据均位列历届上海书展主宾省、市前茅。第21届全国图书交易博览会上,重庆展团共设33个展位,展出图书3000余种10000余册,实现订货码洋5000余万元,销售总额600余万元。

(二)制约发展的突出问题

1. 网络售书失范,严重冲击实体书店

近年来,受网络书店冲击,我市不少实体书店生存堪忧,不得不缩小规模,甚至另谋出路。尤其是2011年,实体书店经营者更是感到前所未有的恐慌——5月,京东商城打出"全部少儿图书四折封顶"的促销广告;10月,苏宁易购图书频道正式上线,推出"0元售书72小时"限时活动……对当当、卓越、京东、苏宁易购这些大型网络商而言,其名是优惠售书,其实是以价格战作幌子打商业广告,借此吸引客流,增加知名度,但这种营销策略已经触及出版发行行业底线,严重破坏了出版物市场发展环境。诸如此类的每一轮网络售书打折潮,都会给实体店带来不小的震荡,甚至是致命的打击。因此,出台规范出版物网络发行行为的法律法规和行之有效的政策制度已迫在眉睫。

2. 经营成本上涨,发行企业不堪重负

2011年重庆退市的书店不在少数,除了受网络化、数字化等外因影响外,也不乏经营成本上涨这样的内部因素。相关数据显示,2011年书业运营成本包括物业成本、人力资源成本、管理成本等,较2010年整体上涨5%—8%。高额的成本,低廉的回报,让相当数量的书店举步维艰。许多民营书店更是陷入两难境地:要吸引客流,必须选址繁华地段,但天价的租金却让人望而却步;想节约成本,只得选址较偏僻的地方,但门庭冷落又让书店难以为继。

3. 结构不尽合理,过度依赖教材教辅

中小学教材教辅在我市出版物发行市场一直占据着最大份额,是绝大多数书店赖以生存的根基。对新华书店而言,主业70%以上的销售额来源于教材教辅,且越到基层店,依赖性越大,部分区县新华书店教材教辅的发行量甚至达到总量的90%以上;对民营书店而言,教辅经营的比重已经超过80%,尤其是一些经济欠发达、文化氛围不浓的地区,个体书店将售书对象锁定学生族,销售品种极其有限,教辅成为主打商品。尽管,教材教辅发行还处于强势地位,但随着"循环教材"、"免费教材"、"一费制"等政策的进一步实施,特别是教材发行招投标改革的深入推进,教材教辅发行利润将进一步缩水;同时,教辅发行的混乱秩序导致了利润的层层盘剥。因此,过度倚重教材教辅,潜伏着巨大的经营风险。

4. 行业诚信缺失,无序竞争仍很突出

对重庆乃至全国出版界而言,诚信问题一直是个热门话题,特别是近几年,业界对"诚信经营、和谐出版"呼声越来越高。当前行业的诚信缺失主要表现在五个方面:一是恶意压价,打折扣战;二是随意退货,没有商量;三是执意欠款,不讲信誉;四是违法违纪,商业贿赂;五是盗版盗印,屡禁不止。这五大毒瘤,造成了现在行业的"三高一低":高投入、高退货、高库存,低资金回流。这种现象的存在,严重扰乱了出版物市场秩序,损害了行业利益,也给整个社会造成了不良影响。

5. 经管水平低下,部分民企进退两难

我市现有民营书店 2600 余家,数量庞大,但真正有特色、上规模的不足 10%,究其原因,在于经营和管理水平低下,难以适应市场竞争需要。一是家族式管理不科学。从 2011 年度核验情况看,民营书店经营规模普遍偏小,多采用家族式管理,产权单一集中,既没有店与店之间的联合,也没有店外融资。同时,小农经济思想严重,小富即安,不求扩大规模。二是市场定位不准确。虽然个性化经营、多元化经营以及分众阅读等理念被越来越多的民营书店所接受、效仿,但综观 2011 重庆民营图书市场,不难发现多数特色书店的改造只是徒有其表,在经营上仍缺乏对市场的细分,缺乏专业化经营,什么好卖卖什么,跟风现象相当普遍。三是人力资源开发不到位。民营书商大多重视资金和市场,缺乏人力资源管理意识。在对员工的要求上,往往忠诚度第一,能力第二,且一味采取不规范的家长式管理,强调对员工的控制,忽视对其潜能的开发,更谈不上岗位技能培训、专业素质拓展以及知识结构的开发教育。四是技术设备不先进。中小型民营书店现代化程度普遍较低,高科技设备、信息技术适用滞后,难以适应现代化管理需要。

二、2012 年发展展望

(一)出版物发行业面临新形势,呈现新特点

"十二五"是出版物发行业发展的重要战略机遇期。如果将 2011 年比作"破冰之旅",2012 年就是"转折节点"。对出版物发行业来说,这是一个新技术革命对传统出版物发行业的冲击与推动并存的伟大时代,这是一个外部市场竞争加剧与企业内部深化改革并存的变革时期,这是一个新的文化形态对传统出版物发行业的挑战与市场日益增长的文化需求并存的希望季节,我们必须对当前面临的新形势保持清醒的认识。逆水行舟,不进则退,在各种截然相反的结局面前,丝毫的松懈就意味着全局的溃败。就重庆而言,出版物发行业将呈现四大特点:

一是发行体制改革基本完成。经过十余年持续深化改革,重庆新华书店

集团公司业已形成21亿资产规模,列"全国书店十强"、"全国文化体制改革先进企业"、"重庆市为国建功立业功勋企业";重庆新华传媒有限公司完成净资产增资过户和工商登记,实现平稳过渡和正常运转,引进战略投资者,股改上市稳步推进。

二是多种经济成分共同竞争发展的格局初步形成。首期集中130多家书刊批销商,经营书刊13万种、近3000万册的重庆市书刊交易市场已基本步入正轨,筚路蓝缕的重庆民营发行业实现"破茧蝶变";五洲文化传媒集团、尚享文化公司、西西弗公司、弘景公司、民进书社、册源地公司等一批民营龙头出版物发行企业迅速发展壮大。

三是跨地区、跨领域、跨所有制的资源和资本整合进一步加强。由国有文化企业与民营文化企业强强联合组成的重庆五洲文化传媒集团,整合双方优势资源,集中编校、排版、设计、纸张、印刷、发行等各环节,在经营管理、市场行为、发展瓶颈等各层面实现了"国企向市场迈一步,民营向规范靠一步"的改革目标,初步形成"1+1>2"的格局。

四是互联网发行已成为出版物流通的一支新生力量。互联网发行以交易成本低、流通效率高、销售范围广、服务方便快捷等优势受到社会和消费者的认可欢迎。据统计,在全市一般图书(除教材外)市场,互联网销售份额已超零售市场总额的10%,部分图书领域已达30%以上,且呈不断扩大的趋势。

(二)十七届六中全会的召开,是出版物发行业发展的最大利好

党的十七届六中全会作出的《中共中央关于深化文化体制改革、推动社会主义文化大发展大繁荣若干重大问题的决定》,指明了当前和今后一段时期我国文化改革发展的方向,掀起了社会主义文化建设的新高潮。伴随《决定》出台的一系列优惠政策、重大举措,必将有力地推动作为文化产业核心层的新闻出版业的大发展,必将有力地促进作为新闻出版业"排头兵"、"冲锋队"的出版物发行业的大跨越。我们将坚持"发展是硬道理"的本质要求和科学发展的基本方略,进一步转变政府职能、加强行业管理、落实发展政策、着力队伍建设,推动全市出版物发行业经营单位数量、就业人数、总资产、总销售收入及对国民经济的贡献率保持高位增长的态势,逐步成长为国民经济支柱产业。

(三)"十二五"重点项目的实施,将推动出版物发行业进入快速发展期

"十二五"重点项目是全市出版物发行业发展的"牛鼻子"。2011年,"十二五"重点项目开局良好。进入2012年,"十二五"重点项目必将加快推进,效益凸显。

新华物流进一步扩充完善。随着新华物流的满负荷运转,将实现日发货图书5000件的业内一流效率,并在满足自有商品流转需求的同时,逐步开发第三方物流市场,初步搭建长江上游地区最大出版物物流基地和文化产品配供中心框架。书刊市场不断拓展壮大。依托中国·重庆库存图书交易会(重庆书市),完成总面积65000平方米的书刊市场三期扩建工程,吸引全国大部分出版社和发行客户,形成以出版物交易为核心,以各类收藏、民族工艺品、文化创意、会展为延伸的大型文化交易中心、长江上游地区最大的文化商品集散地、全国范围内极具影响力的库存图书交易中心。

区域性文化综合体大力推进。一批区县的区域性文化综合体经过前期充分论证、精心准备,将进入实质立项、选址、建设阶段,一盏盏区域性"文化地标"的璀璨明灯将点亮巴渝大地。

各级各类书屋建设全面铺开。全市9699个农家书屋将进入规范管理、拓展功能、后续发展的全新阶段;社区书屋覆盖率达80%以上;学校、机关、企业、军营、医院、商店等基层单位书屋大建设格局基本形成。

基层发行网点建设涵盖城乡。"建设遍布村镇社区,以乡镇文化站、基层书屋等为依托的便民书报刊连锁网点;建设人流聚集区合理布局、个体经营的书报刊亭;建设与实体书店对接互补的网络书店"等三大举措将深入推进,基层发行网点超10000个。

教材、教辅和幼儿读物开发规范发展。集全市教材、教辅和幼儿读物的编写、出版、发行、使用、指导、管理为一体的综合平台将发挥更大作用,随着标准化、信息化、现代化的企业管理模式,以及全面、系统的产品推广、品牌宣传、产品策略体系的不断完善,一批渝版高端教育出版物品牌将不断拓展全国市场,成为全市出版物发行龙头企业业绩增长的核心动力。

出版物发行走向世界。将组团参加第22届全国图书交易博览会、北京图书订货会、全国新闻出版设备展、深圳文博会以及伦敦、美国、俄罗斯、法兰克福等多个书展,持续开展出版物发行业对外交流活动,积极参与全国范围和世界范围的文化市场、文化资源、文化阵地的竞争和合作。

（四）公共文化服务体系建设的全面推进，将为出版物发行业提供更加广阔的发展空间

重庆现有人口三千多万，随着经济社会发展和人民生活水平不断提高，广大城乡居民对基本文化的需求将呈井喷式增长，迫切需要建立具有较高出版物生产和传播能力的新闻出版公共服务供给体系。随着各级政府对公共文化事业投入力度的不断加大，政府采购、项目补贴、定向补助、贷款贴息、税收减免等政策措施的不断完善，我市出版物发行企业将敏锐地抓住这一几何级增长的广阔市场，积极参与全国和全市的农家书屋、社区书屋、企业书屋、机关书屋等基层书屋建设以及区县图书馆提档升级、乡镇综合文化站规范完善、学校图书馆达标创建等公共文化服务体系建设，把更多优秀出版物配送到基层，助推行业大发展，实现事业、产业双丰收。

（五）全民阅读的深入开展，将为出版物发行市场培育更大、更广泛的消费群体

中小学教材出版发行一直是新闻出版产业的重要经济支柱。随着中小学教材出版发行招投标改革的推进，长期严重依赖教材的出版格局将发生重大变化。这些年，上海、深圳等地通过创办读书节、读书月，其出版发行单位对教材的依赖程度逐年下降，甚至基本失去影响。2008年以来，市委、市政府将每年8月设为重庆读书月，大力倡导全民阅读，取得了突出成效，市民综合阅读率连年高出全国平均水平7个百分点以上，"倡导全民阅读，共建书香重庆"已在全市各界干部群众中生根、发芽、开花、结果，成为高度的文化自觉自信自强。2012年，我市全民阅读活动将以"将重庆建设成为全国人均读书最多的城市之一"为目标，着力构建全民阅读长效机制，举办贯穿全年的重庆特价图书交易会暨第五届重庆读书月书市、"红书回放"竞赛、"三评"、"读经典"百场巡回报告会、好书伴我行、书屋与阅读论坛、好书推介、"中华魂"青少年读书活动等丰富多彩的读书活动，进一步推动全民阅读，培育壮大购书、读书群体，刺激出版产品消费，加速出版业转型。一方面，促进新闻出版全行业大发展、大繁荣；另一方面，也必将为出版物发行市场培育更大、更广泛的消费群体，带动发行产业进入快速、健康发展新时期。

高端访谈:

李 理 重庆尚享文化传媒有限公司(重庆购书中心)董事长、重庆书刊交易市场法人代表

在曲折蜕变中实现凤凰涅槃

蓝皮书:有美国学者认为,"五年之内,实体书店将萎缩50%,十年之内,将萎缩90%。"2011年,发行业面临世界性的困难,大量实体书店萎缩甚至倒闭。对此,您怎么看?

李 理:首先,我认为美国学者的推论是有一定事实依据的,但这个统计数据稍显夸大,不太符合真实情况。社会在发展,实体书店也进入了求新求变的转型期。现在由于电子商务网络书店的发展与普及,实体书店受到了网络书店和电子阅读的冲击,市场有一定幅度的萎缩。由于场地租金、人工费用、税收等原因运营成本一年高过一年,造成实体书店的发展越发艰难,甚至连基本维持都成问题,所以才有了部分书店退出市场的情况出现。但是,不管怎样,实体书店都是一个民族精神和文化的象征,是人们精神文化生活的重要组成部分,国家正在大力发展文化产业,有政策支持。有统计资料表明,中国的图书业正在以每年5%以上的速度递增,而且读者的购书需求并没有因为近年来实体书店的倒闭而下降,仍然在缓速地增长;2011年,全国图书市场的码洋年度同比增长了5.95%,只是销售模式发生了改变,网上销售分享了部分市场份额。实体书店也可以借此时机,进行转型探索。

大型书店可以走综合业态的发展思路,融入文化相关产业,如电教、文具、玩具、数码产品,甚至教育培训等。小型书店可以走特色化发展路线。举个例子,在实体书店风雨飘摇的今天,上海一家"2666图书馆"书店却逆市出击,以纯文学、学术书、港台、英文书等为主,虽然收费稍贵,但以彰显自身品位赢得了市场。再如,北京的"库布里克书店"和"单向街图书馆",是如今最流行的书店模式——沙龙书店,即"书店+咖啡馆+沙龙",这种三合一的书店,不再是原来单纯的书钱交易的场所,而变成了一个时尚的地标,是一个文化青年与作家、艺术家直接交流和对话的空间,借助于活动来积聚人气,以电商用书籍来招揽顾客。其中,最重要的一点是要对自己书店的定位和客流人群的组成

有一个比较清晰的认识,塑造自己书店的个性,寻求新的发展机遇。

蓝皮书:在您看来,我市发行业特别是民营发行业发展中迫切需要解决的问题是什么,应该怎样解决这些问题?

李 理:目前,困扰民营发行业发展的问题主要有三点:

第一,场地问题。近年来,随着房地产的火爆,随之而来的高房价让实体书店需要支付的场地成本日益增长,而书籍所带来的利润却未随之增加。中宣部、新闻出版总署、住房和城乡建设部已经发文,要求在城市规划中留出书店的位置,甚至是城里最好的位置;市委办公厅、市政府办公厅里也转发了《重庆市新闻出版局关于加强城乡出版物发行网点建设的实施意见》,提出了一系列优惠政策,就看各级政府如何落实。只有在旧城改造或者城市扩建之时,预留一部分文化发展用地,由政府出面拿下地块所有权再用较低的价格出租给经营者使用,或者由政府出面与物业所有方协调场租问题、对经营者给予一定财政补贴,才能有效解决这个问题。

第二,融资问题。传统民营书店基本上属于小微企业,很难从银行获得贷款,发展和转型道路上往往面临资金困局。因此,传统书店要转型成功,除了自身努力之外,还需社会各界高度关注,在资金上给予一定扶持政策,建立专门针对出版发行行业的融资机构,促进民营书店的发展壮大。

第三,政策问题。据我了解,近年来,民营书店的销售收入有70%—80%用于支付场地租金,3%—5%用于支付人员工资,10%用于支付税费,剩下的才是微薄的利润。只有对民营书店采取税收减免和财政扶持政策,才能最大限度地为文化企业提供宽松、平等的政策环境,为民营发行业的发展松绑、减负。

蓝皮书:有人说,诚信缺失已经成为社会性疾病。您怎么看这个问题?您认为,发行企业应该怎样诚信经营?

李 理:诚信是中华民族的传统美德,诚实守信被视为"立人之本"、"立政之本"。随着时代的发展,社会巨大而深刻的变化赋予诚信这一传统美德日益丰富的时代内容。一个社会的运行,一个企业的运转和生存发展,诚信是关键所在。一个成功的企业,卖给顾客的不仅是商品本身,往往还隐含着商品背后的文化。相反,丧失诚信的企业必然是茫茫商海中的过眼云烟,最终将使财源枯竭。有统计表明,自改革开放以来,我国民营企业的平均存活时间为1.5—3年,其中很大一部分被市场淘汰的企业都是由于不诚信导致了经营困难,最终消亡。由此可见,诚信是企业的灵魂,有了它,企业才能生存和发展;

企业要创名牌,要做大做强,必须始终把诚信放在首位。

从民营发行业来看,讲究诚信的企业在激烈的市场竞争中总体发展较顺利,而不诚信的企业经过市场的优胜劣汰,自然就消亡了。作为发行业者,第一是要守法经营,不销售违法出版物;其次是要把诚信待客的观念深入到企业的经营理念当中,抓好内部员工素质培训与管理,这样才能使自己的企业得到好的发展。不管是国营或民营都应对广大读者承诺不卖一本盗版书,有质量问题的出版物一律包退。

蓝皮书:2011年8月,新闻出版总署发出《关于进一步加强中小学教辅材料出版发行管理的通知》,并在全国范围内开展了教辅材料专项整治工作。对此,您怎么看?

李　理:"百年大计,教育为本",教育是关系国运的大事,教辅材料是作为适应新的课程改革和教学要求而产生的,满足了中小学生和教师的需要,其重要性不言而喻。但是由于现在的部分出版发行单位过于注重经济利益而忽略了作为文化企业应当承担的社会责任,导致了违规、违法出版发行教辅材料的现象出现:非法盗用他人版权、粗制滥造、一号多书、违规分册等,极大地损害了广大群众的切身利益。《通知》体现了新闻出版行政主管部门对教辅市场的高度重视,对上述丑恶现象有了一定的遏制作用,对于规范教辅市场、加强教辅材料出版发行管理、促进教辅市场的良性发展等有非常积极的意义。

蓝皮书:您认为,党的十七届六中全会通过的《关于深化文化体制改革推动社会主义文化大发展大繁荣若干重大问题的决定》对发行业会带来哪些利好?

李　理:《决定》体现了党和国家对文化事业发展的重视,其中很重要的一点是将民营发行单位的起步门槛降低了,可以激发和吸引大中专毕业生、下岗人员、残疾人等群体引入到文化行业,投身到文化发展当中。第二是鼓励文化创新,有利于新兴的出版发行方式的发展,例如数字出版发行、网络书店等。第三是对现有的出版发行企业向文化相关产业的延伸、交融、转型、拓展有相当大的促进作用,扩大了发行企业的经营范围,有利于文化大繁荣。

作者单位:

　　方林江　重庆市新闻出版局

　　龚小嘉　重庆市新闻出版局

　　张　锐　重庆市新闻出版局

产业引资乘势而上　绿色转型谋势而动
——2011年重庆印刷业发展报告

张富伟　程惠峰

根据重庆新闻出版业"十二五"发展规划,重庆印刷业要实现产业结构的战略性调整,推动出版物印刷专业化、包装印刷品牌化、商业印刷数字化、数字印刷产业化的"华丽转身",调控包装印刷、商业印刷、出版物印刷的规模比例大致为6∶3∶1,30%以上的印刷企业通过绿色认证,数字印刷成为重要的印刷方式在行业中得到普遍应用,工业总产值不低于20亿元。2015年,将重庆打造成长江上游重要印刷基地,工业总产值200亿元,年平均增长速度达到15%以上。

作为"十二五"开局之年,2011年重庆印刷业稳步发展,产业结构调整初见成效,产业引资乘势而上,绿色转型谋势而动。2011年重庆印刷工业总产值115.95亿元,同比增速达15.88%,实现开门红。

一、2011年重庆印刷业发展情况

2011年,作为印刷行业的主管部门,重庆市新闻出版局按照"尽量压缩出版物印刷产能"的指导思想,对全市出版物印刷企业进行规范调整。调整后的重庆印刷企业管理类别分为六种:出版物印刷企业、内部资料印刷企业、包装装潢印刷品印刷企业、专项(排版、装订)企业、其他印刷品印刷企业和复(打)印经营户。

截至2012年2月10日,通过年度核验的重庆印刷企业共1620家。其中:出版物印刷企业77家,内部资料印刷企业41家,包装装潢印刷企业559家,专项(制版、装订)企业50家,其他印刷品印刷企业893家。另外还有

2149家复印、打印经营户。

2011年,全市印刷企业固定资产原值116.12亿元,实现工业总产值115.95亿元,利、税合计13.87亿元,全年固定从业人员4.4万人,全行业用纸50.32万吨,塑料22.97万吨,金属2.31万吨。

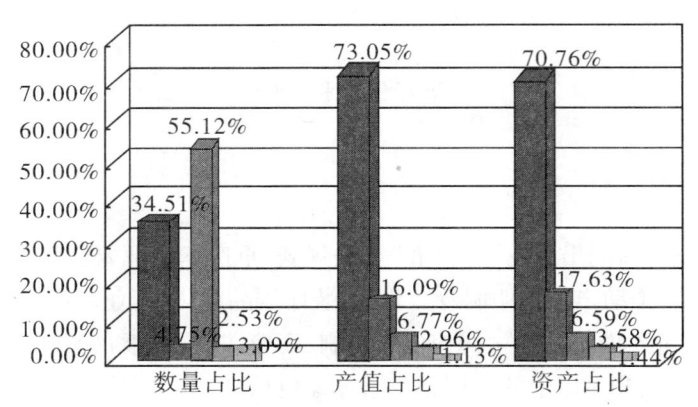

图1 不同管理类别企业主要指标对比图

分析图1,从工业产值和资产规模来看,包装装潢印刷企业占比分别为73.05%和70.76%,行业绝对主导地位依然牢固;内部资料印刷企业和专项制版(装订)企业的资产投入和产值都很小;出版物印刷企业数量尽管只占4.75%,却占有印刷业17.63%资产,贡献行业16.09%产值,说明企业平均规模比较大,固定资产投入和产出均较大。分析上述现象,包装装潢印刷企业近年来在数量、资产和产值均有显著提升,这与重庆经济社会高速发展的形势相吻合,尤其是近年来重庆逐步建成IT产业加工基地的步伐加快,与之配套的印刷包装业方兴未艾。

宏观层面研究分析2011年重庆印刷业,产业运行的良性态势表现在以下方面:

(一)行业投资大幅增长

这两年,随着惠普、宏碁、华硕等全球IT巨头落户重庆,包装印制配套商纷纷西迁来渝,本土印务企业也抢抓机遇,提档升级。比如重庆远大印务公司为配合惠普订单,耗费巨资引进一支有着丰富经验的成熟管理团队和2台世界最先进的印刷设备。初步统计,2011年重庆新增注册资本1000万元以上的印刷企业8家,新增注册资本金折合人民币9亿元,投资规模达到15.5亿元,再创重庆印刷史投资新高。

重庆印刷业新增投资与往年相比,具有五个特点:一是投资指向明确,大部分投资主体为IT产业巨头提供包装印制配套,也有针对重庆在西部辐射云南、贵州、四川、陕西的区位优势,部分烟酒包装的印刷业巨鳄在渝投资。二是投资和产出大,比如,台资企业重庆乔登彩印包装公司在九龙坡区金凤镇投资3600万美元建厂,投产后年产能8亿元;深圳美盈森环保公司落户重庆,首期投资即超过2亿元;福建鸿博在渝新增投资1.5亿元。这些新增企业2012年投产后,每年将为重庆印刷业新增产值20亿。三是投资主体均为国内印刷包装业翘楚,上述企业均为国内行业龙头。四是政府扶持给力,部分区县利用区位交通、生产要素、税费政策等优势大力招商,力图布局1—2家大中型印刷包装企业入驻,完善当地经济的产业链。五是新增企业从项目签约到竣工投产快。比如,台湾正隆纸业二级厂从2011年4月初开建,10月底正式投产,创造"重庆速度"。预计该企业2012年将实现年产瓦楞纸板1亿平方米、年销售额4亿元,也标志着重庆现代印刷包装基地为重庆IT产业配套乃至为西南地区量产高端瓦楞纸板的构想变成现实。

(二)结构调整推进有力

鉴于重庆出版物印刷市场日趋减量以及产能严重过剩的现实,压缩出版物印刷产能势在必行。经过两年多的宣传铺垫,市新闻出版局于2011年初完成了对全市出版物印刷企业资质的调整,出版物印企数量由157家减至86家,出版物印刷产能与实物印刷量的比例由6∶1缩减至4∶1,极大改善行业"小散乱"现状。"十二五"期间,行业主管部门将继续运用行政加市场手段,引导企业走集群化发展、专业化分工、社会化协作的路子。

同时,行业主管部门严格依照国家发改委的产业结构调整指导目录(2011版),重点推广和引进9种自动化程度高、高速多色成套印刷设备。在彻底淘汰铅排、铅印工艺的基础上,逐步淘汰溶剂型即涂覆膜机(承印物无法降解和回收)和J1101系列全张单色胶印机(印刷速度每小时4000张及以下)。

适时引导骨干企业跟踪国际印刷技术和工艺的前沿。2011年11月,40多家重庆印刷企业组团参加第四届中国国际全印展,参观7大专业展区,并选择性参加了2011"数码印刷在中国"技术高峰论坛等专业技术交流会。

(三)以按需印刷为代表的数字印刷技术应用呈井喷式

2010年4月,全国第二家、西部首个国家级数字出版基地在重庆北部新区挂牌。重庆将努力建设城乡统筹的新闻出版强市和长江上游的新闻出版中心,精心打造重庆国家数字出版基地,推动传统出版向现代出版转型。这对重庆数字印刷产业提出了更新更高的要求,并带来巨大发展机遇。

从重庆市场的培育看,短版快印、个性化印刷、可变数据印刷等应用已被普通市民认可和接受,大量传统胶印企业将受制于成本压力而选择数字印刷转型。目前,重庆数字印刷企业从无到有,如雨后春笋般迅速增至29家,而且这一数字还将快速攀升。

目前,远大印务、金雅迪彩印、新生代数字印刷等一批重庆企业已经形成较强的数字印刷能力,年产值超过3.7亿元。重庆出版集团率先启动出版物按需印刷,未来,书报刊、互联网、手机、数据库等各类出版形式均能提供个性化设计、多样化印刷。

(四)绿色印刷全力推进

绿色印刷是全球印刷业未来发展的主流,发展绿色印刷是我国印刷业发展的主攻方向。国家推进实施绿色印刷战略,促进印刷行业发展方式的转型与升级,旨在淘汰能耗高、污染重的印刷工艺、技术和产能。目前,国内绿色印刷的推广已呈燎原之势,2011年5月国家出版总署发布《印刷业"十二五"发展规划》,特别指出要引导印刷产业绿色转型;10月8日,新闻出版总署与环保部共同发布《关于实施绿色印刷的公告》,标志着此项工作已由行业引导上升为政府主导;10月17日,国务院发布35号文件,首次提出鼓励使用绿色印刷产品的概念。

绿色印刷相对于传统印刷,能够节能减排,有力助推"宜居重庆"建设和"国家环保模范城市"创建。重庆拟以5年为期,分三个阶段全面推进印刷产业绿色转型:2011年在部分印刷企业试点;2012至2013年逐步在票证、食品药品包装印刷企业等推行,基本实现中小学教科书绿色印刷全覆盖,政府采购首选绿色印刷产品;2014至2015年实现绿色印刷基本覆盖所有印刷产品类别,力争使30%重庆印刷企业通过绿色认证。

（五）印刷包装业的地位和作用日益凸显

印刷包装业是朝阳产业，伴随中国经济腾飞而快速发展，拥有一个领域宽广、需求巨大的市场，是文化产业的重要组成部分。直辖市重庆正在形成全方位、多层次的内陆开放高地，多项经济指标增速全国第一，发展势头强劲，这也为重庆印刷包装业崛起提供了巨大的历史性发展机遇。

随着惠普、华硕、宏碁等IT产业巨头的相继投产，重庆正在成为内陆信息产业高地。2015年IT产品预计达到2亿台，其中笔记本电脑1亿台、台式电脑2000万台、监视器5000万台和成像打印设备2000万—3000万台，在整个产业链上形成高达8000亿元产值的经济规模，也由此催生与之配套的包装、标签、说明书、电子监管码等产品的印刷需求，市场蛋糕巨大。重庆大力发展印刷包装业，不但可以壮大印业规模，优化产业结构，也能发挥产业职能，助推重庆腾飞。

（六）印刷包装职业教育起航

重庆印刷包装行业的快速发展，离不开大量高素质、强技能人才的培养。2010年6月，重庆市新闻出版局与重庆商务职业学院联合组建重庆印刷包装职业教育培训基地，通过校企联合实施"订单式培养"。2011年9月，基地面向社会招收首期印刷技术、印刷图文信息处理、包装技术与设计三个专业（高职专科）共计137名新生。这批学生2013年11月顶岗实习，2014年7月毕业，将为重庆印刷业注入"新鲜血液"，有效缓解重庆印刷业技术人员匮乏的窘况。另外，基地在每年学历教育计划招生300—500人的基础上，还将不定期开展在岗、转岗职工的技能培训。

二、重庆印刷业面临的问题

（一）产业规模整体偏小，结构不合理，产业链不完整

2010年，近邻四川省印刷工业总产值260亿，仅成都市就达167.99亿，同期重庆仅100亿元，横向比较差距不小；重庆出版物印刷企业黑白印刷能力过剩、彩色印刷能力不足，印刷高峰期时（比如春秋两季教科书印制）还表现为装订能力严重不足。包装印刷和商业印刷高端产能不足,中低端产能过剩,这也导致很多重庆印刷企业无法进入 IT 产业印刷包装配套产业链;行业推广绿色印刷和数字印刷任重道远。2011 年全国首批通过绿色印刷环境标志产品认证的印刷企业共 60 家,其中四川 5 家,云南、贵州各 2 家,重庆为零;产业链缺少印刷机械制造等板块,研发机构为零,国外著名印刷设备厂商如高宝、海德堡、三菱等,至今没有在重庆设立代理销售点、维修点。

(二)市场主体经营能力较弱,技术人员依然紧缺,大企业少

重庆印刷企业多数规模小、专业化程度低,从业人员素质不高,企业效益普遍低下,印品质量难以得到保证;大多数企业没有长远发展规划,政策嗅觉差,对印刷业发展趋势和新技术缺乏研究和了解,只是安于现状和被动经营。由于缺乏系统、有效的实用人才培养机制,普遍面临专业技术人才严重短缺的困境。重庆印刷企业上榜"中国印刷百强"屈指可数,且排名靠后,本土缺少知名印刷企业。

(三)产业生态环境较差

产业生态环境包括市场秩序、盈利水平和宏观政策等因素。重庆印刷市场竞争并不完全依靠质量、技术、品牌取胜,通过陈旧设备和廉价劳动力恶性压价的现象普遍存在,行业整体利润较低,"造血功能"不足,企业升级转型困难,印刷从业人员收入水平不高;印刷工价调整只能依靠行业自律推动,力度有限;重庆印刷业专项扶持资金长期缺位,本土印刷企业上市暂无时间表。

三、2012 年重庆印刷业展望及对策研究

"十二五"是重庆印刷包装业快速发展的黄金时期,产业链和产业布局将逐步完善,全市目标培养 20 家以上产值过亿的印刷包装企业。2012 年,陆续投产企业将释放巨大产能,全市印刷工业总产值预计超过 130 亿元,服务全市 IT 产业和文化产业的大发展、大繁荣。同时,印刷产业结构和发展方式得到进一步优化,绿色印刷和数字印刷实质性推广和应用。

继续整顿和规范印刷市场秩序,依法严把准入关,严格落实印刷品承印管理制度,继续实施出版物印刷企业产能控制,加快产能结构调整步伐,引导企

业参与政府采购。

针对印刷包装业产业链长，上、下游产品关联度高的特点，产业集群模式招商国内外有实力、较大规模的印刷企业抱团入驻印刷工业园区，实现集中管理、规范经营和环保运行的产业发展模式，形成完整的新型产业链和产业集群，推进全市印刷包装产业结构的升级换代，以整体优势参与市场竞争。

（一）引导两大增长极的发展

"十二五"期间，重庆市印刷业布局要逐步向"两个增长极"引导，产品结构逐步优化、产能布局相对集中、特色印刷竞相发展。

一是以主城为中心，以印刷工业园区为龙头的综合性都市印刷产业带。将积极推进印刷企业组织结构调整，推动印刷产业结构优化升级，着重发展经济实力雄厚、科技实力强劲的大型印刷企业，走"专、精、特、新"之路，满足全市出版物印刷市场和工业包装装潢印刷市场的需要，同时向周边的大中型城市辐射。

二是以万州为中心的库区印刷产业带。抓住万州建设重庆第二大中心城市、涪陵建设"双百"城市，库区工业发展突飞猛进的历史机遇，重点指导发展涪陵李渡新区印刷包装园区，发展配套性强、附加值高的包装印刷业，使其成为重庆市印刷业的第二大增长极。

涪陵区作为重庆市"一圈两翼"战略的重要节点，率先在当地重点发展印刷包装产业集群，规划1500亩打造涪陵李渡新区印刷包装园区，为当地药业、特色农业等企业提供印刷包装配套，业已成为涪陵新的经济增长极和文化支柱产业。2011年，包括诚信包装、鹏程印务等7家大型印刷企业入驻园区，占地近600亩，涉及高档出版物、精品软包装、精品硬包装、商标印刷和环保油墨生产等领域，投产后印刷产值近5亿元。2012年园区入驻企业有望突破10家，关联企业数十家，年产值突破10亿元。

（二）加快建设重庆现代印刷包装基地

重庆现代印刷包装基地是我市首个集研发、生产、物流于一体的印刷包装特色工业园区，位于江津珞璜。2010年4月，新闻出版总署与重庆市人民政府协议共建重庆现代印刷包装基地，新闻出版总署从规划、政策、信息等方面引导沿海及境外印刷企业进驻，中央财政给予基地1000万元专项资金扶持。2011年，基地二期项目成功申报新闻出版总署项目库。2012年，将加快推进基地招商引资,首期500亩全部建成并正常运营。伴随惠普、宏碁等IT产业巨头西迁入渝的印刷包装企业将在基地落户和投产,力争实现基地年产值10亿元。

(三)推进绿色印刷与印刷数字化转型

重点发展数字印刷及相关产业链,依托重庆区位、政策、劳务、市场优势,引进沿海及境外数字印刷企业向重庆两江新区国家数字出版基地聚集,引入先进生产工艺设备和管理模式,完善相关产业链。同时,鼓励本土有条件的传统印刷企业实施数字印刷转型,实现双轨发展。

全力推动数字印刷及个性化应用工程。以重庆远大印务有限公司为生产基地、以重庆新生代彩印技术有限公司连锁门店、网络营销店和线下实体经营展示店为终端,以北大方正电子公司的喷墨数字印刷硬件与POD网络平台软件系统为技术支撑的应用性项目,在重庆及辐射区域形成规模化、集约化的新型数字印刷服务模式,力争率先在全国提供数字印刷技术产业化应用的经验和经营模式。该项目2011年成功申报新闻出版总署项目库,2012年拟启动实施,2015年预计产值5亿元以上。

(四)大力实施绿色印刷

实施绿色印刷,对改善印刷从业人员生产环境,维护消费者身体健康,推动印刷业产业结构调整具有重要意义。2012年重庆印刷业将加大推广执行绿色印刷标准的力度,在开展中小学教材绿色印刷工作的基础上,向政府采购的印刷产品(如食品、药品包装印刷)等领域推广;引导大中型环保印刷企业通过技术升级跻身强企之列,2012年力争6家以上印刷企业通过技术升级达标,实现重庆"绿色"印刷企业零的突破;对于污染严重,设备落后的印刷企业,通过不断扩大绿色印刷的品种将其淘汰出局。

(五)为印刷业提供人才支撑

"十二五"期间,依托重庆印刷包装职业教育培训基地,面向重庆乃至西南地区开展印刷包装类专业的学历教育和从业人员的职业技能培训及职业资格鉴定。

营造吸引、稳定人才的环境。制定行业人才考核标准、优待条件、业绩评议等方面的实施细则,并将印刷企业拥有的各类人才指标作为评定企业等级、规模、实力以及参与行业活动资格的硬性条件。另外,重庆还将建立行业人才资源库和专业人才市场,广泛收集企业管理、印刷技术、经营策划等方面的人才信息建档入库,促进专业人员的合理流动。

实施重庆印刷业人才发展战略工程。2015年全市拥有印刷业中、高级人才数量力争到1万名以上,基本实现印刷企业员工队伍整体技能化,大中型企业管理层专业化的良好人力格局。

高端访谈:
贾良杰　重庆新生代彩印技术有限公司总经理
杨佑林　重庆市鸿海印务有限公司总经理

产业转型　拥抱印刷业发展的第二波浪潮

数字化　商业印刷的必然选择

蓝皮书: 重庆印刷业"十二五"发展规划提出实现印刷产业结构的战略性调整,积极推动传统印刷产业向以包装印刷品牌化、商业印刷数字为主导转换。如何理解商业印刷数字化?

贾良杰: 印刷业作为新闻出版业、文化产业的重要组成部分,是典型的现代都市产业,具有重要的战略地位。印刷业的繁荣与发展,能够带动高新技术、机械制造、造纸、油墨等相关行业的发展。因此,也常把印刷技术和应用水平作为衡量一个国家或城市科技发展水平的重要标志。重庆要大力发展信息产业和文化产业,就必须把印刷业放在重要地位加以大力推进。

产业结构调整是"十二五"重庆印刷业发展的主旋律。据我所知,重庆将重点发展数字印刷及相关产业链,引导国内外企业向两江新区国家数字出版基地聚集。规划将商业印刷数字化作为产业结构调整的重要抓手,体现了行

行业报告

业主管部门的战略眼光,这也是数字化印刷技术发展的必然结果。

商业印刷数字化,简言之,就是数字化印刷技术在商业印刷的产业化应用。近年来,数字化印刷凭借其可进行可变数据印刷、个性化印刷、网络化印刷,还能进行联机加工的优势,在世界市场快速增长。不仅在商业快印机关文印领域,而且在金融、电信、保险、出版印刷、包装印刷等领域都得以应用。新技术和新设备的诞生使数字化印刷的服务范围远远超出了传统印刷的领域,如今,数字化印刷正从普通可变图文复制领域向工业化可变数据印刷领域迈进,特别适合于商业印刷。

2011年,国内商业印刷企业整体发展喜忧参半,强弱分化明显。在当今数字化印刷的压力下,商业印刷已经处于外部需求趋于平衡或微降,内部产能过剩的内忧外患的旋涡之中,必须依托印刷数字化,增强企业"软实力",即完善商业印刷品从彩色图文信息采集、加工、复制、传递到信息之间的组织和关联,直至各类信息跨媒体互动整个流程。从打造印刷产品链,实现印刷标准化的角度看,商业印刷企业只有采用数字化技术,按照国际标准从数据流、控制流、管理流层面入手,不断优化数据、完善细节,才能降低和消除产品质量不利因素,实现持续发展。

蓝皮书:商业印刷数字化,对于重庆印刷企业有何启示?

贾良杰:重庆目标打造长江上游重要印刷基地,提振商业印刷是重要环节。重庆传统商业印刷企业必须审时度势,与前沿技术与行业趋势接轨,未雨绸缪做好数字化转型准备,方能在未来市场竞争中立于不败之地。举个例子,远大印务是重庆乃至西南商业印刷业的翘楚,该企业花大力气引进数字化印刷技术,在重庆及辐射区域形成规模化、集约化的新型数字印刷服务模式,力争率先在全国提供数字印刷技术产业化应用的经验和经营模式。

品牌化　包装印刷的无形力量

蓝皮书:包装印刷品牌化的内涵是什么?传统加工型的包装印刷企业为何要实现品牌化?

杨佑林:通常,对于印刷行业的有形类别,如印刷机械制造,提及德国海德堡、国内北人等品牌,业内人士耳熟能详。但对于包装印刷行业,加工产品总是以客户所有的形象面对消费者,消费者关注的往往是哪种牌子的香烟,而不会问及烟盒是哪家企业制作的。但也有例外。比如,艺术品复制领域,雅昌品牌在业内响当当。在品牌彰显力量的今天,包装印刷企业如果想体面生存和长足发展,绝不能再"甘为他人作嫁衣","酒香不怕巷子深",必须创建自己的企业品牌。

我所理解的包装印刷品牌化,有内在的印品质量内涵,也有外在的服务特色。比如质量稳定、交货快,包装设计理念先进等。品牌化作为包装印刷企业拓展业务渠道的重要手段,也将在企业发展中得到内涵提升。

不可否认,我国大多数包装印刷企业属于服务加工行业,没有属于自己的特有产品,而只是按照客户的要求进行产品加工。因此,包装印刷行业的品牌创建就与有形产品的行业明显不同。从专业角度看,包装印刷企业的品牌战略应分为局部品牌战略和整体品牌战略。所谓局部品牌战略,就是在区域市场或目标客户群中进行针对性极强的品牌推广。传统计划经济的条块分割,大多数包装印刷企业的业务范围限定在某一特定地区或某一特定行业,故依据企业经营的目标,将品牌创建工作有目的地锁定于相应地域或业务领域,不仅可以节约营销费用,还有助于企业集中力量,重点攻关;所谓整体品牌战略,适用于进行多元化经营或面向全国开展生产经营的大型包装印刷企业,例如广东、温州等一些包装印刷企业,生产经营涉及报刊、包装、文化用品等,业务范围遍布海内外,企业品牌的营销作用功不可没。

蓝皮书:包装印刷企业如何创建企业品牌?

杨佑林:对于包装印刷企业来讲,创建自己的企业品牌,主要是通过顾客的认可实现。只有保证最终消费者的认可,品牌价值才能体现。应该认识到,品牌创建的成功,不单取决于品牌的宣传,主要还在于顾客的选择和信任。

包装印刷企业创建品牌,要打好三张"牌":

一是设备牌。包装印刷企业作为服务加工型企业,先进生产设备代表企业实力和服务水平,能给品牌"增色"。二是质量牌。要及时更新照排、制版、印刷、装订等工艺环节的质检参数,尽量建立起原辅材料检测机制。三是服务牌。在企业设备短期无法升级或同质化严重时,"客户就是上帝"的服务理念和方式能够让企业在市场竞争中胜出,给企业品牌"加分"。

蓝皮书:包装印刷品牌化,这对于重庆印刷业有何现实意义?

杨佑林:先谈背景。中国包装印刷行业中,具有独特产品生产的,如软包装、药品包装、烟草包装等,大都是依托一些特定的客户群。比如,云南包装印刷产业规模一直位居西南各省市前列,归功于云南烟草业的发达,后者让云南包装印刷业每年都会有数以百亿计的烟包印刷业务量。与此相似,重庆崛起的IT产业每年将提供数百亿的印刷业务,抢抓机遇将会使重庆印刷业整体规模站到新的高度。然而,重庆包装印刷的市场蛋糕虽大,但国内外包装印刷企业也觊觎这块"肥肉"。本土或本土化外来包装印刷企业"守土有责",至少应从这个巨大市场"分一杯羹",实施品牌化战略意义重大。

重庆包装印刷品牌化战略有利于营销沟通,以及稳定和扩展客户群,降低公关成本。这里我要强调一点,包装印刷品牌必须依托核心竞争力,包括企业文化、核心工艺和经营理念等,要有鲜明特色,避免被同质化。从这个意义讲,包装印刷品牌创建不是一日之功,也不能一哄而上。据我所知,惠普、富士康等IT产业巨头对印刷包装配套供应商有着极为严格的要求,本土包装印刷企业必须强化质量和服务水平,将品牌化作为企业转型升级的内在动力。

数字化给重庆印刷业插上了翅膀,品牌化则提供了内在力量。产业转型,拥抱印业发展的第二波浪潮,"十二五"重庆印刷业转型升位,再现辉煌不是梦,这也是所有重庆印刷人的共同梦想。

作者单位:
  张富伟　重庆市新闻出版局
  程惠峰　重庆工商大学

加强产业构建　促进影视产业快速发展
——2011年重庆影视产业发展报告

严　兵　刘　亮　何洪元　史绍平　刘贵明

2011年，是"十二五"发展的开局之年，也是重庆认真贯彻落实党的十七届六中全会精神，积极推动文化强市建设，全市影视产业加速发展的重要一年。

一、2011年重庆影视产业发展回顾

（一）电影产业发展势头强劲

2011年，受宏观政策种种利好因素的影响，全市电影创作生产、城市院线电影发行放映、农村惠民电影放映工程等呈现齐头并进的良好态势。

1. 电影制片业方兴未艾。根据国家广电总局《关于改进和完善电影剧本（梗概）备案、电影片审查工作的通知》要求，电影剧本（梗概）备案和电影片初审权限从2010年7月1日起下放到省级广电部门，这为重庆电影业加速发展提供了政策条件。2011年，全市新增电影制作企业12家，重庆电影集团完成登记注册。全年共审读《中国远征军》《柠檬花开》《一起去看天安门》等电影剧本（梗概）16部，初审《狂风》《太阳花儿开》《音乐江湖》等影片8部，其中《狂风》《猩猩乔巴》《太阳花儿开》三部获得公映许可证。

2011年，我市组织创作的《杨闇公》《我最好的朋友江竹筠》《太阳花儿开》等电影作品获得较好社会反响。电影《杨闇公》根据我党早期军事工作的优秀领导人、四川重庆地区早期中国共产党组织的主要创建者杨闇公生平事迹为基础创作，该剧从历史真实出发，生动鲜活地展现了杨闇公14岁至29岁短暂而光辉壮烈的人生经历，生动诠释了杨闇公"人生如马掌铁，磨灭方休"的

人生理想,热情讴歌了杨闇公坚守信念、宁死不屈的大无畏革命精神。该片在电影院线上映并在央视电影频道播出,受到广泛好评。电影《我最好的朋友江竹筠》以江竹筠的身前挚友何理立老人的回忆为视点,还原了江姐的原型江竹筠从年少懵懂到产生革命信仰、经历爱情、建立家庭的人生历程。该片即将在电影院线上映并在央视电影频道播出。《太阳花儿开》以"感动重庆"模范人物倪冬燕为原型,描写了八岁土家族姑娘春燕撑起一个家的感人故事,展现了奉行孝道的传统美德和自强不息的奋斗精神,彰显了土家姑娘的人性之美和黔江地区的人文之美。该片被认为是一部加强青少年思想道德教育的励志作品。

2. 电影发行业蓬勃迈进。2011 年,重庆市共有电影院线 13 条,除全国 10 强中的北京万达、中影星美、上海联合、中影南方新干线、广州金逸珠江、广东大地、四川太平洋等 7 条院线外,浙江横店、浙江星光、华夏经典、保利万和、九州中原、北京红鲤鱼等 6 条院线也在重庆创造了良好的票房收入(详见表 1)。本地的重庆保利万和院线 2011 年共有 53 家影院、228 块银幕、35833 个座位,票房收入 24190 万元,其中,保利万和院线在重庆境内有影院 36 家,票房收入 6806.37 万元。2011 年,重庆市共发行电影 283 部,其中国产影片 206 部。随着电影放映数字化进程的推进,重庆市城市院线影院数字机已达 85%,电影放映已实现全国同步公映新片的目标。

表 1　2011 年重庆市各院线票房排名

序号	院线名称	票房(元)	全市票房占比
1	中影南方新干线	151330362	37.74%
2	保利万和院线	68063670	16.97%
3	万达院线	48566568	12.11%
4	中影星美数字院线	35077235	8.75%
5	浙江横店院线	24280523	6.06%
6	浙江星光院线	16333506	4.07%
7	华夏经典院线	15439510	3.85%
8	广东大地院线	15006460	3.74%
9	上海电影联合院线	13927395	3.47%
10	金逸珠江院线	11295317	2.82%
11	四川太平洋院线	1565208	0.39%
12	北京九州中原数字电影院线	470272	0.12%
13	北京红鲤鱼数字院线	175835	0.04%

3.电影票房迅速飙升。2011年,全市新增影院18家,影院累计达74家;新增银幕113块,银幕累计达394块;新增数字厅126个,数字影厅累计达337个;新增座位12887个,影院座位累计达53030个。2011年,重庆继续实施电影专项资金对新建、改建影院补助政策,全年共补助资金1000余万元。电影专项资金管理工作连续三年获全国一等奖。2011年8月,全市城市数字影院建设现场交流会在丰都召开,市政府出台了《关于推进区县数字电影院建设的意见》,提出到2012年底实现全市所有区县建成至少一座"一大厅两小厅"数字影院的目标。2011年,重庆UME国际影城(江北店)票房达6398万元,位居全国单座影院票房收入第六位,仅比全国单座票房第一的北京耀莱成龙国际影城票房7632万元低1234万元。

截至2011年12月底,全市城市影院全年累计放映电影49.0万场次,观众1253.5万人次,票房收入40099万元,同比分别增加76.42%、40.84%、34.15%。全年城市电影票房收入位居全国第九位、西部第二位。全年电影票房收入突破1000万元的影院有13家(详见表2)。2011年,3D电影票房占全市总票房的30.22%;主城九区票房占全市总票房的90.3%;重庆人均电影消费比2010年增长了34%;电影平均票价下降了4.76%。2011年,重庆占全国电影总票房的3.1%。与广州、北京等地票房比较,我市电影消费仍有很大的上升空间。

表2 2011年全市票房收入达1000万元以上的影院

序号	影院名称	票房(万元)
1	UME重庆国际影城(江北)	6355
2	UME重庆国际影城(九龙坡)	4001
3	重庆UME国际影城(沙坪坝)	3314
4	重庆万达国际电影城(南坪店)	2487
5	重庆万达国际电影城(大融城店)	2369
6	卢米埃重庆金源影城	1633
7	环艺电影城	1568
8	华谊兄弟影院(重庆百联店)	1492
9	重庆中影电影城	1477
10	华谊兄弟重庆江北店	1288
11	重庆嘉裕国际影城	1173
12	重庆南岸横店电影城	1160
13	重庆煌华横店电影城	1106

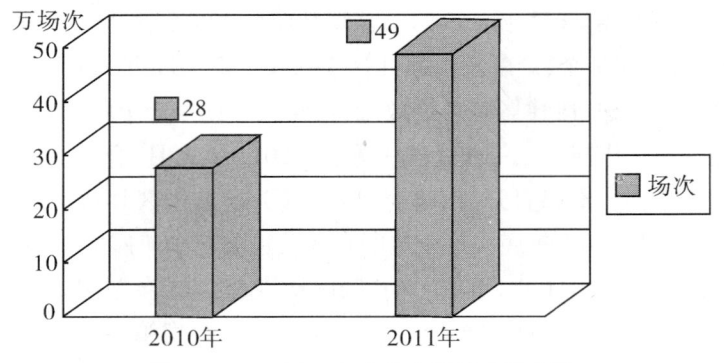

图1 2010—2011年全市电影放映场次图

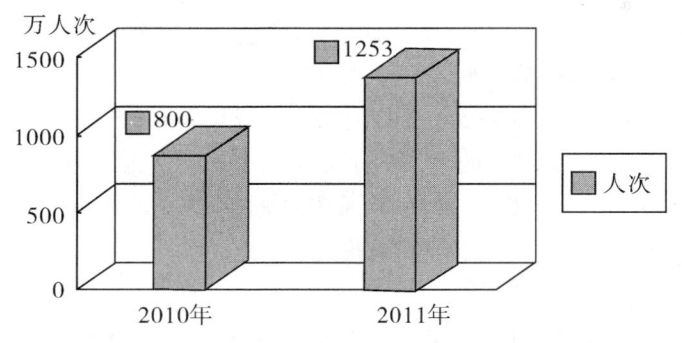

图2 2010—2011年全市电影观影人次图

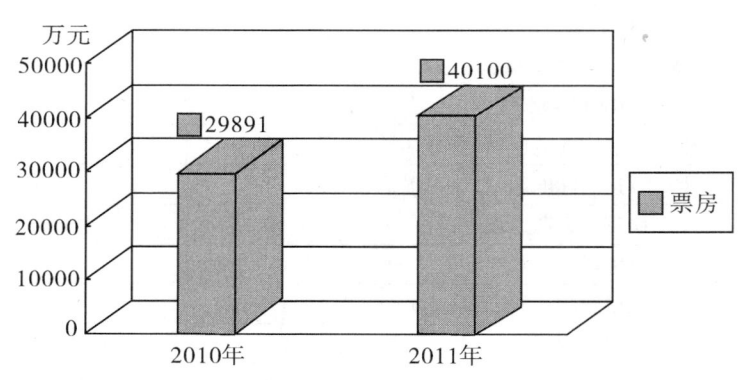

图3 2010—2011年全市电影票房收入图

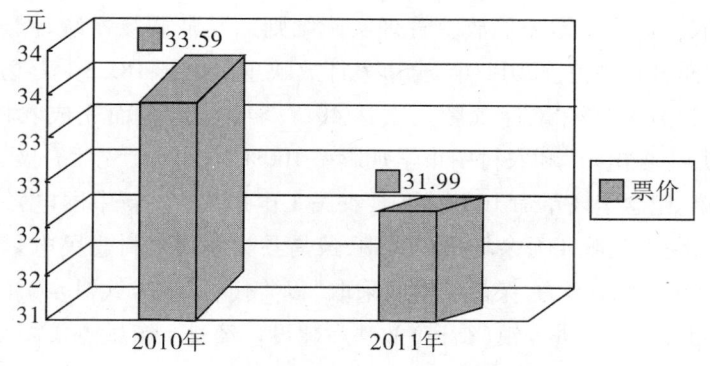

图 4 2010—2011 年全市电影平均票价图

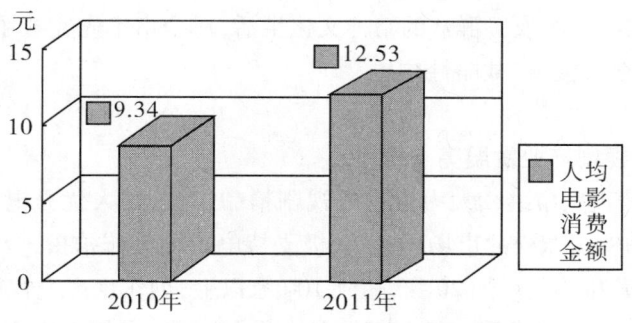

图 5 2010—2011 年全市人均电影消费金额图

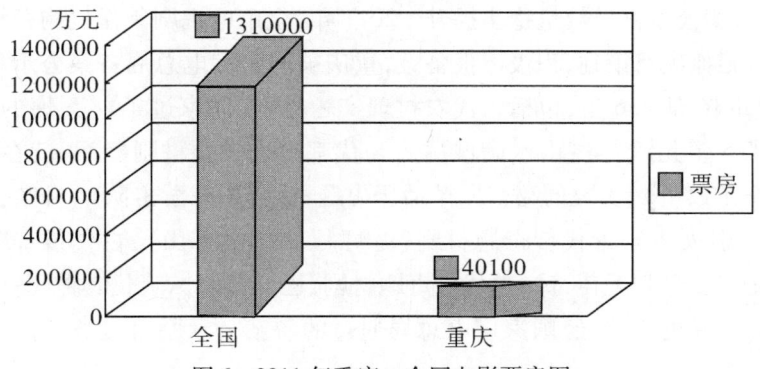

图 6 2011 年重庆—全国电影票房图

4. 农村惠民电影放映稳步推进。在城市电影发行放映快速发展的同时，重庆市继续狠抓农村惠民电影放映工程，切实满足广大农村和社区群众的基本文化需求，为城市电影院线发展培养了一大批忠实观众。2011 年出台了

《重庆市农村数字电影公益放映管理实施细则》,从放映场次统计、经费补贴等五个方面进行规范。2011年,全市累计放映惠民电影18.591万场次,完成年度任务的106.6%;累计观影人次达4922.5426万,全面完成农村行政村"一村一月一场电影"和农村中小学观影率100%的目标。先后开展了纪念建党90周年、纪念辛亥革命100周年、"农民工电影周"、"新中国电影选粹"等展映活动,免费放映4万余场次。其中,荣昌县为解决农村惠民电影"露天放映"问题,历经两年努力,荣昌县财政采取"以奖代补"的方式对乡镇(街道)给予经费补助,大力推进乡镇(街道)放映厅建设。经过乡镇试点推广,2011年,荣昌县19个乡镇(街道)电影放映厅全面竣工,定期免费向群众开放,成为乡镇(街道)宣传党的路线、方针、政策和传播先进文化、普及科技知识的重要平台,极大丰富了广大农民群众的精神文化生活,在全市率先完成了"农村数字电影厅建设全县覆盖"战略性构想。

(二)电视剧产业发展亮点纷呈

2011年,重庆市继续大力推进电视剧精品工程,加大优秀电视剧评选推介力度,努力营造宽松的市场环境,积极支持电视剧创作拍摄,全市广播电视节目制作经营机构新增加20家,达到100家以上,创作生产电视剧10部293集,实现了"十二五"发展时期的开门红。总的看来,全年重庆电视剧业的发展特点体现在以下五个方面:

1. 备案公示剧目数量稳步提升。2011年,全市电视剧制作机构积极性空前高涨,狠抓项目策划,积极申报备案,重庆被国家广电总局备案公示的国产电视剧共16部456集,包括当代农村现实题材剧《回家过年》《无悔的青春》《村里那点事儿》《半城山水满城橘》,当代都市现实题材剧《幸福就在原点》《房子车子票子》《丈夫的秘密》,革命历史题材剧《川东游击队》《母亲,母亲》《雾都》《盗火线》,近代传奇题材剧《海灯》《中国大矿山》,古代传奇题材剧《重庆记忆·九根毛传奇》;近代传奇题材剧《巴女英豪》,近代其他题材剧《天底良知》。总的来看,经国家广电总局通过的备案公示剧目集数较往年有较大的提高。

2. 生产发行剧目数量领先西部。2011年,全市有6个制作单位独立完成国产电视剧创作生产,投资金额达1.6亿元,创作生产电视剧10部293集,创作生产数量位居西部各省区市前列。其中重庆重视传媒有限公司制作《母爱无悔》27集、《年年有余》30集、《幻影》28集;重庆广播电视集团(总台)制作重大革命历史题材电视剧《中国1945·重庆风云》30集、《川东游击队》30集；重庆鼎盛影业公司制作《浪漫手牵手》16集、《幸福就在原点》25集；重庆润视影视传播有限公司制作《盗火线》39集；重庆银龙影视有限公司制作《不要离开我》36集；重庆大恒广告文化传播有限公司制作《黎明追剿》32集。

3. 荣获全国性大奖再创辉煌。2011年，重庆电视剧获得全国性大奖达到了13项。其中，电视剧《医者仁心》《解放大西南》荣获中国广播影视大奖第28届"飞天奖"长篇电视剧一等奖。我市两部电视剧同时获得中国电视剧领域最高奖项"飞天奖"一等奖，开创了我市先河。同时，《解放大西南》《周恩来在重庆》《中国1945·重庆风云》《江姐》《西圣地》《烈火红岩》等6部电视剧同时荣列庆祝中国共产党成立90周年优秀广播影视剧展映展播剧目，入选数量在全国各省市排名前列。

4. 重大题材剧目社会影响广泛。我市继2010年创作重大革命历史题材《解放大西南》后，2011年再接再厉，创作生产出30集重大革命历史题材电视剧《中国1945·重庆风云》。2011年全国仅发行重大题材电视剧13部392集，《中国1945·重庆风云》名列其中。该剧按照历史的进程，以翔实的史料真实客观地记录了1945年抗日战争即将胜利的新形势下，国共两党对中国前途和命运的历史选择。该剧紧紧围绕抗战胜利后是"和"还是"战"的问题，向观众呈现了中国共产党在面临复杂的国际国内形势面前，为建立一个光明、自由、民主的新中国而进行的艰苦卓绝的斗争，着力描写了各大民主党派积极支持中国共产党创建新中国的历史画卷。该剧云集了唐国强、刘劲、张国立、蒋勤勤、袁莉、张铁林、许还山、达式常等实力派演员，播出后受到社会各界高度评价。

5. 民营制作机构迅速崛起。在国家高度重视文化产业发展的大背景下，重庆民营影视制作机构呈现出快速增长势头。2011年，重庆市新批准设立广播电视节目制作经营机构18家，目前全市持《广播电视节目制作经营许可证》的机构达到119家，持《电视剧制作许可证（甲种）》的机构2家。在重庆影视制作机构中，民营企业达到了80多家，占了三分之二。重庆润视影视传播有限公司、重庆笛女阿瑞斯传媒有限公司、重庆鼎盛影业公司、重庆天影影视传媒发展有限公司、重庆大恒广告文化传播有限公司、重庆忠州陶红文化投资发展有限公司、重庆萌梓影视传媒有限公司、重庆千姿广告文化传媒有限公司等民营影视制作机构发展势头良好。其中，重庆润视影视传播有限公司先后拍摄了《记忆之城》《潮起两江》《医者仁心》《盗火线》等电视剧。近年来快速成长起来的重庆笛女阿瑞斯影视传媒有限公司,先后参与投资制作了《赵世炎》《双枪老太婆》《许茂和他的女儿们》《好大一棵树》《雾都》《母亲,母亲》等电视剧。民营影视制作机构通过市场运作,获取社会投资,其产量占据了重庆本土电视剧总产量的半壁江山,正日益成为重庆电视剧业可持续发展的重要支撑。

二、2012年重庆影视产业发展瞻望

2012年,将迎来党的十八大、重庆市第四次党代会和重庆直辖15周年,我市将继续抓好电影电视剧创作、电影发行放映、电视剧制作播出等各个环节,又好又快地推动影视业发展壮大。

(一)坚持"量质并举"推进重点剧目创作

深度挖掘三峡文化、巴渝文化、红岩文化、抗战文化等本土文化题材资源,不断加强现实主义题材,特别是农村题材、少儿题材影视剧创作。从抓精品剧本入手,策划启动重庆首届电影剧本(梗概)评奖工作,探索建立影视剧剧本创作基金,出台优秀影视剧播出奖励办法,创作更多的优秀原创影视剧剧本和影视剧作品。抓好《永远的雪山草地》《指间太阳》《安民为天》《远征军》《古路》等电影作品和《刘伯承元帅》《聂荣臻》《钓鱼城》《原乡》《我们不相信眼泪》《赡养》等电视剧的创作拍摄和播映工作。把提高电视剧的思想艺术质量放在突出位置,努力追求"重庆造"影视剧思想性、艺术性、观赏性的有机统一。加大对优秀影视剧的评论和推介力度,做好"五个一工程"、金鹰奖等全国性重要奖项申报工作,积极向放映播出机构推荐重庆的优秀作品,提高重庆优秀影视剧的影响力和辐射力。

(二)积极抓好城市影院建设

市委三届五次全会《决定》提出,到2012年区县(自治县)全面建成影剧院。2011年8月,全市区县城市数字影院建设现场会提出,到2012年底,各区县建成"一大厅两小厅"数字影院,全面实现区县数字影院覆盖工程,确保每个区县都能同步观看数字影片。同时,进一步提高城市电影放映厅数字化水平,通过电影专项资金对安装数字设备的影院进行补贴,力争将城市电影放

映数字化程度提高5个百分点，达到90%。预计到2012年底，全市城市数字影院将突破75家，银幕将突破400块，电影票房突破4.5亿元，增长速度在12%以上。

（三）继续推进农村惠民电影放映

继续实施农村惠民电影放映工程和农村中小学爱国主义教育片放映工程，确保行政村"一村一月一场电影"和农村中小学生每年观看6场电影，全年完成农村惠民电影放映18万场次以上。全部实现农村公益电影放映数字化。继续开展惠民电影进社区工作，增加社区和广场电影放映场次，开展"农民工电影放映月"活动。鼓励有条件的区县通过在乡镇修建电影放映厅、在村修建固定放映点等形式改善电影观看环境和条件，进一步提升公益电影观影率。

（四）努力搭建多渠道影视交流交易平台

充分发挥文艺家协会和社会影视机构的行业组织功能，为我市影视剧业发展提供沟通的桥梁和交流的平台，积极组织开展影视行业交流研讨，促进我市影视制作机构抱团发展，打破"多、散、乱"的影视制作生产格局。同时，加强制度建设，创造公平、公正、透明的交易市场环境，引导影视制作机构多渠道交易和融资，吸引全国和世界影视行业精英汇聚重庆交易影视作品。同时，加强市内影视机构同国内外知名影视机构、团体及人员之间的交流合作，吸纳市外的影视剧创作生产资金、人才"引进来"，推动重庆造影视剧"走出去"。

（五）为影视创作生产提供高效优质服务

借鉴沿海发达地区的成功经验，全面落实西部大开发、建设全国统筹城乡综合配套改革试验区、三峡库区后续扶持等优势政策，充分利用国家广电总局和重庆建立的部市合作良性机制，全面落实财政部、海关总署、国家税务总局《关于文化体制改革试点中支持文化产业发展若干税收政策问题的通知》和国务院《关于非公有资本进入文化产业的若干决定》，为影视制作机构提供更好的政策制度环境。认真贯彻落实全国影视创作工作会议精神，及时出台促进重庆影视剧发展的具体措施和优惠政策。对影视剧产业发展从财政支持、播出奖励等方面给予具体的优惠政策，充分发挥财政资金对影视业发展的引导作用。进一步加强影视业的行业服务，优化审批程序，缩短审查期限，建立完善快速的审查程序,实现服务和管理的有机结合。通过优质的服务保障和优惠的财政政策,培育重庆本地影视创作团队,吸纳国内外知名影视机构来重庆注册公司,或者来重庆创作拍摄。

(六)加强基地建设和人才培养

以重庆电影集团正式成立为契机,保护好磁器口、江津白沙、黔江濯水、合川涞滩、酉阳龙潭等巴渝古镇的重庆特色形象元素,积极打造两江影视城、武隆仙女山等极具重庆特色的组团式影视基地,引入高水平影视创作团队入驻两江影视城,带动影视制作与文化旅游产业发展。牢固树立"人才资源是第一资源"的观念,通过政策引导,吸引更多优秀人才向我市影视领域集聚,重视对青年人才的培养扶持,营造有利于中青年优秀人才健康成长、脱颖而出的良好环境。充分利用好重庆大学、西南大学、重庆师范大学、四川美术学院等多所高校的独特优势,加强影视专业人才的培训和储备,努力造就一批优秀编剧、导演、演员和经营管理人才,为推动重庆影视创作发展繁荣提供丰富的人才资源。充分调动广大电视工作者的积极性和主动性,主动提供各种服务,发挥他们的创造精神,引导扶持他们创作出更多更好的影视剧精品。

高端访谈:

樊 伟 中共重庆市委宣传部副部长

以内容创作为抓手
推进我市影视业跨体制、跨行业、跨区域合作

蓝皮书:党的十七大以来,重庆市围绕改革开放30周年、新中国成立60周年、中国共产党成立90周年和辛亥革命100周年等重大节点,积极开展影视剧创作,推出了一大批思想精深、艺术精湛、制作精良的影视作品,在全国产

生了较大反响。重庆抓影视创作的基本做法和主要经验有哪些？

樊　伟：实事求是地讲，重庆市近年来的影视剧创作确实有了长足的进步。我们按照"规划一批、实施一批、推出一批"的原则，陆续组织创作了60余部影视剧作品。其中，《周恩来在重庆》荣获中宣部第11届"五个一工程"优秀作品奖、第27届电视剧飞天奖优秀长篇电视剧一等奖，《国家行动》获中宣部第11届"五个一工程"优秀作品奖，《医者仁心》《解放大西南》荣获第28届电视剧飞天奖优秀长篇电视剧一等奖。这得益于以下四个方面：

（一）抓思想认识，增强文化自觉

影视剧是文化产品的重要内容，是反映时代追求和人民心声的精神视窗，是媒介传播力最强、社会影响面最大、群体关注度最高的强势文艺样式，是社会主义核心价值体系教育的重要载体。作为重庆的宣传思想文化工作者，对重庆丰厚的影视创作素材资源进行挖掘，并转化提升为影视作品，这是我们义不容辞的文化担当。与北京、上海、广东、四川等兄弟省市相比，重庆没有老牌的国有影视创作机构作为基础，但基于这份文化自觉，重庆市近年把影视剧作为推动文化产品创作生产的主攻方向，并且搞得风生水起，有声有色，成为享誉全国的一张文化名片。

（二）抓题材规划，发挥自身优势

近年来，我们积极发挥自身优势，狠抓影视剧的题材创意规划，在深入调研论证咨询的基础上，制定《重庆市影视创作总体规划和实施方案》，对每个影视剧项目的创作任务和创作进度进行分解细化，并落实到具体单位和部门，采取倒逼强推的办法推进影视创作，极大地增强了项目推进的执行力。我们主要抓了以下几类题材：首要的是重大革命历史题材。重庆是一座英雄之城。南方局、重庆谈判、刘邓主政大西南等等革命历史元素构成重庆历史的恢弘画卷。近年来，我们注重对革命历史资源的挖掘，《周恩来在重庆》、《解放大西南》、《中国1945·重庆风云》、《刘伯承》、《杨闇公》等影视剧应运而生。同时，我们还狠抓红岩文化题材、现实题材和历史题材，《江姐》、《烈火红岩》、《国家行动》、《医者仁心》、《我是花下肥泥巴》、《不如跳舞》、《潮起两江》等不同题材样式的影视作品接连涌现，铸就了重庆影视创作的一个又一个辉煌。

(三)抓创作机制,深化"一主三合"

在具体组织创作的实践中,我们摸索出了一套"一主三合"的创作机制,即:市委宣传部主导创作生产,同时统筹市内外资源,推进跨体制合作、跨行业合作、跨区域合作的模式。时任市委常委、宣传部部长何事忠同志亲自指导推动影视剧创作,多次组织召开专家座谈会、剧本讨论会和样片审看会。市委宣传部成立了重点文艺项目推进组,重点牵头组织影视作品创作,聘请有关专家学者,成立了重庆市影视创作指导委员会,对全市影视创作提供政策咨询和建议,建立健全影视精品创作论证立项机制。同时,我们加强资源要素的整合利用,深化合作共赢。一是跨体制合作。充分吸纳国有、民营资本参与文艺创作生产,合作推出影视作品达20余部,如影视剧《记忆之城》、《江姐》、《不如跳舞》、《好大一棵树》、《烈火红岩》等。二是跨行业合作。与医疗卫生系统、工业系统等合作,创作拍摄影视剧《医者仁心》、《潮起两江》、《钢魂》等影视作品。三是跨区域合作。如与八一电影制片厂联合拍摄电视剧《周恩来在重庆》,与长沙电视台联合拍摄电视剧《国家行动》,与北京国立常升影视文化传播有限公司合作拍摄电视剧《中国1945·重庆风云》,与潇湘电影集团、湖南铁色高原文化传播公司联合拍摄电影《我是花下肥泥巴》,与云、贵、川三省合作拍摄电视剧《解放大西南》等。

(四)抓保障扶持,引导创作生产

为扶持激励影视创作,重庆市先后出台《重庆市文艺精品建设工程实施意见》、《重庆市文学艺术奖评选办法》、《重庆市"五个一工程"奖评选办法》、《重庆市文艺精品项目立项评审管理办法》、《重庆市加强文艺精品创作生产的实施意见》、《重庆市文艺精品项目资金管理暂行办法》等相关文件,市财政每年投入专门经费,用于支持文艺精品创作生产,对国家级重要奖项获得者给予配套奖励,保证全市影视剧创作生产有章可循,优化影视创作生产环境。同时,根据影视项目创作的轻重缓急,对影视创作进行分层次管理和指导。第一类为市委宣传部主抓重点影视项目,每个项目由市委宣传部重点文艺项目推进组全程推进;第二类为市委宣传部指导,各文化主管部门牵头推进的项目;第三类为市委宣传部跟踪、协调项目,主要由各创作生产单位牵头实施,分层管理的办法切实提高了影视剧创作的针对性和规范性。

蓝皮书:重庆市近年来的影视剧创作,成效可圈可点,成绩可喜可贺。目前,重庆正认真贯彻落实党的十七届六中全会精神,积极建设文化强市,在这种背景之下,重庆的影视剧创作有哪些新的打算和思路?

樊　伟:今年既是贯彻落实党的十七届六中全会精神的重要一年,也是毛泽东同志《在延安文艺座谈会上的讲话》发表70周年,我们还将迎接党的十八大的召开。搞好今年的文艺创作,我们重任在肩。党的十七届六中全会提出,创作生产更多无愧于历史、无愧于时代、无愧于人民的优秀作品,是文化繁荣发展的重要标志。必须全面贯彻"二为"方向和"双百"方针、为人民提供更好更多的精神食粮,发挥文化引领风尚、教育人民、服务社会、推动发展的作用。下一步,我们将深入贯彻落实党的十七届六中全会精神,进一步推动影视精品创作,为党的十八大和市第四次党代会的胜利召开献礼。

一是继续围绕弘扬社会主义核心价值体系,精选创作题材。当前,影视剧已逐渐成为群众日常文化生活的"主餐",承担着以生动感性的艺术形象引领风尚、教育人民的积极作用。因此,必须高度重视发挥影视作品的社会功能,赋予影视作品应有的文化责任,找准正确的创作方向,把社会主义核心价值体系体现到影视剧创作生产传播的各个环节,以影视艺术的形式集中体现社会主义核心价值体系的深刻内涵,从而提升影视作品的精神厚度和文化品质。

二是围绕出精品、出人才、出效益,进一步整合市内创作资源要素。影视创作是一项资源资本高度集中的文化生产活动,必须整合资源,集中力量,重拳出击。要充分发挥好新成立的重庆电影集团的集聚功能,使其成为重庆影视创作"出精品、出人才、出效益"的核心阵地。市文联、市作协等有关部门和全市各区县也应充分发挥积极性、主动性和创造性,积极组织开展或投资影视剧创作生产,从而形成"党委统一领导、宣传部门牵头抓总、相关部门单位分工负责、全社会积极参与"的影视创作生产大格局。

三是加强交流沟通,与市外各种创作主体开展深度合作。打破地域、行业、体制等多种界限,在全国范围内吸纳创作力量,不仅有利于提升影视剧的创作水平,同时通过交流切磋,也有利于锻炼磨砺本市的创作队伍。近几年来,我们坚持"不求所有、但求所用"的原则,与全国不少知名影视制作机构进行了合作,取得了较好的共赢效果。下一步,我们将通过签订战略合作伙伴协议、共建影视基地、共同培育影视人才等多种形式,与国内外知名影视制作机构开展深度的双向合作,不断加快重庆影视创作"走出去"步伐。

四是坚持社会效益和经济效益两手抓,推动影视产业的发展。在社会主义市场经济条件下,影视剧既是传播思想观念、弘扬主流价值的文化产品,也是参与市场流通、实现经济价值的文化商品。下一步,我们将坚持"思想性、艺术性、观赏性"相统一,在坚持社会效益优先、不断提升影视剧精神含量的前提之下,充分发挥市场在文化资源配置中的积极作用,推动重庆影视制作的产业化发展,引导支持重庆影视剧走进市场参与竞争,获得经济收益,实现影视剧创作社会效益与经济效益的双丰收。

作者单位:
    严 兵   中共重庆市委宣传部
    刘 亮   中共重庆市委宣传部
    何洪元   重庆市文化广播电视局
    史绍平   重庆市文化广播电视局
    刘贵明   重庆市文化广播电视局

加强文化交流 推动市场主体建设
——2011年重庆演艺产业发展报告

陶宏宽 史绍平

2011年,是"十二五"的开局之年。重庆以国有演艺团体释放潜力、焕发活力,民营演艺快速崛起、实力大增,中外演艺扩大交流、相互促进为标志,重庆演艺行业乘着改革东风,在国家文化体制改革的大潮中栉风沐雨,破浪前行。

一、2011年演艺业情况

(一)全国演艺业发展观察

全国演艺业总体态势良好。据《2011中国文化统计手册》显示,2010年全国有艺术表演团体6864个,演出137万场次,艺术表演团体国内演出观众88456万人次,艺术表演团体收入342696万元,文化部门表演团体经费自给率31.9%。根据道略文化产业研究中心分析,2010年中国演出市场收入达到108亿元。其中,专业场馆演出将占据57.18亿元的份额,实景旅游演出贡献了12.4亿元,民营团体在非专业场所演出为25.2亿元,大型场馆演唱会等演出为13.2亿元。2011年,我国演出市场总量显著增长。北京、上海等一线城市增长幅度约为20%,北京市全年演出2.1万场,观众人次达到1000万人次以上,演出总收入超过14.05亿元。经济较发达地区的二、三线城市增长幅度更加明显,在30%左右。四川省前10个月演出市场的收入就达到了3.9亿元,安徽省举办的各类演出场次与2010年相比较增长了146%。

2011年,我国引进国外演出项目1056项,比2010年增加17%。未来中国演艺产业"走出去"将呈现四大趋势:一是现代科技的应用将成为演艺产业发展的新引擎;二是对外贸易模式趋于多样化,但合作运营仍为主要模式;三是资本运营将在海外营销渠道建设过程中发挥重要作用;四是跨界合作将成为演艺产业的重要发展趋势。

演出市场出现的新态势。一是演艺集聚区建设出现热潮。据不完全统计,目前全国在规划和建设的演艺集聚区近10个,如北京的天桥演艺区,上海的现代戏剧谷,天津的盘龙谷,江苏南京的杨公井演艺文化街区等,集聚效应迅速显现,演出市场规模快速扩大。二是演出市场与旅游、网络、动漫等领域跨界融合趋势日益明显。2011年9月,上海、浙江、北京、江苏等4个地区成为网络演出管理的试点地区,中国东方演艺集团、北京新浪互联信息服务有限公司等13家企业成为我国首批网络演出试点单位,促进网络与演出融合。三是许多农村地区的演出活动逐渐活跃。在河南、山东、浙江、广东的农村地区,民营剧团和业余剧团数量多、演出多、观众多。总体上是,历史悠久、经济发达的乡村,演艺生活较丰富,而其他地区则比较贫乏。从演艺类型上看,2011年也出现了一些新的演艺业态,除传统的歌舞、话剧、戏曲之外,魔术、音乐剧、合唱、音乐会等类型的具有较高艺术水准的演出趋于成熟。

针对演出市场发展过程中出现的节庆类演出监管、高票价、演出形态多元化等问题,文化部出台了《关于加强演出市场有关问题管理的通知》,制定了相应的管理措施,与营业性演出管理条例相衔接,使演出市场政策体系更加完善。同时,进一步简化审批程序,印发了《营业性演出审批规范》及《营业性演出审批相关文书格式(样本)》,加强演艺业属地监管责任。

(二)重庆发展情况

2011年,全市艺术表演团体坚持"贴近实际、贴近生活、贴近群众"原则,努力开拓国内外市场,积极组织各类演出活动,演出规模继续扩大,演出收入快速增长。2011年,重庆现有演出场馆47座、演出团体5479个(含民间演出团体);演出活动95370场次(含公益和民间演出),比上年增长12%;观众1596.9万人,增长11%;演出收入23129.6万元,比上年增长15%;增加值达31784.7万元,增长14.9%。

1. 艺术创作精品成绩显著

舞台艺术创作好戏连台。2011年,围绕重点题材新创排演舞剧《邹容》、歌剧《钓鱼城》、川剧《杨闇公》和《灰阑记》、京剧《张露萍》、话剧《大刺客》,并成功公演。深度打磨文化部资助2台剧目——话剧《三峡人家》、川剧《鸣凤》。围绕2011年举办的全国现代戏优秀剧目展演、第六届中国京剧艺术节、第五届全国歌剧优秀剧目展演、第九届全国舞蹈比赛、第十二届中国戏剧节、第二十五届全国戏剧梅花奖大赛(第三届中国戏剧奖·梅花表演奖)等全国艺术类大型赛事,对已公演的川剧《李亚仙》《鸣凤》《风雨女人路》、音乐剧《城市丛林》、话剧《河街茶馆》《乡村公园》、京剧《金锁记》、杂技剧《花木兰》等剧目,采取边演边改的形式,进一步提高其思想性、艺术性和观赏性。

文艺作品推展成绩斐然。一是全年共荣获国家级奖项12个。其中,荣获第十二届中国戏剧节奖项10个:京剧《金锁记》获得优秀剧目奖、优秀导演奖,主演程联群获得优秀表演奖;川剧《鸣凤》获得优秀剧目奖、优秀导演奖;舞剧《邹容》获得优秀剧目奖;话剧《河街茶馆》获得剧目奖,主演王弋获得优秀表演奖;川剧《灰阑记》获得剧目奖,主演吴熙获得优秀表演奖。荣获第九届全国舞蹈比赛奖项2个:舞蹈《川江》获得创作优秀奖;舞蹈《囍》获得表演优秀奖。二是3台剧目入选国家级展演活动,其中:话剧《三峡人家》入选2011年全国现代戏优秀展演剧目,是全国入选本次展演的4台话剧之一;话剧《大刺客》入选2011年全国小剧场优秀展演剧目,是西部12省区市唯一入选的展演剧目;京剧《张露萍》入选第六届中国京剧艺术节参评剧目。三是《大三峡·大移民——中国画创作工程》《"巴渝风"綦江农民版画创作项目》文化部"全国画院优秀创作研究奖励扶持计划"两个项目圆满完成,走在了全国各省市画院前列。

人才建设成果丰硕。市川剧院院长沈铁梅夺得第二十五届中国戏剧梅花大奖("三度梅"),成为川剧历史上的第一位,同时也是西部地区第一位梅花大奖("三度梅")得主;三峡川剧团团长谭继琼夺得第二十五届中国戏剧梅花奖("一度梅")。市京剧团有限责任公司程联群、重庆市话剧团有限责任公司王弋、市川剧院吴熙3人分别荣获第十二中国戏剧节优秀表演奖。王亚利等10人荣获"2011年重庆市舞台艺术之星",马骏等10人荣获"2011年重庆市舞台艺术新秀"。

2. 重庆大剧院演出成效显著

2011年,重庆大剧院票房突破7000万元,重大文化基础设施市场化运营模式日趋完善。重庆大剧院全年组织演出199场次,接待观众34.87万人次,总上座率73.6%,票房收入7007.43万元,助推重庆大剧院综合业绩连续两年居保利院线全国23家剧院中的前三名。其中爱尔兰史诗舞剧《欲望之舞》、中国煤矿文工团《声音的暖流——红色经典朗诵演唱会》《爱与和平——世界著名歌星诺雅与米娜音乐会》、大型音乐剧《三毛流浪记》等名剧受到广大市民热捧。尤其注重文化民生：商业演出售出40元低价票19155张，占总票房的9%；继续举办"打开艺术之门"高雅艺术普及活动，组织演出12场次，票价在20—100元之间，让更多普通市民和中小学生有机会走进重庆大剧院欣赏高雅艺术。重庆大剧院完全市场化运营模式得到广泛认可，对市内文化设施管理运营产生积极示范效应。

3. 文化交流不断扩大

2011年，重庆深化"走出去、请进来"战略，先后组织有杂技、民乐、川剧等经典艺术门类，完成出访20起345人次，来访69起872人次，其中商业演出44批297人次。到美国、澳大利亚、英国、加拿大参加了海外春节文化活动，成功举办"英国威尔士重庆文化周"和"泰国重庆文化周"。受文化部派遣，组团访演了波黑、捷克、新加坡、白俄罗斯，杂技童话剧《红舞鞋》赴美驻场演出1年。2011年，重庆第一个海外演出基地在美国布兰森挂牌。以重庆杂技为主的文化产品出口到了美、英、法等10多个国家，重庆杂技剧《花木兰》《红舞鞋》，民族音乐会《巴渝风》等剧目海内外上演800余场。

4. 演艺集团快速发展

2011年，重庆演艺集团紧紧围绕打造西部一流、全国领先的文化产业集团目标，实施"三大调整"，狠抓"三大市场"，实现"三大突破"，在体制上完成了市越剧团、市演出管理处两家单位整合并，组建了重庆演出有限责任公司，成立了杂技、曲艺、会展、舞美4家分公司，四家单位离退休人员全部划转艺员管理培训中心管理。通过资源整合承接了区县和社会单位的一系列大型商业演出活动，包括"中国森林旅游节"开幕式、"中国邮政贺卡开奖盛典"、渝北等区县庆祝建党90周年晚会等8台。在创作上实现重大突破，完成了芭蕾舞剧《追寻香格里拉》项目前期一度创作，对大型杂技剧《花木兰》进行了深度打造，创排了全新大型民族管弦乐《重庆狂想》并将献演2012年新年音乐会；应法国商要求，由《花木兰》全新改编成的《木兰传说》也已全部完成；启动了重庆国际马戏城首场驻场剧目《江山》及大型歌舞剧《竹枝九歌》的前期一度创作工作。全年演艺集团共演出1329场，其中商演1145场。全年收入突破1亿元，其中自主创收达7000余万元，两项数据相比2009年翻了三番。

5. 演艺与旅游完美结合

武隆县在推动文化与旅游融合发展上进行了有益探索，成功推出"印象·武隆"实景演出项目。项目规划占地300亩,分为服务区、剧场和即将建设的文化展示中心三大部分。由著名"印象铁三角"张艺谋出任艺术顾问,王潮歌、樊跃出任总导演,150多位特色演员现场真人献唱的大型实景演出。"印象·武隆"实景演出剧目充分结合喀斯特世界自然遗产资源和地方特色文化,以自然山水为舞台背景,以群众生产生活、民风民俗、历史人文和美丽传说为艺术素材,以濒临消失的"号子"为主要内容,让观众在演出中亲身体验自然遗产地壮美的自然景观和巴蜀大地独特的风土人情。演出的舞美设计除延续了"印象"品牌的一贯品质——瑰丽精巧、气势磅礴、如诗如画、山水之美与高科技多媒体交相辉映以外,还根据演出场地的特征,在崖壁上投射巨幅光影,铺陈出灿若星辰的时光之河,展现巴蜀地区恢弘壮阔的地理风貌和历史人文。独特的视角和艺术手段,与当地淳朴的风土人情配合,显得相得益彰,带给观众完美的视听享受和精神震撼。通过艺术再现"号子"这极富地方特色的劳动景象,来反思消失和传承,展现巴蜀人隐忍、坚韧、不辞辛苦、团结协作的品格,在险境中顽强求生又乐观豁达的意志。2011年10月国庆黄金周期间成功试演10场,售出门票27600张,平均上座率达100%,预计2012年4月中下旬全球公演。

6. 第十二届亚洲艺术节暨重庆"三艺节"影响广泛

2011年9月12日至11月7日,由文化部、中共重庆市委、重庆市人民政府主办,文化部外联局、中共重庆市委宣传部、重庆市文化广播电视局、重庆市文学艺术界联合会、中国艺术研究院、中国国家话剧院、中国对外文化集团公司承办的第十二届亚洲艺术节暨第三届中国重庆文化艺术节(简称"两节")在重庆成功举办。"两节"历时57天,37个国家和国际组织、490位中外要客嘉宾、120个中外文艺团队和机构、3300名中外职业艺员会聚重庆,向世界集中展示了"亚洲风情、中国风格、重庆风采"。中外经典剧目展演、"艺动亚洲·情聚重庆"广场歌舞巡演、港澳台演出周、亚洲经典影视歌曲明星演唱会等6项舞台展演活动相继举办。《爱我中华·放歌重庆——宋祖英演唱会》、《重庆声音·张迈演唱会》、舞剧《千手观音》、杂技芭蕾《天鹅湖》、香港话剧《盛势》、澳门《少年合唱音乐会》、台湾豫剧《美人尖》、日本松山芭蕾舞团《白毛女》、西班牙国家舞蹈团弗拉明戈舞剧《莎乐美》、加拿大男声组合《天籁男伶演唱会》、德国北莱茵洲青年弦乐团《经典弦乐音乐会》等66台111场国内外舞台剧(节)目轮番登台,精彩亮相。来自北京、上海、西藏等18个省、市、自治区和中央直属机关及部队的32台参演剧目,涵盖昆曲、京剧、川剧、豫剧、秦腔、越剧、黄梅戏、吉剧等 15 个戏曲剧种以及话剧、舞剧、音乐剧等戏剧形式,在重庆人民大礼堂、重庆大剧院、重庆人民大厦等场馆隆重演出 62 场。在"艺动亚洲·情聚重庆"东盟 10 国广场歌舞巡演中,东盟艺术家与重庆江北、九龙坡、渝中、长寿、合川、荣昌等 6 个区县观众激情互动,欢快拉歌,场面热烈。在亚洲影视经典歌曲明星演唱会上,四川、贵州、重庆等地观众汇聚重庆永川,享受中外经典影视音乐,领略美妙异域风情。

7. 其他重大活动助推演艺业繁荣发展

一是举办了庆祝中国共产党成立 90 周年庆典活动。二是举办了"渝州大舞台"城乡文化互动工程、重庆市庆祝建党 90 周年送演出进基层等重大文化活动,共组织专业文艺院团到基层演出 1000 余场,观众达 90 余万人次,极大地丰富了广大基层群众的文化生活。三是成功举办了 2011 年重庆市"舞台艺术之星"选拔比赛、重庆市第三届青少年国际标准舞锦标比赛、2011 第六届中国·重庆国际标准舞全国公开赛暨 CBDF 国际标准舞职业和业余积分赛等,发现了一批优秀青少年艺术表演人才。四是大型原创交响乐《长江》和民族管弦乐《巴渝风》全国巡演圆满成功,实现了社会效益与经济效益的双丰收。

二、演艺业存在的问题

(一)演出收益总量较小

2010 年,各省市专业表演团体作为演艺业的领跑者,通过 2011 年中国文化文物统计年鉴(2010 年统计数据),可见重庆演艺业仍处于低端水平。重庆与北京、上海、广东、四川的专业院团比较,重庆占 5 省市 30% 的院团资源,12.5% 的从业人员、7.6% 的原创首演剧目、30.8% 的演出场次、16.8% 的观众、9.9% 的财政投入和 7.8% 的演出收入。(详见表1)

表1 重庆与四大省市占比数

类别 省市	专业艺术表演团体(个)	从业人员(人)	原创首演剧目(个)	演出场次(万场)	观众(万人)	财政拨款(万元)	演出收入(万元)
北京	18	2355	10	0.68	429.6	35889.1	14829.2
上海	89	6766	60	1.98	1036.7	23123.3	20878.1
广东	397	13600	88	4.15	5608.9	27667.0	24807.6
四川	384	8302	73	5.06	3303.9	23894.7	19504.3
重庆	381	4423	19	5.28	2096.8	12132.2	6759.9
重庆占五省市比重	30%	12.5%	7.6%	30.8%	16.8%	9.9%	7.8%

2011年,重庆演出场次95370场(含公益和民间演出),首演剧目14个,接待观众1596.9万人次;演艺总收入23129.6万元,同比增长15%。重庆演艺从纵向比较有进步;但是横向与演艺业发达的上海、北京、广东和西部四川比较都有很大的差距。北京2011年演出总收入超过14.05亿元,是重庆演出收入的6倍以上;四川省前10个月演出市场的收入就达到了3.9亿元,是重庆的1.7倍以上;经济较发达地区的二、三线城市增长幅度更加明显,在30%左右。尽管2011年全国演艺业统计数据未公布,但从部分省市看重庆演出市场,重庆演艺业总体上仍处于量小、质弱阶段。

(二)演出精品与市场不对路

2011年重庆创作的京剧《金锁记》《张露萍》、川剧《鸣凤》《灰阑记》、话剧《河街茶馆》《三峡人家》《大刺客》、舞剧《邹容》、舞蹈《川江》《囍》等共荣获国家级奖项12个。然而,这些优秀作品中的相当一部分闲置浪费,未能发挥引导市场、培育观众的作用。一方面,剧团在积极争取政府支持的同时,眼睛向上,过多注重主管部门以及上级政府的偏好,过于注重创作、编排、演出适应当前形势的作品,把赶任务、赶节庆作为院团的主要业务,较少关注群众需求和市场行情,以至于出现"政府是投资主体,领导是基本观众,得奖是根本目的,仓库是最终归宿"的现象。另一方面,在"出人出戏"观念指导下,重创作轻演出,重生产轻消费,较少在产品营销、市场开拓方面下工夫,不是为演出而创作,而是为创作才演出。因此,尽管新创剧目日益增多,但思想性、艺术性、观赏性、市场性俱佳且真正为广大人民群众喜闻乐见的演艺作品不多。

(三) 演艺机制不活

从根本上解决重庆演艺产业面临的问题,真正走向演艺产业的大发展大繁荣,最重要的是如何正确处理政府扶持与市场运作的关系。市场不是万能的。其一,市场因消费者的无知,市场的变化而变得市场信息失灵。其二,市场的调控不能保证公平。市场的信息失灵和公平的缺失,则需要通过政府的介入来解决。当前,政府在支持演艺产业发展上,缺乏一个公平公正的政策框架、具体有效的促进机制和永续经营的生产秩序。由于演艺机制的不活,往往导致演艺市场失灵,致使停演事件和演出亏损时有发生。

(四) 消费活力不足

民众的消费观念直接影响着文艺演出市场的健康发展,有什么样的观众就有什么样的演出产品。从总体上看,重庆市民不像先进发达地区和西方国家公民那样把演艺当做日常习惯,但就是难得的演艺消费,大多数消费者也仅仅把演艺消费当做消遣娱乐,而较少考虑到其在潜移默化中提高生活境界的功能。主要有两方面的原因:一是收入水平制约。总体上看,重庆还是收入水平不高的地区,2011年城镇居民人均可支配收入为17532元,农村居民人均纯收入为5200元。然而,观看一场明星演唱会,最高票价达2880元,最低票价为80元。以重庆收入水平如此低的城市,最高票价却是香港最高票价的3倍以上。重庆演出票价虚高,票价与人们的收入不成正比,影响着消费市场的扩大。二是艺术素养偏好影响。艺术表演不同于物质商品,它的价值是需要购买者加以解读和认识的。民众的消费观念直接影响着文艺演出市场的健康发展。

三、展望2012年演艺市场

《2011年中国演艺产业投资报告》指出,就现阶段而言,两大类市场最具有投资价值,即旅游演出市场和话剧市场。另外,戏曲曲艺、儿童、音乐等新兴的市场也具备较大的发展潜力。其中,旅游演出是产业化程度最高的演出领域。话剧演出则是演出市场最为活跃的一分子。话剧创作频率高且话剧制作的工业化趋势已初步形成,产生了一批具有影响力的品牌企业,如北京戏逍堂、上海现代人剧社等。研究认为,中国演艺产业最具投资价值的企业类型有四种,即演出院线连锁型企业、演出跨界创新型企业、演出品牌塑造型企业和转企改制的演艺集团。院线制有利于品牌的建立从而提升企业价值,并通过集中采购,统一输出产品,最大程度地降低院线的运营成本。演出跨界创新型企业则可以有效进行资源整合,实现叠加效应,目前市场上可见的演艺衍生品都是跨界融合的产物。颇值一提的是目前国家正在大力推进的转企改制企业。转企改制的演艺集团拥有丰富的不可复制资产,如黄金地段的剧场、具有多年资质的演艺团体、演出硬件设备等,且都得到政府的大力度支持。

站在新时期,新的思考点上,从发展演艺产业实际出发,2012年重庆应抓好以下六方面工作,推动演艺产业持续、快速、健康发展。

(一)创作艺术精品

一是抓好一批新剧目排演。强力推进大型芭蕾舞剧《追寻香格里拉》、歌舞《竹枝九歌》、杂技剧《江山》、川剧《中国公主图兰朵》等剧目的创排工作。二是抓好一批一度剧本创作。积极推进歌剧《秦良玉》、川剧《日出》、话剧《月缺月圆》《煤·人》、京剧《叶挺》等剧目的剧本创作。三是抓好一批深度打磨剧目。坚持精益求精、精雕细琢的原则,扎实做好舞剧《邹容》、歌剧《钓鱼城》、川剧《灰阑记》《杨闇公》《鸣凤》《风雨女人路》、京剧《金锁记》《张露萍》、杂技剧《花木兰》、话剧《河街茶馆》《三峡人家》《大刺客》、音乐剧《城市丛林》等剧目的深度打磨工作,不断提高艺术水准,全力冲刺国家舞台艺术精品。

(二)打造演艺品牌

一是以扩大重庆文化影响力为着力点,积极参加全国性重大赛事活动。重点是组织优秀剧目积极申报国家舞台艺术精品工程资助剧目;积极争取歌剧《钓鱼城》代表重庆参加第四届全国少数民族文艺会演;积极组织我市优秀艺术作品参加全国各类重大赛事活动。二是以演艺集团为平台,依托现有资源,将重庆国际马戏城、山城曲艺场、马戏城商业娱乐、苏联大使馆武馆处等五处优势资源分别打造成为国际专业马戏、高档演艺、高档餐饮会所等特色产业。我市拟在2012年组建市芭蕾舞集团,打造一台与旅游相结合的原创大型芭蕾舞驻场剧目《追寻香格里拉》。三是积极助推"印象·武隆"山水实景演出。在成功试演基础上,全面上市公开演出。

(三)加强演出交流

一是以丰富群众文化生活为落脚点,全力开展好重大文化活动。继续实施好城乡文化互动工程,组织专业文艺院团送戏进基层;启动"高雅艺术进校园"活动,选取全市优秀剧(节)目到大专院校演出,丰富校园文化生活,构建优秀剧目演出平台;组团参加第十四届中国老年合唱节、第五届中国少儿合唱节、第十届西部"花儿"歌会等国家级赛事。二是扩大国内外演艺市场。借助2011年在美国布兰森建立演出基地经验,2012年在海外在建演出基地或固定演出点3—5个;大力发展演出业务,引进国内优秀剧目来渝演出,重点做好明星演唱会等重点商业项目;继续承办第三届重庆演出季等市级重大演出活动,努力将《巴渝风》、《重庆狂想》等剧目推向市场演出;大力开辟区县及社会单位业务,积极承接区县及社会单位各类文化节庆演出,推动演艺业向区县衍生,不断扩大演出市场。

(四)开发消费市场

在硬件设施上,积极抓好阵地建设。积极推进重庆国际马戏城建设,围绕重庆国际马戏城、国泰艺术中心配套服务功能抓好演出前期准备工作;发挥好山城曲艺场的演出功能,开展"周周演"和"小剧场"演出活动;完成苏联大使馆武馆处改造工程以及集团办公区景观、电力、燃气、水务等配套工程。在"软件"消费市场上,积极扩大消费市场。大量的研究表明,在市民目前收入水平下,票价适宜是影响演出市场的一个重要因素。然而,更重要的是艺术素养是影响需求度的关键因素。因此,培养对演艺产品的消费习惯,帮助公众获得对艺术的品位、提高公众对艺术的鉴赏力无疑更为重要。为此,今后培养和普及观众艺术素养将是扩大演艺消费的重点任务,艺术素养渐渐形成一种文化效应和文化风尚,就可能在一定程度上带动整个演出市场的兴盛与多元。

(五)搭建交流平台

演艺行业具有高度风险性,其稳定发展在很大程度上依赖于信息的传播。目前,演艺产业面临的一个突出问题就是信息分散、割裂,演艺资源整合度不高。根据双边市场理论,通过演艺公共服务平台,建立快速、畅通的文艺演出信息系统和信息发布渠道,使演艺资源供需双方可以在更大范围内接触到交易的潜在对象,能够避免重复投资和资源浪费,从而能够更有效和更低成本地达成交易，获得最大效益。政府具有强大的资源动员能力，应由政府率先引导建立演艺公共服务平台，为演艺资源供需双方提供免费或低费的平台服务。公共服务平台允许一定数量的中介服务机构介入，通过提供大量准确的产权评估、决策咨询、市场调研等专业服务，发挥盘活资源存量、规划增量、提供公共服务的作用。

（六）加强市场管理

建立以政府为主导，以企业为主体，以市场化运作为主要方式的重庆演出产品走进国际国内舞台的运行机制。加强文化行政管理部门与文化企业或演出协会之间共同探索开拓重庆以外市场的沟通及协作机制。应积极开发农村演出市场、大众化娱乐性演出市场等多场次、低价位的演出市场，建立结构合理的多层次农村演艺市场供给体系，繁荣农村演出市场。同时，针对当前存在问题比较突出的涉外演出虚假宣传、演艺明星假唱假演奏等现象，充分运用法律、经济和必要的行政手段进行引导和规范；切实打击以次充好、内容低俗、危害社会公德、宣扬淫秽色情等不良演艺行为。有针对性地培育专业性演出团体和消费群体，促进演出经营与消费的良性互动。

高端访谈：

温俊华　重庆市文化广播电视局副局长

创新发展　做大做强

蓝皮书：2011年，重庆演出市场迎来一个小高峰。上百场高雅艺术演出在重庆集中上演，其中包括刘德华、张学友、宋祖英等大牌明星聚集山城演出，这是否表明我市演艺业已走上健康繁荣发展的"快车道"？重庆演艺市场2012年的市场突破口在哪里？

温俊华：细数下来，重庆在2011年共举办了美国交响音乐会《铜管五重奏》、英国经典喜剧《无事生非》、西班牙舞剧《波莱罗》、匈牙利塔马斯·瓦萨里钢琴独奏音乐会、音乐剧《妈妈咪呀》等100余场,刘德华、宋祖英、张学友、孙悦、古巨基、容祖儿、蔡依林、张惠妹等大牌明星也相继到重庆举行个人演唱会。明星大腕纷至沓来,重庆本土的演出也是红红火火。2011年,仅重庆演艺集团共举行商业演出1145场,以重庆杂技为主的文化产品出口到了美、英、法等10多个国家;重庆杂技剧《花木兰》《红舞鞋》,民族音乐会《巴渝风》等剧目海内外上演800余场,全年收入突破1亿元。2011年的演出,无论是场次,还是规模,对重庆来说都是空前的。繁荣景象之下,却也掩盖着一些需要正视的问题。这些让人眼花缭乱的演唱会、音乐会,大部分演出票房惨淡,基本上是处于略微盈利现状,有的甚至亏损。据了解,一场明星演唱会,除了场租及明星的出场费用,演出商还需支付明星背后庞大团队来往交通费、住宿费,以及音响费用、宣传费用、销售中介费、税收等,还有赠票。这些都要通过票房盈利来收回。总之,围绕着演出行业,已经形成了一个密集的产业链,各个利益环节都有多方力量在博弈,产生了许多不合理成本,共同推高了票价。所以,目前我市的演艺行业还不能说已走上持续、健康的发展道路。

2012年,首先,重点是加强演出市场平台建设和监管,积极搭建统一的票务销售平台,规范票务宣传、销售等行为。其次就是加大演出消费市场的培育。文化消费的习惯是需要培养的,而赠票的不良风气却鼓励了大家"等票"的心理。由于赠票数量的增加,助推了以提高票价回收成本等非良性行为的产生。当前,我们就是要采取公益演出、舆论引导、向低收入群体发放"文化消费服务券"等举措,进行文化消费市场培育,把看演出消费当做时尚,引导演艺消费市场进入良性发展的"快车道"。

蓝皮书:常言道,"一年之计在于春",请问2012年重庆在演艺产业发展上有哪些重大举措?

温俊华:演艺业有其自身的特殊性,涉及剧目创作、演艺平台、演艺市场等方面。2012年,我市将从三个方面抓演艺业发展:

一是抓剧目创作。剧目创作是推动本土演艺发展的根本。2012年,我市将强力推进大型芭蕾舞剧《追寻香格里拉》、歌舞《竹枝九歌》、杂技剧《江山》、川剧《中国公主图兰朵》等剧目的创排工作。积极推进歌剧《秦良玉》,川剧《日出》,话剧《月缺月圆》、《煤·人》,京剧《叶挺》等剧目的一度剧本创作。坚持精益求精、精雕细琢的原则,扎实做好舞剧《邹容》,歌剧《钓鱼城》,川剧《灰阑记》《杨闇公》《鸣凤》《风雨女人路》,京剧《金锁记》《张露萍》,杂技剧《花木兰》,话剧《河街茶馆》《三峡人家》《大刺客》,音乐剧《城市丛林》等剧目的深度打磨工作,不断提高艺术水准,全力冲刺国家舞台艺术精品。

二是抓演艺品牌打造。一方面,我们将以演艺集团为平台,依托现有资源,将重庆国际马戏城、山城曲艺场、马戏城商业娱乐、原苏联大使馆武馆处等五处优势资源分别打造成为国际专业马戏、高档演艺、高档餐饮会所等特色产业。另一方面,重庆作为一座正在与国际化接轨的大都市,发展芭蕾舞艺术,打造文化品牌,对重庆文化和城市营销将产生深远的影响,我市拟在2012年组建市芭蕾舞集团,打造一台与旅游相结合的原创大型芭蕾舞驻场剧目《追寻香格里拉》。

三是推动演艺产品"走出去"。重庆演艺除了要在本地站稳脚跟外,重要的是走出国门,展示中华民族优秀文化的魅力。今年我们准备以美国布兰森海外演出基地为辐射,再建5个海外演出基地和演出点。继续承办第三届重庆演出季等重大演出活动,努力将《巴渝风》《重庆狂想》等剧目推向市场演出;大力开辟区县及社会单位业务,积极承接区县及社会单位各类文化节庆演出,推动演艺业向区县衍生,不断扩大演出市场。同时,大力引进国内外优秀剧目来渝演出,重点做好明星演唱会等重点商业项目。

蓝皮书:2011年,重庆演艺产业可谓亮点纷呈,请问2012年重庆在演艺产业发展上有哪些突出亮点?

温俊华:要说特别突出亮点,我认为主要有以下三个亮点:

一是"印象·武隆"将公演。由著名"印象铁三角"张艺谋出任艺术顾问,王潮歌、樊跃出任总导演,150多位特色演员现场真人献唱的"印象·武隆"实景演出剧目于2011年10月进行了成功试验,计划今年5月在全国公演,这是我市首部印象系列的演出节目。演出的舞美设计除延续了"印象"品牌的一贯品质——瑰丽精巧、气势磅礴、如诗如画、山水之美与高科技多媒体交相辉映以外,还根据演出场地的特征,在崖壁上投射巨幅光影,铺陈出灿若星辰的时光之河,展现巴蜀地区恢弘壮阔的地理风貌和历史人文。通过艺术再现"号子"这极富地方特色的劳动景象,来反思消失和传承,展现巴蜀人隐忍、坚韧、不辞辛苦、团结协作的品格,在险境中顽强求生又乐观豁达的意志。应该说"印象·武隆"演出项目的推出,会给重庆演艺和重庆的旅游带来惊喜。

二是将推出驻场演出剧目。重庆作为一座正在与国际化接轨的大都市,发展芭蕾艺术,打造文化品牌,对重庆文化和城市营销将产生深远的影响。我们拟借鉴百老汇音乐剧以及太阳马戏团的创作模式,打造一台与旅游相结合的原创大型芭蕾舞驻场剧目《追寻香格里拉》。目前该剧已进入排演二度创作阶段,计划在 2012 年 6 月 18 日前后推出。

三是关注龙文化演艺业。众所周知,铜梁龙堪称中国第一龙。先后编排的火龙情景剧《火树银花铜梁龙》和《神龙升天》,成功在中国首部龙文化歌舞剧《龙乡放歌》和《中华第一龙》大型歌舞晚会上上演。中央电视台"东方时空"、"焦点访谈"、"西部大开发《走进重庆》"、"综艺大观"、"风采"等栏目组,以及香港凤凰卫视、河北电视台、重庆电视台等多次到铜梁摄制火龙专题片。同时,先后还在马来西亚、新加坡、美国、法国、日本等国家演出,受到国内外观众的狂热迷恋,"中华第一龙"美誉从此远播四海、响彻五洲。我们已将铜梁龙演出公司命名为市级文化产业示范基地,拟重点打造龙文化演艺业,应该说铜梁龙演艺业有所突破。

蓝皮书: 在抓演出管理上,2012 年重庆有哪些新举措?

温俊华: 2012 年我市在抓演出市场规范管理上,总体上将坚持以政府为主导,以企业为主体,以市场化运作为主要方式的重庆演出产品走进国际国内舞台的运行机制。加强文化行政管理部门与文化企业或演出协会之间共同探索开拓重庆以外市场的沟通及协作机制。积极开发农村演出市场、大众化娱乐性演出市场等多场次、低价位的演出市场,建立结构合理的多层次农村演艺市场供给体系,繁荣农村演出市场。同时,针对当前存在问题比较突出的涉外演出虚假宣传、演艺明星假唱假演奏等现象,我市拟出台《关于加强演出行业企业诚信制度建设和管理工作的通知》,对演艺企业加强诚信体系建设,建立演出企业诚信档案和星级评选,切实打击以次充好、内容低俗、危害社会公德、宣扬淫秽色情等不良演艺行为。

作者单位:
    陶宏宽   重庆市文化广播电视局
    史绍平   重庆市文化广播电视局

创新产业发展模式　　打造西部强势品牌
——2011年重庆动漫产业发展报告

重庆市动漫协会课题组

2011年,是中国动漫产业继续做大做强的一年,同时也是中国动漫产业积极探索创新发展之路的一年。在政策扶持(政府)、产业成长(企业)及市场培育(消费者)的互动促进下,我国动漫产业已形成东部领跑、中西部崛起的竞争发展格局,动漫产业成长的区域性特征明显增强。在经历了粗放增长之后,各地区间的竞争也从单一的产品制作数量向产品质量、经济效益、产业结构优化、品牌经营等领域延展。

作为西部动漫产业发展的重镇,2011年重庆动漫产业除继续保持良好的增长态势外,更将优化产业结构、开拓多元盈利模式、发展衍生产业、提升品牌经营作为后续发展的着力点。在政府的大力扶持下,第三届西部动漫节成功举办,它不仅为重庆动漫产业赢得了全国声誉,更成为重庆展现城市文化形象的宣传窗口。

一、2011年国内动漫产业发展综述

针对欧美日韩动漫产品充斥国内市场、国内动漫产业低迷徘徊的状况,2006年4月25日,《关于推动我国动漫产业发展的若干意见》经国务院同意后,由国务院办公厅转发全国,从此拉开了我国动漫产业高速成长的序幕。经过"十一五"期间的艰苦努力,我国动漫产业发展迅猛,从规模和速度上都打下了坚实基础,实现了动漫大国的目标。作为"十二五"的开局年,2011年全国动漫产业更在"十一五"发展的基础上再接再厉,在产量增加、产值增长、市场运作、新媒体开发等方面都取得了新的突破;而党的十七届六中全会的召

开,更奠定了动漫产业未来发展的政策基调。

(一)动漫产业保持健康发展态势

2011年,我国动漫产业在"十一五"的基础上,继续保持了良好的发展态势,产业整体实力继续增强。经国家广电总局统计,2011年度,我国动画制作机构自主生产的动画片数量大幅提高,全国制作完成的国产电视动画片共435部261224分钟,比2010年增长18%,全国各地区动画片创作生产数量情况如表1所示。

表1　全国动画片创作生产数量情况

排序	省别	部数	分钟数	排序	省别	部数	分钟数
1	浙江	71	47545	11	湖南	6	5268
2	江苏	68	45913	12	上海	26	4303
3	广东	55	42164	13	天津	8	4100
4	辽宁	39	28367	14	重庆	7	3340
5	福建	46	26079	15	湖北	10	2758
6	北京	20	11168	16	江西	5	2730
7	央视*	13	9964	17	河北	6	2045
8	安徽	21	7729	18	内蒙古	3	1936
9	河南	10	6188	19	陕西	3	1856
10	黑龙江	9	5325	20	吉林	4	741

＊:中央电视台及所属机构。

2010年全国动漫产业产值达470.84亿元,比2009年增长了27.8%;2011年全国动漫产业产值预计将超过600亿元,其中动漫生产产值100亿元,动漫衍生市场产值500亿元,整体较2010年增长27%以上,继续保持了高速增长态势。同时,2010年经国家统计局批准,文化部首次对全国动漫产业规模展开了大规模专项调查,调查范围包括29个省区市,共1228家动漫企业填报了原始数据。经测算,各省动漫产值规模排名前10名的地区为:广东省168.67亿元、上海市50.90亿元、湖南省46.55亿元、北京市41.37亿元、湖北省37.85亿元、浙江省34.98亿元、江苏省19.58亿元、黑龙江省14.029亿元、吉林省13.19亿元、福建省9.01亿元。该数据显示,东部地区在动漫产业发展方面仍占据绝对优势,而中西部地区尚存在较大差距。

(二)动漫作品市场表现良好

2011年全国共生产电视动画片435部,备案动画电影超过50部,商业性影视动漫作品的市场价值日益彰显,成为动漫产业发展的亮点。动画电影除《喜羊羊与灰太狼》继续领跑国产动画电影票房之外,耗时三年制作、总投资1.2亿元的首部国产3D动画电影《兔侠传奇》也于2011年暑期档上映,首周票房高达1210万元,成为国产动画电影的新赢家;同时,国产动画大片《梦回金沙城》登上"2011纽约国际儿童电影节",动画电影《超蛙战士》、《魁拔》也均表示要制作第二部。在商业电视动画片方面,动画片《超蛙战士之星际家园》TV版第一季25集在金鹰卡通首播,百集国产三维动画片《少年阿凡提》第一季也已在电视台播出。在生产型企业与动漫创意企业合作方面,2011年的典型事件,则是石狮市小玩皮服装织造有限公司、泉州市功夫动漫设计有限公司与中央电视台联合制作了中国童装行业首部3D动画片《小玩皮》,这可以看做是动漫企业新商业模式的有益探索。总之,2011年国产商业影视动漫作品的市场表现不俗,且日益成为引领中国动漫产业发展的核心动力。

(三)新媒体助推动漫产业发展

2011年底我国3G用户数已达到1.5亿户,以手机和互联网为代表的新媒体正蓬勃兴起,新媒体动漫产品开发已经成为我国动漫产业发展的增长点和突破口。"十一五"期间,我国新媒体动漫产品从不到2万种增长到10万种以上,2011年更有望突破15万种。目前,各种类型的动漫视频网站正迅速崛起,百度旗下高清视频网站"奇艺"于2011年3月9日启动中国首家原创动漫视频发布平台;2011年9月23日,中国动漫创意产业交易网正式开通,为中国动漫产业提供专业细分服务。同时,网络游戏与动画片联动已成为新的营销模式,《赛尔号寻找凤凰神兽》、《摩尔庄园冰世纪》两部动画电影都是脱胎于儿童网站淘米网的网络游戏,电影与网络游戏的结合已成为国产动画影片制作的新趋势。

(四)动漫产业税收优惠政策陆续出台

为贯彻落实《国务院办公厅转发财政部等部门关于推动我国动漫产业发展若干意见的通知》(国办发〔2006〕32号)的精神,鼓励国内动漫企业自主创新发展,2011年,财政部、海关总署、国家税务总局在进口税收、增值税及营业税方面陆续出台了新的优惠政策。

文化部、财政部、海关总署、国家税务总局联合下发《关于印发〈动漫企业进口动漫开发生产用品免征进口税收的暂行规定〉的通知》(财关税〔2011〕27号),动漫企业在进口动漫开发生产用品时,将获得免征进口关税和进口环节增值税的优惠政策。这是文化产业领域首次获得减免进口税收的优惠政策,也使得税收优惠政策真正覆盖了动漫企业的主要税种。财政部、国家税务总局联合下发《关于扶持动漫产业发展增值税、营业税政策的通知》(财税〔2011〕119号),动漫企业销售其自主开发生产的动漫软件,按17%的税率征收增值税后,对其增值税实际税负超过3%的部分,实行即征即退政策;同时动漫软件出口免征增值税。对动漫企业为开发动漫产品提供的各种劳务,以及动漫企业在境内转让动漫版权交易收入(包括动漫品牌、形象或内容的授权及再授权),按3%税率征收营业税。上述税收优惠政策的出台,将惠及全国8000多家动漫企业。

二、2011年重庆动漫产业发展综述

2011年,在全国动漫产业竞争格局基本形成、市场竞争日益激烈的宏观背景下,重庆动漫产业立足原创动漫生产的比较优势,继续将优化产业结构、推进衍生产业发展、探索多元盈利模式、打造知名品牌形象作为产业发展的核心动力,在市委、市政府的大力支持下,不断尝试新的经营模式和业务类型,稳扎稳打。

(一)动漫生产主业发展情况

目前,重庆的动漫产业链已初步搭建完成,形成了以原创动漫生产为核心、以上下游产业为依托、以衍生产业为发展重点的整体产业布局,重庆动漫产业整体呈现出多元化和纵深化的发展态势。从2011年重庆动漫生产主业发展情况来看,随着产业结构的不断优化和完善,重庆动漫生产主业的规模正日益扩大,企业数量和从业人员数量不断增加,总体产值平稳增长。据不完全统计,2011年,重庆市共有动漫游戏类生产企业48家,整体产值超过4000万元,动漫生产主业发展态势良好。

1. 原创动画生产方面

2011年重庆动画生产总量继续领跑西部地区,动画产量共7部3340分钟(见表2),居全国第14位,西部地区第一位,继续保持了在西部地区的绝对优势地位。虽然制作总量较往年有所下降,但制作质量、艺术水平则不断提高,在国家广电总局2010年度少儿精品发展专项资金及国产动画发展专项资金项目评审中,由重庆视美动画艺术有限责任公司制作的《夏桥街》获得优秀国产动画片鼓励奖,同时,视美动画公司制作的《缇可》(春季篇)还获得了"2011中国西部国际动漫文化节"的"最喜爱动漫形象"、"最喜欢动漫歌曲"奖。

表2 2011年重庆动画生产情况

片名	集数	分钟	长度	制作机构
嘻哈游记(第四部)	25	10	250	重庆帝华广告传媒有限公司
乐乐熊之玩具王国(27—52)	26	22	572	重庆享弘数字影视有限公司
巴曼	20	10	200	重庆长美影视动画设计有限责任公司
珠珠不怕	52	12	624	重庆笛女阿瑞斯龙猫动画有限公司
东方少年之击斗战车(1—26)	26	22	572	重庆视美动画艺术有限责任公司
东方少年之击斗战车(27—52)	26	22	572	重庆视美动画艺术有限责任公司
缇可之夏季篇(1—25)	25	22	550	重庆视美动画艺术有限责任公司

2. 动漫出版方面

2011年,重庆动漫卡通图书出版成果喜人,共出版图书48种,其中新书品种29种,合作书9种,与2010年相比,码洋与销售收入增长了2倍,平均单品种印量超过1万册。在精品图书方面,天健卡通公司推出了《神精榜外传》《辗转红尘》《世界童话经典》等系列图书,《仓鼠乐园》等原创动漫图书,《酷奇科学大冒险》系列等引进版图书,并与著名魔术师傅琰东合作打造了国内第一本魔术绘本《魔术师东炎与镜之王国》及自传小说《我爸爸的爸爸的爸爸》。

值得一提的是,重庆天健卡通公司于2011年底推出奇幻史诗小说《冰与火之歌》系列,并利用 HBO 电视剧集《冰与火之歌》播出的契机,继续发挥公司书媒互动、跨媒体出版的经营优势,对该书第一卷的出版发行进行了全方位的营销推广,在网络媒体、全国各主要平面媒体、各大书城卖场、网络书店发布新书的书评、推介和出版消息,引起出版界和广大读者的广泛关注。此外还运用全新的营销模式在北京、上海、深圳三地进行了同步实况首发,在首发活动过程中还借助线上直播、微博等形式与广大读者进行了积极沟通,不仅使全书的第一卷迅速站稳市场,同时还为预计 2012 年上市的其他各卷火热造势。

3. 动漫产业基地建设方面

动漫产业基地,是实现动漫产业集聚效应和辐射效应的最佳载体,同时也是动漫企业推进衍生产业发展、寻求多元盈利模式的重要凭借,尤其在动漫产业发展的起步阶段,更需要通过产业基地的搭建来整合发展资源。根据国家广电总局的统计数据,2011 年度,国家动画产业基地自主制作完成国产动画片 276 部,190290 分钟,约占全国总产量的 72%,比 2010 年增长 10%,动漫产业基地已成为推动我国动漫产业发展的中流砥柱。

为进一步做大做强重庆动漫产业,发挥动漫产业基地的综合经济效应,从 2008 年开始,视美动画公司和天健卡通公司即开始筹划动漫产业园区的立项和落地工作。2011 年 5 月,视美动画公司所申报的"视美动画产业园"项目被重庆广播电视集团(总台)列为重庆市"十二五"十大文化产业申报项目,目前各项推进工作正有序展开。2011 年 11 月份,重庆出版集团与新加坡元大投资咨询有限公司正式签订"基地"项目,标志着重庆天健创意(动漫)产业基地的开发建设工作正式拉开了序幕。

(二)动漫衍生产业发展情况

动漫产业除自身具备持久的成长性而被誉为永远的朝阳产业之外,其与衍生产业相结合时,更能产生出强大的溢出效应和放大效应。2011 年,重庆动漫企业除在动漫生产主业上取得优异成绩外,更在衍生产业方面做足了文章。据不完全统计,2011 年全年,重庆动漫衍生产业创收已超过 1.2 亿元。

1. 商业动画合作方面

动漫企业与下游衍生产业之间的互动合作,目前最为成功的是"动漫 + 玩具"的合作模式,即通过动漫内容与形象提升玩具的品牌附加值,促进动漫玩具毛利率的显著提升与销量的大幅增加;并通过动漫玩具的盈利反哺动漫原创的发展,从而不断打造出深入人心的动漫形象,形成产业运营和动漫内容创作一体化、良性互动的发展模式。从2008年开始，重庆动漫企业即开始尝试这种商业合作模式，而2010年视美动画公司与国内知名玩具厂商常州天贝动漫玩具有限公司携手打造《弹珠传说》的大获成功，则成为重庆动漫企业探索衍生产业商业合作模式的典型案例。2011年，继《弹珠传说》之后，视美动画公司又推出《东方少年之击斗战车》和《梦月精灵》两部商业动画片，这两个项目在生产环节即已实现盈利，同时视美动画公司还将享有未来衍生产品市场开发所带来的附加收益。

2. 新媒体合作方面

作为文化内容产业，动漫产业与媒体产业密不可分，在信息网络时代，随着新媒体的不断涌现，动漫产品内容的传播渠道日益增加，将动漫产业与新媒体产业有机统一起来，这已成为动漫产业及相关衍生产业发展的新趋势和新方向。

近年来，形式各异的数字文化产业风起云涌，各移动运营商均在尝试搭建新的业务平台，创建新的商业合作模式，而随着全国3G用户的激增，手机动漫产业正成为商家关注的热点。所谓手机动漫，简言之，就是通过手机终端来实现动漫产品及衍生品的观看和娱乐功能，这是将内容生产商、网络运营商和消费者连为一体的新媒体产业模式。目前移动、联通、电信三大运营商都已开展相关增值业务，手机动漫产业方兴未艾。

自2009年开始，重庆动漫企业就开始与移动运营商进行合作，通过向运营商提供内容资源而获取分成收益。2011年，视美动画公司与重庆电信公司合作，开展了彩信动画的设计、制作、传播和推广等多项业务，目前已经取得较大进展，共制作动画彩信数百条，在电信手机用户中广泛传播。此外，视美动画公司还针对手机智能化、网络化的特点，正在积极策划、筹备手机动漫、手机游戏、平板游戏的研发方案，预计在2012年开始新产品的推广工作。

（三）政府扶持动漫产业发展情况

从2006年十部委《关于推动我国动漫产业发展的若干意见》的出台，到2011年中共中央十七届六中全会的召开，随着国家动漫产业扶持政策的陆续出台，重庆市各级政府在贯彻落实中央政策的同时，还根据重庆动漫产业发展的实际情况，最大限度地为我市动漫产业发展提供了相应的优惠扶持政策。

1. 政策资金方面

2006年起，重庆市政府及相关部门先后出台了《关于鼓励和扶持动漫游戏产业发展的实施办法》《重庆市产业发展专项资金管理办法》等政策文件，将动漫产业列为我市重点扶持的文化创意产业之一，每年安排专项资金用于重点支持原创动漫游戏作品的创作和生产，在政策资金上启动了重庆动漫产业发展的引擎。"十一五"期间，共有超过10家动漫企业、15个动漫产业项目获得了1169.6万元的直接财政补贴。2011年，重庆市文化产业发展专项资金资助的动漫产业项目有：视美产业园首期工程资助45万元，《可儿历险记》播出费用资助1.26万元，第三届中国西部动漫文化节资助100万元，合计146.26万元。

2. 微型企业扶持方面

微型企业扶持计划，一直是重庆实体产业发展的特色和亮点所在，而众多文化创意类、动漫游戏类微型企业的注册运营，更为我市动漫产业的发展注入了新的生机和活力。截至2011年12月25日，我市累计发展微企50955户。有专家指出，发展微企，尤其是文化创意类、动漫游戏类微型企业，不仅可以为年轻人提供就业岗位，为人生价值的实现提供舞台，更可以通过大量文化微型企业的发展，来激发我市文化产业的整体活力，同时，在微型企业的竞争与发展过程中，优秀人才和优秀企业必将大量涌现，这将成为未来我市文化产业发展的中坚力量。

3. 主办西部动漫节方面

2011年动漫节展馆面积达25000 m^2，超出2010年动漫节30%；中外参展企业达到315家，较2010年动漫节增长31%；上万种动漫及衍生产品参加展示，现场销售总额达5000万元，比2010年增长85.9%；意向性签约项目突破新高，合作签约项目涉及金额达到54亿元；优秀动画作品评选活动共收到60多家公司的150件原创动画作品，Cosplay_Top榜大赛共有300支团体队伍和200支双人组合参赛，高校动漫作品联赛收到来自全国80余所高校的1500部作品；中央及地方电视台等150余家媒体进行了专题报道，发布信息500多万条，创历史新高。历经三年培育，通过与国内外动漫企业和组织的合作与交流，西部动漫节为重庆动漫企业拓展全球视野、拓宽销售渠道提供了难得的交流平台和商贸平台，西部动漫节的资源整合价值日益显现。同时，西部动漫节也已成为重庆市政府努力发展动漫产业的品牌活动，不仅展现了重庆市政府打造长江上游文化中心的信心和决心，更成为重庆对外形象宣传的重要窗口。

三、2011年重庆动漫产业存在的主要问题

2011年重庆动漫产业在取得可喜成绩的同时，在发展中也遇到了种种难题，这些问题既具有重庆特色，同时也反映了全国动漫产业发展困境的普遍现象。

（一）人才匮乏仍困扰动漫产业发展

动漫产业所需要的人才是多元的，依据动漫产业链上中下游结构及业务特征，上游产业以创意人才为主，中游产业以制作人才为主，下游产业以营销人才为主，从我国动漫人才培养及储备的实际情况来看，在上中下游产业中，不仅高端创新类、综合类人才匮乏，即使能够胜任一般工作、具有较强操作经验和动手能力的技术制作人员和营销人员，也非常缺乏。在激烈的市场竞争环境中，人才已成为企业与企业之间、区域与区域之间资源争夺的核心。

重庆动漫教育资源丰富、教育培训实力雄厚，拥有四川美术学院、重庆大学、西南大学、四川外国语大学、重庆师范大学等一批专业院校，近年来，重庆动漫产业人才培养已逐步摸索出一条产学研相结合的发展之路。但同时也应看到，由于学校教育培养体系与企业需求之间存在错位，学生在学校所学未必能够为企业所用，而能够为企业所用的人才，往往又因地域收入差距而流失严重，整体而言，重庆动漫产业一直处于人才紧缺的状态之中。

（二）企业盈利模式仍过度依赖政府扶持

客观地说，在动漫产业发展之初，政府出台的按分钟和播映频道给予奖励的政策对产业快速完成产量积累带来了巨大的促进作用，同时也激发了动漫企业的生产热情。但在由量到质的转变过程中，政府扶持也逐渐变成了一把双刃剑，从全国情况来看，由于政府补贴是最为稳定的收益之一，部分动漫企业以低成本低质量的Flash方式制作动画片，在各地电视台播出后，通过政府补贴来获取收益。这种现象的出现，不仅对动漫产业的健康发展造成了负面影响，也让部分企业加重了对政府的依赖程度，这也是造成我国动漫产业整体市场化水平较低、产能增加但市场开发乏力的一个原因所在。

从重庆动漫产业发展情况来看，重庆市动漫企业主要集中在动画原创生

产与加工领域,而上游的形象设计、编剧策划企业与下游的销售渠道拓展及衍生产品开发企业的比重则相对较小,产业结构带有明显的"两头小,中间大"的特点。这种产业结构特点说明重庆动漫产业发展仍以生产为主,市场培育能力明显不足,市场化程度不高。同时,这种产业结构也决定了重庆动漫企业仍主要以"动漫销售+政府补贴"作为盈利模式,其对政府的依赖度仍非常高,企业自身市场拓展能力和造血能力仍显薄弱。

(三)衍生产业拓展仍存在诸多条件限制

对动漫企业而言,内容生产始终是产业链的核心环节,这也成为绝大多数动漫企业成长的起点。但生产型动漫企业如何向上下游产业延伸并涉足衍生产业的开发与经营,这一直是制约我国动漫企业做大做强的瓶颈所在。

从重庆动漫企业发展情况来看,几家规模较大的动漫生产企业均已初步搭建了完整的上下游产业链条,并都在积极寻找衍生产业的发展路径,如与玩具厂商合作商业动画片、与移动运营商合作动漫新媒体业务、直接参与玩具售卖、自主或联合开发动漫产业园,等等。但从产业拓展规模和经济效益来看,由于受到资金、人才和知识产权等问题的实际限制,市场发展局面仍难以真正打开,企业陷于逆水行舟的困顿之境。

四、2012年推动重庆动漫产业发展的思路与建议

(一)搭建多元融资平台,为企业探索多元盈利模式创造条件

如何做大做强重庆动漫产业,如何迅速搭建整体产业链条、探索多元盈利模式,这一直是重庆动漫企业思考的核心问题。

在资金、人才、知识产权三大瓶颈面前,企业首先面临的还是资金问题。由于重庆动漫企业体量较小,拓展衍生产业即意味着更多的投资和更大的市场风险,在缺乏政策扶持和政府引导资金的情况下,要想真正调整和改善盈利模式、推进多元产业发展模式,则存在较大困难。

在此客观情况下,建议由政府牵头,通过多元融资渠道创立动漫产业专项引导基金,专门用来扶持那些有市场培育前景的动漫企业,引导基金可以借助政府信用,通过版权质押、版权预售、信用贷款、信托担保、股权融资、融资租赁

等方式帮助企业解决上下游整合及衍生产业拓展中的资金缺口问题,使其逐步发展壮大起来。

(二)调整扶持战略,资源向市场和人才方向倾斜

为继续保持重庆动漫产业在西部地区的领先地位,继续推进动漫产业的良性发展,政府应在加大政策扶持力度的基础上,调整扶持战略,将扶持资源向市场和人才方向倾斜,以期在某个或某几个领域形成突破点,形成可与东部发达地区相媲美的比较优势。

可变生产补贴政策为市场补贴政策。从各地政府动漫产业扶持政策的特点来看,往往侧重于生产领域的补贴,即根据动漫企业的产量和播出电视台的档次来确定补贴的额度,这种补贴方式虽更具客观性和可操作性,但从鼓励动漫企业从生产领域向市场领域突破、从生产能力向市场运营能力转变的角度来看,政策效果则不够明显。因此,建议政府对扶持政策进行战略调整,未来的扶持资金将主要向市场方向倾斜,鼓励企业制作可盈利的商业动漫产品,同时以企业项目的盈利水平作为奖励标准,越能盈利的企业和项目,越有机会获得政府的奖励和资助;这样做,不仅有助于企业转变经营观念,更将有助于重庆骨干企业的崛起。同时,政府也可将部分扶持资金用于打击动漫盗版,以切实保护动漫企业的市场利益。

可变企业资助政策为人才资助政策。动漫产业发展的核心是人才,建议政府在大力推动微型企业扶持战略的同时,出台对动漫人才的发现、培养和奖励办法,比如,设立青年动漫人才发现计划,加强动漫青年才俊的发掘、培养和使用力度;举办各类大赛、设置市级动漫人才奖项,为动漫人才享受相关人才待遇提供政策依据;对优秀动漫企业家、优秀动漫人才予以个人所得税减免的政策优惠,等等。

(三)将西部动漫节打造成为西部动漫节展第一品牌

作为重庆动漫产业品牌营销和商贸拓展的一面旗帜,"西部动漫节"已成功举办三届,社会影响力日益显现,并作为重庆市四大节展品牌之一而被写入政府工作报告。建议市政府在参照国内外重要动漫节展经营理念和经营模式的基础上,继续全力打造西部动漫节,以进一步发挥其资源整合优势,做大做强重庆动漫产业。

建议增加政府投入,提升动漫节运营的专业化程度。建议政府加大对西

部动漫节的扶持力度,将西部动漫节纳入市政府文化创意扶持项目,将每年的扶持资金作为单列项目纳入年度财政预算。同时,建议批准成立西部动漫节组委会常设办公室,保证较为固定的工作及联系人员,同时聘请专业团队,在动漫节展的前期策划、主题定位、企业招商、活动策划、媒体宣传等方面进行细致打磨,不断提升动漫节运营的专业化程度,努力实现各项工作的制度化、有序化和高效化。

建议加大招商力度,不断增强动漫节的商贸价值。建议政府借鉴杭州中国国际动漫节的经营理念,以商贸活动为核心,不断增强西部动漫节的商贸价值。西部动漫节可借助重庆市政府招商平台,进一步扩大招商范围和招商力度,在不断吸引国内企业的同时,还可开展多元化境外招商活动,将重庆动漫产品推向海外市场。同时,还可通过细分项目洽谈会、拓展动漫节子会展的方式为参展企业提供更加多元的商务服务,真正将西部动漫节打造成为动漫企业的展示平台、交流平台、商贸平台、孵化平台、融资平台和发展平台。

建议创立常设机构,实现动漫节展功能的常态化运转。如何将西部动漫节的展示功能、商贸功能、交流功能和服务功能常态化,延伸西部动漫节的品牌价值,打造"永不落幕的动漫节",这将是未来西部动漫节品牌经营的重心所在。借鉴浙江、湖南等地的成功经验,可在"西部动漫节"下设立一常设机构(比如以重庆市动漫协会为载体),以此常设机构为运作平台,通过常设机构的日常活动(小型商贸洽谈会、项目路演、专家论坛、咨询服务、金融服务、人才推介等)来延续西部动漫节的各项服务功能,实现西部动漫节各项活动的常态化,从而最大限度地发挥西部动漫节的品牌价值。

高端访谈：

刘 兴 重庆视美动画艺术有限责任公司总经理
重庆市动漫协会秘书长

把握产业发展动态 在借鉴学习中不断进步

蓝皮书：2011年重庆动漫产业发展有哪些新的变化？

刘 兴：2011年对于重庆动漫产业而言，既是"十二五"的开局年，也是发展创新的转折年。从2011年重庆动漫产业发展的整体情况而言，内容生产结构不断优化、产业发展活力不断增强、品牌营销水平不断提升，构成了产业发展的新气象和新特征。

关于内容生产结构不断优化，2010年是重庆原创动画制作的高产年，以全年12部4805分钟位居全国第十，西部第一。2011年重庆原创动画产量有所下降，共7部3340分钟，位居全国第十四名，但仍保持了西部第一的排名。原创动画产量有所下降，主要是因为重庆动漫企业在内容生产结构上进行了调整，增加了合作开发的商业动画片的生产比例，通过生产结构调整来增加企业收入，减少亏损，以实现企业利润的最大化。以视美动画公司为例，公司在2011年调整了原创动画和商业合作动画片的生产比例，在继续推出原创动画片《缇可夏季篇》、《缇可讲故事》、《小岛食乐园》的同时，公司还推出了《东方少年之击斗战车》和《梦月精灵》两部合作开发的商业动画片，希望在《弹珠传奇》取得巨大商业成功之后，继续探索动漫产业的商业开发模式和多元盈利模式，并以此为契机，逐步将视美动画公司所搭建的整体产业链做大做强。

关于产业发展活力不断增强，重庆市政府在2011年出台的微型企业扶持计划，极大地调动了年轻创业者的积极性，作为永远的朝阳产业，动漫产业正成为微型企业扶持计划的最大受益行业之一。虽然企业体量过小一直是动漫产业发展壮大的瓶颈之一，但同时也必须看到，没有众多中小企业和微型企业的加入，动漫产业的发展活力也就无从体现，大型企业和龙头企业，正是在中小企业和微型企业的竞争机制和淘汰机制中诞生的。与东部发达地区相比，重庆动漫产业发展尚处于起步阶段，区域内动漫企业的体量也相对较小，中小企业和微型企业尚有较大的生存和发展空间，伴随微型企业扶持计划的出台，重庆动漫企业又多了一次再生长和发展壮大的机遇。

关于品牌营销水平不断提升,可以从宏观和微观两个层面来讨论,从宏观层面来看,则是由政府推动,成功举办了第三届西部动漫文化节,这是展示重庆动漫产业整体品牌形象的大盛会、大手笔,体现了政府对重庆动漫产业的支持力度。从微观层面来看,则是重庆的动漫企业正自觉地树立品牌经营意识和市场开拓意识,企业发展重心逐步从生产领域向市场领域过渡。"十一五"期间,重庆的动漫企业大多专注在生产领域,把原创动画的生产加工作为企业发展的重心,利用成本优势,靠政府补贴和代工来赚取利润。但近几年大家发现,随着人才流失的加剧和人力成本的上升,重庆原有的生产优势正在减弱,如不尽快树立市场观念、拓展上下游产业和衍生产业的发展,我们的生产能力也会很快萎缩。为此,从2008年开始,重庆的动漫企业就开始尝试衍生类业务的经营,逐步摸索"动漫+玩具"、舞台剧、新媒体等商业项目的开发和运营,这其中有成功也有教训。到了2011年,随着市场经验的积累,重庆的动漫企业已经从原来的被动接受市场经营模式变为主动探索市场经营模式,开始自觉地树立品牌经营意识。虽然2011年动画片的总产量不高,只有7部,但这7部动画片的艺术水平和整体质量却有较大提升,而且还在销售渠道拓展、合作模式创新等方面进行了有益的尝试。可以说,重庆动漫企业已经从产量意识逐步转变为质量意识、市场意识和品牌意识,这一转变在2011年表现得非常突出,应引起行业的普遍重视。

蓝皮书:2011年第三届西部动漫节对重庆动漫产业发展的意义何在?

刘　兴:第三届西部动漫节的成功举办,是2011年重庆动漫产业发展中的最大亮点,也成为了我市四大节展品牌之一。个人认为,西部动漫节为重庆动漫产业的发展提供了两个新的契机:第一,为重庆动漫产业优化产业结构、创新产业发展模式提供了新的资源整合平台和发展平台;第二,为重庆动漫产业树立了强势品牌形象,为重庆动漫企业参与全国竞争、实施"走出去"战略创造了更大的市场空间。

西部动漫节是集政府及全市人民之力而举办的动漫盛会,这是任何一家动漫企业都无法做到的。西部动漫节已经成为重庆动漫企业的展示平台、信息交流平台、产业发展动态捕捉平台、商贸平台,未来还将成为孵化平台和融资平台。在这个平台上,企业可以相互交流、相互学习、互通有无,更可以借助这个平台来整合资源,寻找企业发展壮大的资金和有利条件。

从纵向历史脉络来看,重庆动漫产业从无到有,在短短五年的时间里即跃居西部第一,在生产制作、人才培养、销售发行、衍生拓展等多个领域都进行了大胆尝试,其成长速度是非常惊人的。但从横向的区域比较来看,重庆与东部沿海地区的差距仍明显存在,如何树立重庆动漫品牌形象以参与全国动漫市场竞争,这一直是困扰重庆动漫企业的难题之一。第三届西部动漫节的成功举办,为重庆动漫产业树立了良好的品牌形象和口碑,彰显了重庆动漫产业的整体实力。可以说,西部动漫节已成为重庆动漫产业的金字招牌,借助西部动漫节的强势品牌,重庆动漫企业正可借力而动,努力探索"走出去"的策略和方法。

蓝皮书:动漫产业发展有哪些新趋势?

刘　兴:在信息技术时代,文化内容产业的发展,必须以传播渠道的创新为前提,只有更多的传播渠道的拓展,才会带来更多的内容生产的市场需求。从传统的电影、电视媒体,到网络媒体、手机媒体、户外 LED 媒体、航空铁路车船媒体、小区楼宇媒体,凡是能够播出视频的地方,都将成为内容产业进军的领地。因动漫产业的主要目标市场是青少年群体,所以针对青少年群体的媒体偏好,未来动漫产业应主要向手机动漫产业拓展。

所谓手机动漫,就是在手机终端上为用户提供动画和漫画等内容产品服务,它是内容生产商和移动运营商为手机用户提供的一种视频增值服务。截至 2011 年底,全国 3G 手机用户已超过 1.5 亿,这为手机视频业务的推广创造了良好的条件,移动、联通、电信三大运营商早在几年前就开始酝酿手机动漫产业的发展战略。以移动公司为例,2010 年 4 月,中国移动手机动漫中心正式入驻厦门软件园;2011 年 4 月 1 日,手机动漫在福建、广东、江苏、湖南、河南、内蒙古六省(区)正式启动试商用工作,这预示着中国移动公司手机动漫产业的运营平台已初步搭建。在手机动漫产业发展的大趋势下,重庆动漫企业早在 2009 年即开始与移动运营商合作,为其提供动漫内容。2011 年,视美动画公司也与重庆电信合作,开展了彩信动画的设计、制作、传播和推广等业务,目前已经取得较大进展,虽然该业务的整体体量较小,在公司收入结构中的比重也非常低,但作为未来产业发展的趋势,必须引起我们的高度关注。

蓝皮书:重庆市动漫协会对未来发展有哪些规划?

刘　兴:作为公益性社会团体,我市动漫协会介于政府与企业之间,是行业内外联系与沟通的桥梁和纽带。真正做好重庆市动漫协会,将协会的服务功能有效发挥出来,将会对重庆动漫产业的发展产生巨大的促进作用。

以杭州动漫协会为参照,杭州动漫协会主要承担五项工作职责:定期或不定期邀请动漫行业内的著名编剧,召开剧本研讨会,在内容产业的最上游把握商机;作为动漫企业的投融资服务平台,为各类动漫企业提供投融资、商务联络、项目路演、财务管理等多方面的咨询服务;组织动漫企业外出考察调研,定期或不定期撰写调研报告和行业发展报告,为动漫企业提供行业发展动态;组织各类技术论证会(技术论坛),为企业提供专项技术服务;代表政府或社会公益团体,向动漫企业提供专项扶持资金。

杭州动漫协会起步较早,且具有较强的区域特色,对于重庆市动漫协会而言,未来将主要借鉴杭州动漫协会在企业服务方面所发挥的作用,努力将重庆市动漫协会打造成为重庆动漫企业的交流平台、信息咨询平台和投融资服务平台。同时,我们还应考虑到,能否将重庆市动漫协会打造成为西部动漫节的常设机构,通过动漫协会的日常活动来延续西部动漫节的服务功能,以最大限度地利用好西部动漫节的品牌资源。

REPORT ON DEVELOPMENT OF
CHONGQING'S CULTURAL INDUSTRY (2012)

市场调研

开栏语

文化消费是文化产业发展的内生动力。一方面,满足基层群众文化消费需求,提供大量的文化产品和服务,必须大力发展文化产业;另一方面,发展文化产业,也需要相应规模和质量的文化消费支撑。正因为如此,党的十七届六中全会《决定》提出的加快发展文化产业、推动文化产业成为国民经济支柱性产业的四条重大举措之一,就是扩大文化消费。

在当前扩大内需的背景下,文化消费具有非常大的潜力,正在成为扩大内需的重要突破点。根据相关部门测算,2010年我国文化消费总量在1万亿元左右,到"十二五"末,这一数字将达到1.5万亿元;另外,根据国际经验,按我国2010年人均GDP 4000美元测算,文化消费总量应当在5万亿元左右!也就是说,理论上,文化消费的"蛋糕"可以做到5万亿这么大!

但是,这5万亿,对文化企业来讲,要想如愿以偿地切到自己盘子里,却并非易事。因为消费者的心思有点"像雾像雨又像风",不容易看清,而且时时在变化中,不那么好把握。

鉴于此,今年的市场调研,我们把关注的目光瞄准文化消费,聚焦市民的文化消费意愿,力求帮助大家摸清文化消费者的胃口,从而更好地迎接和拥抱5万亿的机遇与挑战。

3000多份问卷,20多次实地走访和座谈,得出近200组统计数据,让我们可以看清当前重庆文化消费的9大特征,直面4个急需关注的问题,并提出应对建议和办法。这份《重庆市民文化消费意愿调查报告》的出炉,从电影等文化消费产品,到文化设施场所等文化消费工具;从行为习惯、预期值等主观因素,到市民收入、产品质量和价格、时间等客观环境;从满意度、城乡居民差距间的个体差异,到主流趋势和下一步消费升级方向,构成了对重庆文化消费全面细致的解读,让我们真实地探摸到重庆文化消费的脉搏。

期待来年有更多这样的报告,这样可以让我们对于消费者的需求不再是"雾里看花",而是可以"清清楚楚看个明明白白",然后对症下药、有的放矢。既满足市民文化消费需求,又为扩大内需转变经济发展方式作出应有的贡献。

重庆市民文化消费意愿调查报告

王 东 容 琦 程晓宇 冉 庆

文化消费就是人们按照自己的意愿,选择文化产品和服务来满足自身的精神文化需求。党的十七届六中全会指出,要进一步扩大人民群众文化消费,提高基层文化消费水平,并由此提出了一系列重大举措。为了解当前重庆市民的文化消费情况和意愿,提升市民文化消费水平和层次,为做大做强文化产业提供有益借鉴,近期,我们在全市范围内开展了市民文化消费意愿专项调查。本次调查主要采取问卷调查方式,辅以实地走访和座谈会等形式,在全市范围内选取了3000位常住城乡居民进行随机抽样调查。通过对调查数据的统计分析,形成本调查报告。

一、当前重庆市民文化消费的基本特征

多年来,特别是直辖以来,市委、市政府高度重视文化产业发展,随着我市公共文化服务体系的日益完善,重庆市民的文化消费规模不断扩大,层次不断提升,相当部分居民群体的消费重心开始从衣食住行等物质生活方面向教育、科技、旅游及精神产品消费领域转移,对文化娱乐、广播影视、图书出版、体育健身、旅游休闲等精神产品表现出日益增长的消费意愿。本次调查显示,当前重庆市民文化消费有以下九个方面的基本特征:

(一)多数市民有进行文化消费的行为和习惯

随着市民经济条件的改善、教育水平的提高、闲暇时间的增多,市民追求自我文化表达、参与自主文化创造活动的愿望更加强烈,实现和维护自身文化

权益的意识更加高涨,文化消费的机会越来越多、频率越来越高。在"您有无机会经常进行文化消费"的调查中,73.2%的重庆市民表示经常进行文化消费,说明当前重庆市民的文化消费比较旺盛且富有潜力。对不同人群的进一步分析发现,机关/事业单位工作人员等学历知识较高人群、城镇居民、35岁以下的年轻市民的文化消费时间比例高于全市平均水平,是当前文化消费的主力。调查问及"您每周有多少业余时间进行文化消费"时,有49.4%的重庆市民表示每周有"5—12个小时"的业余时间进行文化消费,27%的人表示每周有"5个小时以下",12.4%的人表示每周有"12—24个小时",11.2%的人表示每周有"24个小时以上"(见图1),这表明重庆市民普遍存在文化消费的行为和习惯,扩大文化消费具有良好的民众基础。

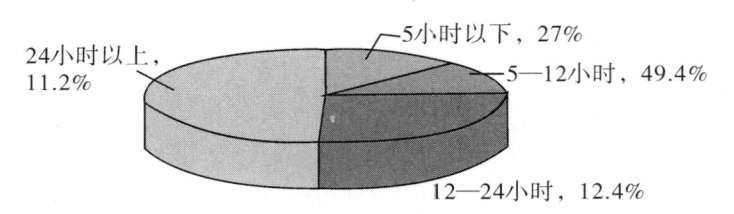

图1 我市市民企业文化消费时间构成图

(二)多数市民对现有文化消费状况比较满意

文化消费满意度是消费者对文化消费状况的主观评价,它与消费水平、消费质量以及消费期望等有直接关系,是衡量文化消费状况的一个重要指标。在"您对当前文化消费状况的满意程度"的调查中,46.8%的人表示"比较满意",20.3%表示"很满意",将两项合并,即当前市民对文化消费的总体满意度为67.1%。此外,有20.6%的人表示"不满意",12.3%的人表示"很不满意"。调查结果表明,当前我市文化消费市场在产品数量、服务质量、市场环境等各方面基本能满足市民的文化需求,市民总体上比较认可。

(三)看电视、听广播、上网等形式成市民文化消费主流

在"您最喜欢的文化休闲消费形式"的调查中,32%的市民选择"看电视、听广播",25.9%的市民选择"上网",以下依次是:看电影,为8.9%;观光旅游,为8.9%;阅读书报杂志,为8.5%;看文艺演出,为6.5%;参观博物馆、展览馆、艺术园区等,为3.5%;艺术品收藏,为3.3%;其他,为2.5%(见图2)。

调查数据表明,近六成重庆市民喜欢看电视、听广播和上网,这三种文化消费在大众日常文化生活中占据着主导地位。这一现象的存在一方面表明电视、广播、网络等大众传播渠道始终是当代最具有参与性、吸引力和影响力的主流文化消费形式,另一方面也与我国现阶段生产力仍不够发达,群众收入、教育水平仍处于中低水平,文化产业结构尚不完善、现阶段能够提供的多样化选择较为有限等直接相关。就"最喜欢上网"一项对不同人群的进一步分析发现,35岁以下人群、大专及以上人群,学生人群、中等收入人群等当前和今后的"社会主流人群"的占比分别为34.9%、31%、30.3%、29%,均高于社会平均水平,表明上网已成为当前社会文化消费的主渠道,也是今后文化产品竞争的主战场。

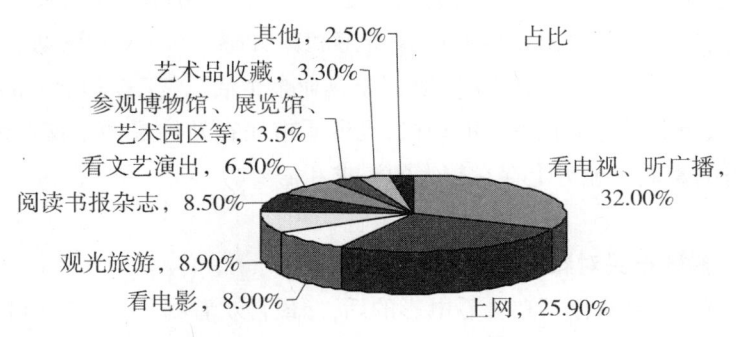

占比

- 其他,2.50%
- 艺术品收藏,3.30%
- 参观博物馆、展览馆、艺术园区等,3.5%
- 看文艺演出,6.50%
- 阅读书报杂志,8.50%
- 观光旅游,8.90%
- 看电影,8.90%
- 看电视、听广播,32.00%
- 上网,25.90%

图2 我市市民最喜欢的文化消费形式构成图

(四)娱乐休闲、教育培训、体育健身、观光旅游等成为市民文化消费升级的主要方向

随着市民经济条件的不断改善和生活水平的不断提升,文化消费必然出现转型升级。本次调查显示,在看电视、上网、读书报等传统文化消费形式之外,29.5%的受访者表示愿意进行"娱乐休闲"消费,18.3%的人选择"教育培训",17.1%的人选择"体育健身",15.9%的人选择"观光旅游",13.9%的人选择"文化用品",5.3%的人选择"艺术消费"(见图3)。调查数据表明,未来人们愿意在娱乐休闲、教育培训、体育健身、观光旅游等方面花费更多的时间和金钱,这也为我市加快调整经济产业结构,大力发展与文化产业有关的现代服务业指明了方向,提供了契机。

占比

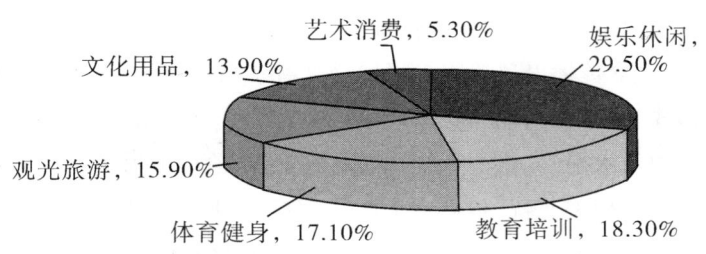

艺术消费，5.30%
文化用品，13.90%
娱乐休闲，29.50%
观光旅游，15.90%
体育健身，17.10%
教育培训，18.30%

图3 我市市民接受度最高的文化消费项目构成图

（五）多数市民参与文化消费是为丰富生活、提升能力

在"您进行文化消费的主要动机"的调查中,54.8%的受访者表示是为了"丰富业余生活",28.5%的受访者表示是"工作和学习的现实需要",10.6%的受访者表示是为了"出于内心的好奇感和新鲜感",6.1%的受访者表示是"跟随社会的大流"。调查结果表明,"丰富业余生活"、"工作和学习的现实需要"是多数市民进行文化消费的动机,也说明市民在精神层面丰富业余生活、提升自身的素质和能力上存在较大的渴求和需要。

（六）多数市民对看电影的消费热情较高

在回答"如果自己买票去看电影的话,您最喜欢看哪一类电影(可多选)"的问题时,47.4%的市民选择"港台电影",列第一位;36.8%的市民选择"国外大片",32.5%的市民选择"国产电影"(备注:大陆制作的电影),还有5.9%的市民选择"其他"。调查显示,港台电影、国外大片、国产电影在广大受众中的影响力基本呈三足鼎立之势。深入分析发现,52.3%的农村居民、47.4%的大专以下文化程度的市民、40%的35岁以上的市民最喜欢看国产电影,这表明多数国产电影以其较低的消费价格赢得了市场,赢得了这部分人群的喜爱。同时,我市开展的"送电影下乡"等活动也切实提升了国产电影在广大基层观众中的影响力和喜爱度。当然,国产电影也需进一步提高质量,吸引更多高学历、高收入、城镇居民的关注。

（七）市民在阅读方面更倾向于文学休闲类图书

在回答"如果自己掏钱买书的话,您最想买哪一类的书籍(可多选)"时,31.9%的市民选择生活类图书,27%的市民选择小说类图书,20.5%的市民选择文学类图书,14.7%的市民选择少儿类图书,11.8%的市民选择管理类图书,10.5%的市民选择教辅类图书,10%的市民选择传记类图书,8.8%的市民选择经济类图书,6.5%的市民选择农科类图书,6%的市民选择艺术类图书,5.1%的市民选择其他(见图4)。数据表明,58.9的市民倾向于生活、小说等文学休闲类图书,对其他类图书的选择则呈现出散点分布的趋势。调查发现,不同人群对不同类别图书也有着各自喜好,体现出一定区域特征、职业特点和收入程度。农村居民、大专以上文化程度居民、月收入1500元以下居民对农技类图书购买意愿分别为34.9%、16.3%、10.3%,对教辅类图书购买意愿分别为13.3%、26.8%、20%,表明这部分人群对通过文化消费实现技能提升、收入增加、教育子女有着强劲动力;而城镇居民、大专及以上文化程度居民、月收入较高人群,则对经济、管理类图书的购买意愿较高。

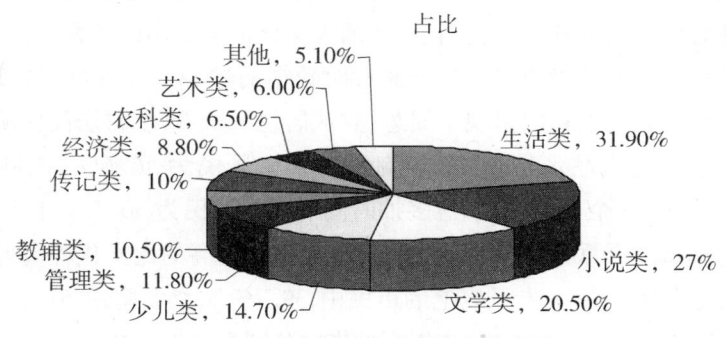

占比

其他,5.10%
艺术类,6.00%
农科类,6.50%
经济类,8.80%
传记类,10%
教辅类,10.50%
管理类,11.80%
少儿类,14.70%
文学类,20.50%
小说类,27%
生活类,31.90%

图4 我市市民书籍消费意向构成图

(八)多数市民愿意在演唱会、音乐会等文艺演出上花钱

在回答"如果自己掏钱看演出的话,您最想去看哪种演出(可多选)"时,45.2%的市民选择演唱会,排第一位;21.2%的市民选择音乐会,19.6%的市民选择小品,15.5%的市民选择魔术杂技,8.4%的市民选择歌剧话剧,8.2%的市民选择舞蹈剧,7.6%的市民选择戏曲,7.3%的市民选择其他。这表明,演唱会由于典型的"明星"效应、比较大众的演出方式,得到了多数市民的欢迎;音乐会以其艺术水准较高,也得到了较多市民的喜爱。演唱会在月收入较高群体、35岁以下群体、学生、自由职业者中的消费意愿达到了89.1%、66.1%、59.8%、52.8%;同时,音乐会也深受城镇居民、文化程度较高群体、35岁及以上年龄群体、自由职业者、企业员工、机关/事业工作人员、月收入较高群体的喜爱。从居住区域看,城镇居民最愿意为演唱会、音乐会、小品、魔术杂技演出"埋单",分别为48.7%、26.2%、15%、13.6%;农村居民最愿意为小品、演唱会、魔术杂技、戏曲演出"埋单",分别为37.3%、31.2%、29.4%、10%。

(九)多数市民未来有增加文化消费支出的愿望

本次调查中,问及今后和未来文化消费的支出,大多数市民表示愿意多掏钱多抽时间进行文化消费。在"今后你是否愿意多掏钱来进行文化产品消费"的调查中,42.9%的市民表示"会多掏钱进行文化消费",18.3%的市民表示不会,还有38.8%的市民表示"看情况再说"。在"今后您是否愿意多抽出时间来进行文化产品消费"的调查中,50.6%的市民表示"会多抽时间进行文化消费",14.8%的市民表示不会,还有34.6%的市民表示"看情况再说"。调查显示,近一半市民表示会多掏钱、多抽时间进行文化产品消费,仅有18.3%的市民表示不会多掏钱、14.8%的市民表示不会多抽时间进行文化产品消费。这表明随着经济发展和收入提高,市民加大文化消费支出的意愿十分强烈,全市文化消费市场的前景值得看好。通过对数据的进一步统计分析发现,不同人群对未来文化消费支出呈现不同意愿:从居住区域看,农村居民比城镇居民更愿意进行文化产品消费,愿意多掏钱的农村居民为46.6%,比城镇居民(35.7%)多10.9个百分点;愿意多抽时间的农村居民为50.1%,比城镇居民(47.8%)多2.3个百分点;从文化程度看,文化程度高的比文化程度低的更愿意进行文化产品消费,大专及以上的市民中,39.7%愿意多掏钱、51.3%愿意多抽时间进行文化产品消费,比大专以下的市民分别高6.7和10个百分点。

二、重庆市民文化消费中值得关注的问题

当前,我国正处在工业化和城市化中期,随着经济发展和收入的快速增长,文化需求也处于快速增长时期。但是与目前消费的总体水平和人均GDP相比较,我国目前文化消费总量和占比都处于较低水平。本次调查发现,作为我国西部地区唯一直辖市的重庆市,市民文化消费中也存在着一些值得关注的问题,主要表现在以下4个方面。

(一)大多数市民文化消费支出预期值不高

市民的文化消费支出预期既从一定程度上反映了市民的文化消费水平,也

反映了市民的文化消费购买力。调查结果显示,大多数受访者对文化消费的预期支出普遍不高。在回答"一部您想看的电影,在票价不高于多少时,您会接受买票去电影院看"时,78.5%的市民选择不高于30元的电影,其中49.5%的市民选择不高于20元,29%的市民选择不高于30元;还有16.9%的市民选择不高于50元,4.6%的市民选择不高于80元。在回答"一本您很想看的书,在定价不高于多少时,您会接受去书店购买?"时,74.7%的市民选择不高于30元的书,其中35.6%的市民选择不高于20元,39.1%的市民选择不高于30元;还有18.3%的市民选择50元,7%的市民选择80元。在回答"一场您很想看的演出,在票价不高于多少时,您会接受买票去剧院(场)观看?"时,46%的市民选择不高于20元,32%的市民选择不高于50元,17.1%的市民选择不高于100元,4.9%的市民选择100元以上。调查数据充分表明,选择中等及偏下价格水平的市民占大多数,这主要还是受我市城乡居民总体收入水平不够高、当前包括文化产品在内的物价水平整体涨幅较大等因素的限制和影响,同时也有"物质消费排首位,文化消费可多可少"观念、网上文化产品折扣较大等因素的影响。

(二)文化设施和场所不够便捷成为影响和阻碍部分市民文化消费的重要因素

文化设施和场所是市民文化消费的基本条件,它的便捷性直接影响着市民的文化消费意愿。本次调查发现,当前我市部分地区文化设施和场所不够便捷,成为影响和阻碍部分市民文化消费的重要因素。在"当前影响和阻碍您进行文化产品消费的主要因素是"的问题调查中,32.5%的受访者选择"文化设施和场所不够便捷",27.7%的受访者选择"生活压力大,文化消费过于昂贵",26.9%的受访者选择"工作或学习任务重,没有过多的空余时间",3.7%的受访者选择"确实对文化消费没有兴趣",9.2%的受访者选择"其他"(见图5)。由此可见,进一步加强文化设施和场所建设,仍是我们发展文化事业和文化产业的重点之一。同时,还可以考虑通过加大财政补贴、减免税收等方式降低文化产品价格,让群众消费得起。

占比

- 其他，9.20%
- 生活压力大，文化消费过于昂贵，27.70%
- 确实对文化消费没什么兴趣，3.70%
- 文化设施和场所不够便捷，32.50%
- 工作或学习任务重，没有过多的空余时间，26.90%

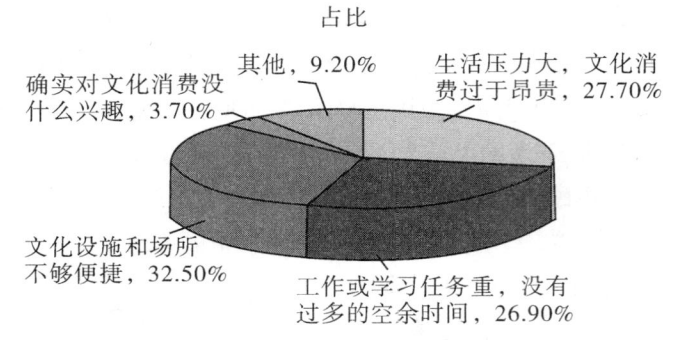

图5 影响市民进行文化产品消费的主要因素

（三）城乡居民之间文化消费差距比较突出，低收入人群文化消费的时间较少

改革开放以来，特别是近几年来，随着重庆城市化进程的加速推进和城乡统筹步伐的加快，我市农村居民的消费水平和消费结构发生了巨大变化，农村居民的消费正在由温饱型的农产品消费向小康型的工业品消费阶段过渡，他们的文化消费意识逐渐增强，文化消费的规模也在渐次扩大。但本次调查发现，在市民文化消费时间上，我市城乡居民之间文化消费时间差距较为突出。在"您平时是否有时间来进行文化消费"的问题调查中，回答"有"的城镇居民比例达73.3%，回答"有"的农村居民比例仅为49.7%；相应回答"没有"的城镇居民比例为26.7%，回答"没有"的农村居民比例则为50.3%。由此可见，城乡居民之间在文化消费上存在较大差距。通过对调查数据的进一步统计分析我们还发现，低收入群体（月收入1500元以下）的文化消费时间也比较少。在上述同一项问题的调查中，回答"有时间进行文化消费"的低收入群体比例仅为44.7%，比该项调查全体市民的平均值（73.2%）低出了28.5个百分点。为此，建议各项政策措施应更多向农村居民、低收入人群等社会群体倾斜，以促进他们的文化消费意愿，保障他们的基本文化权益，让全体社会成员共享改革发展成果。

（四）不少市民对当前文化产品的质量还不满意

任何一项产品，其质量对于消费者的影响都是举足轻重的。文化产品的质量高低直接决定着市民的消费需求大小，直接影响着市民文化消费的满意度。本次调查发现，文化产品质量不高成为当前市民文化消费中最不满意的地方。在"您在文化消费中感到最不满意的是"的问题调查中,32.9%的受访者选择的是"文化产品质量不高",31.2%的受访者选择的是"文化消费价格太贵",20.8%的受访者选择的是"文化服务档次太低",15.1%的受访者选择的是"文化消费渠道不畅"(见图6)。由此可见,当前文化产品质量不高成为影响市民文化消费满意度的首要因素。为此,我们应切实解放思想,贴近群众现实需求,加大文化精品的生产创作力度,同时要充分发挥市场的基础性作用,进一步引进竞争机制,提高文化产品的质量和水平。

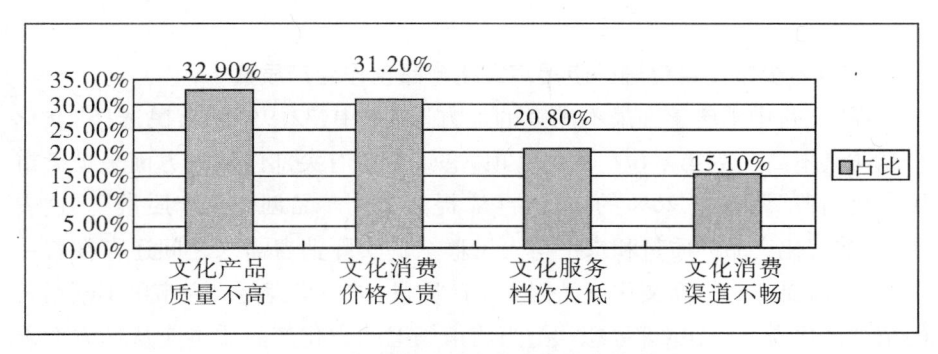

图6 我市文化消费中不满意因素序列图

三、市民对扩大文化消费发展文化产业的期盼和建议

随着转变经济发展方式步伐的日益加快,扩大文化消费对文化产业发展以及寻找新的经济增长点的作用和意义更加突出。本次调查显示,重庆市民对扩大文化消费,发展文化产业,有以下五点期盼和建议。

(一)多数市民希望不断增加收入、改善民生,扩大文化消费

市民收入的高低直接影响着文化消费的规模和实力。在"您的月平均收入中,用来进行文化产品消费的份额一般占多少"的问题调查中,低收入(月收入1500元以下)群体中,74.3%的人文化产品消费占月收入的1%以下,而这类人群恰好是比较缺乏文化消费的重点人群之一。由此不难看出,大力改善民生,不断增加市民收入,是扩大市民文化消费的基础条件。本次调查中,在回答"您最希望有关部门从哪一方面入手来刺激市民的文化消费"的问题

时,56.1%的市民选择"改善民生,不断增加市民的收入",比同题中其他另外几个选项的比例均高出近30个百分点,高居所有选项的第一位;对不同人群的调查结果也显示,77.8%的农村居民、76.6%的月收入1500元以下群体、65.8%的35岁以下群体均选择首要"改善民生、提高收入"。这充分表明,经济是一切政治、文化、社会生活的前提,离开了经济的支撑,文化建设寸步难行。只有在不断发展的经济基础之上,市民的文化消费才有可靠的保障。为此,必须以科学发展观为指导,深入推动经济又好又快发展,为市民扩大文化消费打下坚实的物质基础。

(二)不少市民希望进一步提高文化产品创作生产质量

在"文化中消费感到最不满意的地方"调查中,32.9%的市民选择"文化产品质量不高",列第一位。在另一项"您最希望有关部门从哪方面来扩大市民文化消费"调查中,26%的市民希望"提高文化产品创作生产质量"。这表明,当前文化产品的质量和水平与人民群众的实际消费需求之间还存在着一定差距,需要不断提高文化产品创作生产质量,进一步满足广大市民不断增长的精神文化需求。在回答"您认为当前市场上的文化产品质量应从哪方面着力提高"时,33.4%的市民选择"增强与老百姓的贴近性",29.6%的市民选择"打造精品",23%的市民选择"增强创意性",14%的市民选择"运用先进科技手段"。以上建议对我市加强文化精品的生产创作具有较强的参考借鉴意义。

(三)农村居民、低学历、低收入群体期盼降低文化消费价格

本次调查中,在回答"您最希望有关部门从哪一方面入手来刺激市民的文化消费"时,32.8%的市民希望"降低市民文化消费门槛",其中45.1%的农村居民、51.3%的大专以下文化程度群体、43.3%的月收入1500元以下群体都选择了此项。在"以下文化生活的选项中,您最为期待的是"调查中,35%的市民期望"电影票、演出票、书价等价格能够便宜一些",排第一位;其中51%的农村居民、37.5%的大专以下文化程度群体、38.8%的月收入1500元以下群体都选择了此项。在"当前阻碍您进行文化产品消费的主要因素"的问题调查中,42.7%的大专以下文化程度群体、47%的低收入(月收入1500元以下)群体选择了"生活压力大,文化消费过于昂贵"。这表明,农村居民、低学历、低收入群体特别期盼降低文化消费的门槛,特别是降低文化消费的价

格,以满足这部分群体的文化消费需求。

(四)多数市民期盼继续加强书店、图书馆、社区活动场所等基础性文化设施建设

调查中,在回答"您认为当前我市哪些文化设施应该加强建设(可多选)"时,43.4%的市民认为应着重加强"书店、图书馆、社区活动场所",超过排名第二的"剧院、音乐厅、演艺场所"8.4个百分点,超过排名第三的"博物馆、展览馆、艺术园区、文化公园"17.1个百分点(见图7);而在"当前阻碍您进行文化产品消费的主要因素"的问题调查中,32.5%的市民选择"周边缺乏合适的文化设施和场所";在"以下文化生活的选项中,您最为期待的是"调查中,26.2%的市民期待"周边能够找到更多合适的文化设施或场所",列第二位。值得一提的是,对于以上三个问题的回答,不同区域、不同文化程度、不同年龄段、不同行业、不同收入群体的结果较为一致。这充分表明,广大市民都期盼能够多一些"身边的图书馆、书店和社区活动室",以方便市民参与文化活动。

类别	比例
其他	6.20%
网吧等电子娱乐场所	20.50%
旧货文物市场	5%
博物馆、展览馆、艺术园区、文化公园	26.30%
剧院、音乐厅、演艺场所	35%
书店、图书馆、社区活动场所	43.40%

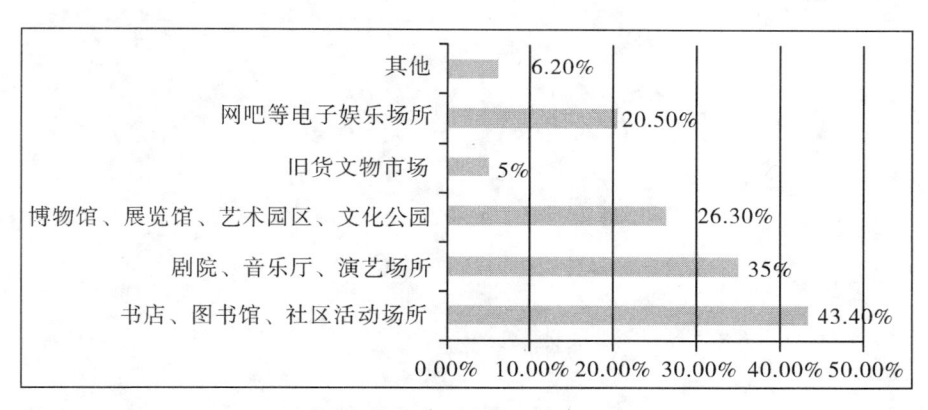

图7 当前我市文化设施建设需求图

(五)大多数市民希望继续加快发展公益性文化事业

本次调查中,在回答"政府大力发展文化产业时,你对公益性文化事业有何期待"时,80.9%的市民表示"希望继续加快发展公益性文化事业",3.9%的市民表示"希望减少发展公益性文化事业",还有15.2%的市民表示"无所谓"。这表明,当前市民对加快发展公益性文化事业的愿望十分强烈,迫切希望各级党委和政府做到文化产业和文化事业"两轮驱动"、"两翼齐飞"。调查数据充分说明,只有将文化建设与人民群众的文化权益紧密结合起来,尽快建立起覆盖全社会的公共文化服务体系,提高文化服务能力,繁荣公共文化产品,才能够实现好、维护好、发展好广大人民群众的基本文化权益,最大限度地满足人民群众日益增长的精神文化需求。

作者单位:

  王 东 重庆市社会思想动态研究中心
  容 琦 重庆市社会思想动态研究中心
  程晓宇 重庆市社会思想动态研究中心
  冉 庆 重庆市社会思想动态研究中心

REPORT ON DEVELOPMENT OF
CHONGQING'S CULTURAL INDUSTRY (2012)

金点论坛

开栏语

2012年是贯彻党的十七届六中全会精神的关键年。这一年,我们党将召开第十八次全国代表大会,重庆将举行第四次党代会。可谓意义重大,影响深远。快速发展的重庆文化产业,需要以全新的视角和举措,在新的起点上实现新的跨越式发展。

新的思路来自于科学谋划。经过近两年的调研讨论,重庆文化产业"十二五"发展规划正式出台。这是重庆第一部专门的文化产业规划,是未来五年我市文化产业发展的重要指南。对这样一部规划的解读,既是对近年来重庆文化产业发展成就的全景式梳理,更是对下一步发展的理性思考、深度谋划和科学规划。而党委宣传部、文化行政管理部门和发展改革部门的共同参与,使得新的思路在更宽广的格局中成为集体共识。

新的举措表现于政策给力。政策就是对策,政策就是决策。《浅析文化产业的政策构建》,从重点处理好产业发展规律和产业政策规律、政策设计者与执行者、政策需求与顶层设计、政策机制与决策体制、决策科学化与决策民主化"五种关系"入手,引导管理者和经营者认识政策,掌握政策,用好政策,把政策也转化为生产力。对国有文化产业重大投资项目监管体系的探讨,则从制度建设的更高层面,提出了建设性意见。既有扶持,也有规范,政策效应不言自明。

新的气象见诸于全面发展。区域联动,热潮涌动。一向"上冷下热"的重庆文化产业,渐呈区县争艳、亮点纷呈之势。而以历史文化资源富集著称的三峡库区,如何将资源优势转化为产业优势,成为全市文化产业重要一极,进而为库区经济社会发展和全市文化大发展大繁荣作贡献,我们终于有了深入而详尽的研究成果。如能在三峡库区文化产业发展上取得新突破,对全市、全国特定区域性文化发展都是一大贡献。

重庆文化产业应该有更高追求。

实现"文化强市"新跨越的行动纲领
——《重庆市文化产业"十二五"发展规划纲要》解读

王祖勋

2011年8月,重庆市文化广播电视局、重庆市发展和改革委员会、重庆市新闻出版局、重庆市国有文化资产经营管理有限公司联合印发了《重庆市文化产业"十二五"发展规划纲要》(以下简称《规划》),这是重庆市首个文化产业发展专项规划。《规划》全面分析了全市文化产业发展的基础条件和发展环境,对未来五年文化产业发展的总体思路和目标、布局和发展重点、主要举措和实施保障作出了全面部署,必将对实现文化强市建设目标发挥重要作用。

一、《规划》编制背景

文化产业是一个新兴行业,从概念提出到现在制定专项规划虽然才十多年时间,但是在经济社会发展全局中的重要地位却快速提升。党的十七大提出"加快发展文化事业和文化产业,不断提高我国文化的总体实力和国际竞争力"的战略任务。2009年国务院发布了《文化产业振兴规划》,将文化产业作为一个战略性、先导性产业提升到了国家战略层面。2011年党的十七届五中全会更是明确提出"推动文化产业成为国民经济支柱性产业"的建议。贯彻落实中央、市委的决策部署,必须加强对文化产业的规划引导,努力促进我市文化产业又好又快发展。

文化产业发展是文化体制改革的必然结果,是经济转型升级的重要选择。作为全国首批文化体制改革试点城市,我市自2003年7月启动文化体制改革试点工作以来,通过政事政企政资分开、管办分离等体制创新,创造性地完成了一批文化事业单位的转制,形成了重庆日报报业集团、重庆广播电视集团

(总台)、重庆出版集团公司、重庆新华书店集团公司等一大批有实力、有竞争力的骨干文化集团,带动了全市文化产业增加值以年均超过26%的增速迅猛发展。目前,全市文化产业增加值已占全市GDP的3%,文化产业吸纳从业人员占全社会就业人员的比重超过2%。然而,与文化产业发达地区横向比较,我市距离文化产业强市仍存在较大差距。主要表现在:文化产业总量相对偏小,对全市经济总量和综合实力支撑不足;产业结构不合理,传统产业居多,原创研发设计与终端销售环节扩展不足;文化产业集聚程度不高,尚未形成文化产业集群,文化产业基地和园区数量少;文化企业规模普遍不大,缺少战略投资者和骨干企业;文化品牌建设滞后,缺乏核心竞争力;政策体系和保障措施不完善,市场配置文化资源的基础性作用尚未充分发挥。

"十二五"时期,民生导向发展之路引领内陆开放高地建设,将推动全市经济转型升级。为巩固扩大文化体制改革的成果,必须把文化产业作为经济发展的新引擎,制定发展规划,采取更加有力的举措,将其培育成为国民经济新的增长点和支柱性产业,努力实现我市文化产业"十二五"新跨越,加速文化强市建设步伐。

二、《规划》主要内容

《规划》包含了发展基础和环境、指导思想和发展目标、总体布局、优先发展重点行业、发展保障措施五章共二十二节,内容翔实,重点突出。规划的主要内容体现在以下四个方面。

(一)科学设定发展目标

《重庆市国民经济和社会发展第十二个五年规划纲要》提出,到2015年全市文化产业增加值占地区生产总值的比重超过5%。相对于2015年全市GDP达到15000亿元的总量而言,文化产业的增加值当年要达到750亿元以上。立足于市委、市政府对文化产业发展的重视,按照当前和未来时期的发展势头,2015年全市文化产业增加值具备突破千亿元大关的潜力。为此,《规划》提出了2015年文化产业增加值迈上1000亿元台阶的总体目标,同时,设置了"十百千万"的支撑目标体系:在产业规模方面,实施10个西部一流的市级重大项目,培育一批产值10亿级和100亿级的大型文化企业;在产业结构方面,建成10大文化产业集聚区、各具形态的文化产业园区和100个市级文化产业基地,培育10000个中小文化企业,在优势行业上形成前端研发、中端拓展、后端衍生、资源反复开发的产业链结构;在综合效益方面,文化产业年均新增就业岗位不低于2万个,期末行业从业人员占全社会就业人数的比重超过3%;文化产业与相关产业互动融合度显著提升,促进制造业升级作用更加凸显;城乡居民人均文化娱乐服务消费支出占全部消费支出的6%以上。

(二)合理规划空间布局

空间布局是规划的核心要素。按照《重庆市国民经济和社会发展第十二个五年规划纲要》关于建设国家中心城市的城镇体系的总体部署,结合当前"一圈两翼"的城镇体系格局、区域独特的资源禀赋和文化产业发展基础,《规划》提出了"一核两带多节点"的总体布局构架。"一核",即:以主城九区为中心的都市文化核心区,分别在CBD片区、两江新区及西部新城等区域,布局10个西部一流的重大文化产业项目,规划建设一批差异化发展的国家级及市级文化产业集聚区或产业园区,形成全市文化产业发展的极核,引领全市文化产业高水平发展。"两带",即:长江三峡文化旅游产业带和渝东南—渝西特色文化产业带。一是依托白鹤梁、白帝城、石宝寨等文化旅游资源,深入挖掘其历史文化内涵,将旅游与文化发展充分结合起来,着力培育长江三峡文化旅游产业带;二是依托渝东南特色生态文化与土家族、苗族等民族文化资源以及渝西石刻、宗教遗址、古城等历史文化资源,加强川渝、武陵山区文化产业合作与对接,着力培育渝东南—渝西特色文化产业带。"多节点",即依托各区县具有特色的文化资源,重点打造大足石刻景区、江津民俗文化影视基地、黔江土家休闲生活体验区、酉阳桃花源民族文化产业园、长寿湖景区、万州三峡文化创意产业园、巫山三峡非物质文化保护和展示中心等若干重大项目及文化产业基地,充分发挥各节点在所在区域的辐射带动能力,有效支撑全市文化产业大发展。

(三)产业重点明确

《规划》提出了构建全市"442"文化产业发展体系,即:大力发展文化创意、文化旅游、数字文化内容、文体会展4大新兴文化行业,着力提升广播影视、出版发行、印刷包装、演艺娱乐4大传统文化行业,积极培育文化商品制造、艺术品创作和交易2大行业,促进文化产业多层次、多元化发展。提出

"442"产业门类的发展重点,主要是基于以下三个考虑:一是参考国务院《文化产业振兴规划》中有关重点文化产业的提法,在该规划中提出了"文化创意、影视制作、出版发行、印刷复制、广告、演艺娱乐、文化会展、数字内容和动漫"等产业,同时还考虑了国家统计局《文化及相关产业统计体系》的分类。二是考虑到我市现有广播影视、出版发行、印刷包装、演艺娱乐文化产业的基础优势,"十二五"时期,要继续巩固和提升这些产业的规模和内涵,明确各产业的发展导向和发展载体,全面构筑我市文化产业的新优势。三是顺应近年来文化创意、数字动漫等新业态迅猛发展的趋势。随着文化与电信业、制造业、高新技术的日益融合,我市的文化创意、数字内容、移动多媒体等新业态进入了一个加速发展的时代。新业态的增长将会极大地促进我市文化产业总量的扩张、内涵的提升,有鉴于此,《规划》将文化创意、数字内容等产业确定为"十二五"时期重点发展的产业。

《规划》立足于因地制宜、因势利导、重点突破的发展理念,明确了重点行业的发展方向:在文化创意产业方面,立足于重庆制造业的产业基础、高校学科优势,以及钢铁设计院、市设计院、五里店工业设计中心,以及西永微电子工业园和北部新区软件园等研发资源,提出了以工业设计、建筑设计为主要切入点,带动软件设计、环境规划设计、园艺设计、城市色彩设计等新兴设计业态,以及装潢、图文制作、建筑模型等相关行业发展。文化旅游业方面,依托重庆独特的人文旅游资源,结合长江三峡、大足石刻、乌江画廊、天生三硚、温泉之都等旅游精品,提出了重点开发三峡历史文化旅游、宗教文化旅游、都市文化旅游、巴渝民俗文化旅游以及红色革命文化旅游等业态,推出6条特色人文旅游线路、5条抗战遗址旅游线路、9条红色旅游线路。数字文化内容业方面,立足于加强传统文化内容产业和数字技术融合,不断完善产业链的角度,在高新区、两江新区依托重报集团、大渝网、华龙网等媒体网络,吸引一批数字媒体企业入驻;依托视美、天健、水星、华龙等动漫基地,积极引入大型动漫企业,结合国家数字出版基地的建设,进一步延伸产业链条,壮大数字文化内容产业集群。在文体会展业方面,立足于整合全市体育场馆、会议展馆资源,把会议论坛、重大赛事、文化活动、产品销售与展览展示有机结合,提升文化会展节庆活动规格和影响力,培育打造品牌会议展览活动,充分利用互联网和现代信息技术,发展网络营销、网上展览会等新兴业态。广播影视业方面,以培育影视剧制作公司,打造影视剧拍摄基地为切入点,壮大电影、电视剧、影视动画和纪录片等影视作品生产规模,以"三网融合"、中国互动新媒体网络与新业务科技工程建设为切入点,打造国家网络视听产业基地,拉动有线网络及新媒体新业态发展。出版发行业方面,基于转型升级、结构优化、产品多元的考虑,提出了实施"十二五"十大出版工程和十大经营性报刊工程,打造西部一流的新华物流中心(二期物联网)和书刊批发市场,着力打造和经营具有核心竞争力的出版发行文化品牌。印刷包装业方面,大力发展彩色印刷、高新技术印刷,推动印刷包装技术向精细化、品牌化、数字化转变,建设一批各具特色、技术先进的印刷包装基地和园区,鼓励龙头企业组建集约化印包集团。演艺娱乐业方面,主要是积极培育演艺主体与演艺品牌,有效整合演艺场所资源,加快剧院建设,优化演艺环境,逐步建立健康有序的演艺市场,提升全市演艺娱乐场所的整体层次和文化品位。文化商品制造业方面,重点围绕文化用品与特色历史文化产品制造,通过建设文化商品产业园,打造特色文化商品品牌,延伸文化用品制造产业链条,促进全市文化商品制造业快速发展,引导带动相关产业提档升级。艺术品创作和交易业方面,依托黄桷坪艺术园区、四川美术学院和市工艺美术协会等平台,深度挖掘重庆文化资源,支持当代艺术和工艺美术业发展,重点发展绘画、书法、雕塑和具有重庆优势和特色的工艺美术品,扶持艺术品拍卖、交易、鉴赏、展览等中介组织,规划建设一批艺术品交易卖场、艺术创意工作室、艺术品交易中介机构。

(四)保障措施强劲有力

为确保有效落地,《规划》在政府引导、要素保障、产业融合、开放交流等四个方面提出了具体抓手。强化政府宏观引导方面,提出了成立重庆市促进文化产业发展领导小组,将文化产业建设和管理纳入法治轨道,深入贯彻落实国家和我市相关鼓励政策,引导社会资本投资文化产业,鼓励文化企业做大做强。

在要素保障方面,提出了以整合文化产业发展融资和信贷担保平台,推动有条件的文化企业上市融资和通过债券市场融资,在国家允许的贷款利率浮动幅度范围内给予文化企业一定的利率优惠,增加文化产业发展专项资金份额,奖励扶持文化产业重大项目建设等为主要内容的投融资政策;文化企业和文化创意产业园区采取划拨、出让、租赁等方式供地,在鼓励旧城改造和城市拓展区建设用地中,预留用地指标,符合国家规定、属于本市产业升级和城市功能布局优化的产业项目,对划拨土地的经营行为暂不征收土地收益为主要内容的产业发展用地政策;设立专项人才培养基金,建立和完善人才激励机制为主要内容的人才队伍建设政策;推动出台《重庆市文化产业促进条例》为主要内容的法制建设措施。

在产业融合方面,《规划》立足于增加文化产业的附加值和核心竞争力,提出了挖掘文化领域资源整合开发潜力,提高文化产业软实力的同时,加强与制造业、电子信息产业、汽车摩托车等支柱产业和云计算等新兴产业横向融合的新思路,打开了文化产业快速发展的通道。同时,为了文化产业的扩大对外开放与交流,《规划》提出了搭建对外交流平台、打造文化品牌等"走出去"战略的保障措施,为拓展海外市场提出了强有力的支撑。

三、《规划》的主要亮点

(一)编制过程严谨,确保了《规划》的科学性

《规划》由市发改委、市文广局、市新闻出版局、市文资公司等单位共同牵头,市宏观研究院及各区县相关部门积极参与,历经调查研究、文本起草、征求意见、专家论证、部门审议等环节,力求将科学性要求贯穿到《规划》编制的全过程。经过一年多时间,先后完成了《重庆市文化产业布局规划及项目策划研究》、《重庆市文化产业发展思路研究》等基础性课题研究,分赴主城、渝西、渝东南、渝东北四个片区进行了实地调研,了解和把握全市文化产业发展现状;学习借鉴了北京、上海、广州、长沙、成都等地文化产业发展经验;邀请高等院校、科研单位的专家和相关文化企业代表就全市文化产业发展提出建议和意见。在充分吸收各项调研、研究成果,完成文本初稿起草后,又先后多次召开专家咨询会、座谈会、论证会,并征求区县发改委、文化局以及相关文化企业的意见,在此基础上形成了最终文本。《规划》凝结了各方的智慧和心血,科学把握了我市文化产业发展的现状趋势,切合我市的发展实际,是指导"十二五"时期我市文化产业发展的纲领性文件。

(二)指导思想明确,确保了先进文化的发展方向

文化产业既具有意识形态属性和教化属性,又具有产业属性和经济属性,既要把社会效益放在首位,又要努力做到经济效益与社会效益有机统一。如何处理好两种属性、两个效应的关系,成为《规划》编制首先要考虑的问题。

《规划》力求正确把握文化产业的意识形态与产业经济的融合，尝试处理好文化产业"两种属性"的关系，在文本中明确提出了"坚持社会主义先进文化前进方向"、"以不断满足人民群众日益增长的精神文化需求为根本出发点"的指导思想，提出了"坚持文化事业和文化产业协调发展"基本原则，并在重点文化产业的发展导向和发展载体的选择上也力求贯穿"社会效益优先"的原则，确保了文化产业的规划在社会主义核心价值体系的框架内进行。

（三）突出全方位对接，增强了《规划》统揽全局的能力

《规划》全面贯彻落实了"314"总体部署、市委市政府关于科学发展的战略，立足于提升社会发展综合水平，增强城市综合竞争力，在相关领域提出了建设西部高地、长江上游中心和全国文化产业强市的宏伟目标，并提出要以创新文化品牌、推动转型升级为重点，提高文化产业集中度和关联度，提升文化产业的科技含量和传统产业的文化含量，推动文化产业实现跨越式发展。同时，与全市《国民经济和社会发展第十二个五年规划纲要》、《重庆市"十二五"时期文化改革发展规划纲要》、《重庆市社会事业发展"十二五"专题规划》等进行了全面对接，确保了上述规划得到全面贯彻落实。

（四）突出项目支撑，确保了《规划》的可操作性

项目建设是推动文化产业发展的重要"引擎"。《规划》按照"大企业实施大项目、大项目带动大发展、大发展带动大繁荣"的发展思路，以重大产业项目和文化产业园区建设为切入点，提出了81个总投资达1300亿元文化产业重点项目库和10个文化产业集聚区。考虑到各行业投资不平衡，市场化资金投入比重较大，在《规划》中通过设立重点项目框对《规划》实施加以引导，使《规划》更具可操作性。

作者单位：

王祖勋　重庆市发展和改革委员会

浅析重庆文化产业的政策构建

吴进科

党的十七届六中全会的召开,标志着全国和重庆文化产业都已开始由快速上升期逐步进入加速发展的关键期。站在新的起点,面临新的任务与要求,重庆文化产业发展更需要完善的政策支持和调控,只有构建与国情相适应且又符合重庆市情和文化发展需要的文化产业政策,才能真正把重庆建成社会主义先进文化的发展高地、长江上游地区的文化中心、城乡统筹发展的文化强市。

一、充分认识文化产业政策构建的重要性必要性

文化产业政策是党和国家方针政策的一个重要组成部分,是国家宏观经济政策和产业政策在文化领域中的具体体现,是政府间接管理文化产业,促使其健康发展的重要手段,也是文化产业繁荣发展的内在要求。文化产业政策构建的重要性必要性集中表现为"三个有利于":一、有利于引导文化产业的发展方向。文化产业是内容产业,具有一定的意识形态属性,因此,其发展不能单纯以市场为导向而追求利润的最大化,还必须肩负起传播先进文化,树立正确的价值观念和行为规范,抵御不良文化的侵害等社会责任,从而确保社会效益与经济效益相统一。另外,文化产业要实现又好又快发展,不断地满足人民群众健康有益的文化需求,防止外来文化的入侵,确保国家文化安全,这些都必须依靠政策来引导和规范。二、有利于优化文化产业发展环境。文化产业在发展初期和市场体系不完善情况下,难以完全依靠市场有效地配置资源,同时,在信息不对称、权力不对等的情况下,所进行的"优胜劣汰"也往往缺乏

公正性与合理性。因此,必须由政府制定政策,来进行必要的修正、引导和调节,尤其是对新兴业态和中小企业给予必要的扶持,为其营造有利发展、公平竞争的环境。三、有利于规范文化市场秩序。由于市场在配置资源的过程中具有一定的自发性和盲目性,一些文化企业在追逐利益时往往会不守规则、不择手段,从而导致恶性竞争和无序发展。因此,政府就要通过制定相应的政策,来规范企业行为和市场秩序,防止出现为追逐短期利益而放弃社会责任的假冒伪劣和侵权盗版等不法行为。

二、全面把握文化产业政策构建的现实状况

"在学习中进步,在总结中提高"。简要梳理国内外文化产业政策构建的现实状况,对于进一步完善我市文化产业政策大有裨益。

国外文化产业政策构建的基本概况。世界各国的经济、政治和文化背景不同,对待文化产业的基本政策与法规各不相同。英国 1993 年以《创造性的未来》为题正式公布英国的文化政策,这是英国首次以官方文件的方式颁布的国家文化政策。英国不仅将"创造性"概念引入文化政策文件,而且在 1998 年出台的《英国创意产业路径文件》中更明确地提出了"创意产业"这个概念,要求政府"为支持创意产业而在从业人员的技艺培训、企业财政扶持、知识产权保护、文化产品出口方面"做出积极努力。法国在文化发展方面不太信赖市场的作用,而更加相信国家的扶持和庇护。法国政府对文化事业及相关产业给予不同形式的财政支持或赞助。《法国文化政策》开宗明义地指出:"法国文化政策的历史可上溯到 16 世纪的皇室庇护传统,从那时直到今天,法国文化政策一直具有这种皇室扶持特征,即提高文化知识和文化艺术,逐步完善国家文化行政管理结构和文化预算。"德国出台的《德国文化政策》在强调国家扶持作用时,强调应当充分发挥私人部门和企业对文化发展的推动作用。德国文化体制主要是由政府机构与以自我管理权为基础的具体文化组织这两级组成。为了使大众传媒有效、健康地运作,德国制定了一系列的法律和新闻行规,制定了《电影促进法》,保证更好的电影制作环境以及促进德国电影在国内外的发行。国家不仅资助电影制作也支持电影院。其经费来源由所有影剧院、公共和私营电视台和录像业资助。美国虽然至今没有一个正式的官方文化政策文件,但这并不说明美国没有文化政策,正好相反,美国不仅有文化

政策,而且文化政策的强势程度超过许多国家,美国是第一个进行文化立法的国家。日本国会在第153届临时国会上提出了《振兴文化艺术基本法》,明确规定了振兴文化核心的艺术、传媒艺术、传统技能、生活文化、大众娱乐、出版物、唱片、文化遗产等文化艺术的基本概念、国家及地方政府的责任,同时规定了有关振兴文化艺术的基本政策和方法。

我国文化产业政策构建的总体情况。我国现行的文化产业政策是随着文化体制改革的不断深化而陆续发布的,到目前为止概括起来主要有培育市场主体、引领产业发展方向、重点扶持文化产业、放宽文化产业准入、鼓励新兴产业发展、鼓励文化出口等方面。一是推动经营性文化单位改革、培育市场主体的政策。2003年12月国务院办公厅发布《关于印发文化体制改革试点中支持文化产业发展和经营性文化事业单位转制为企业的两个规定的通知》(国办发〔2003〕105号),这是文化体制改革中最重要的配套政策。2005年12月23日,中共中央、国务院正式颁布《关于深化文化体制改革的若干意见》,这是新中国成立以来党中央、国务院第一次就文化体制改革作出的重大决策。随着文化体制改革深入,2008年中宣部会同有关部门正式出台《文化体制改革中经营性文化事业单位转制为企业的规定》和《文化体制改革中支持文化企业发展的规定》两个文件,即国办发〔2008〕114号文件,成为指导文化体制改革由点到面推开、扶持文化企业做大做强的根本性文件。这些政策的出台,使经营性文化单位通过文化体制改革逐步转制为规范的市场主体,从而为文化产业的发展奠定了坚实的基础。二是引领文化产业发展方向的政策。2006年,中央办公厅、国务院办公厅印发了《国家"十一五"时期文化发展规划纲要》,确定了未来5年重点发展的产业门类,同时提出了一些具体政策。2009年7月,国务院常务会议审议通过了我国第一部文化产业专项规划——《文化产业振兴规划》,标志着文化产业已经上升成为国家战略性产业。这些政策的出台,使文化产业在国民经济中的重要地位凸现。三是对文化产业实行重点扶持的政策。相关部委在财政、税收、建设费管理、技术创新、金融、保险、土地等方面的政策也给予了文化产业很大的支持。2009年4月财政部、国家税务总局《关于部分货物适用增值税低税率和简易办法征收增值税政策的通知》,强调音像制品、电子产品与农产品一起继续适用13%的增值税。2010年中宣部、文化部、广电总局、新闻出版总署等下发《关于金融支持文化产业振兴和发展繁荣的指导意见》。2011年1月保监会、文化部联合下发《关于保险业支持文化产业发展有关工作的通知》。这些政策的出台,为文化产业提供了有力的政策支持。四是放宽文化产业准入的政策。比如，2005年国务院发布的《关于非公有资本进入文化产业的若干决定》，文化部、广电总局、新闻出版总署、国家发改委、商务部等部门联合发布的《关于文化领域引进外资的若干意见》，2006年出台的《国家"十一五"时期文化发展规划纲要》再次强调，创造良好的政策环境和平等竞争机会。这些政策的实施，意味着多元资本进入文化领域的限制逐步放宽，为民营文化企业的崛起创造了条件。五是鼓励新兴文化产业发展的政策。2003年《文化部关于支持和促进文化产业发展的若干意见》中提出，要用高新技术提升文化产业竞争力，培植开发新兴文化产业。《国家"十一五"时期文化发展规划》提出了要推动文化业态更新。2009年《文化部关于加快文化产业发展的指导意见》提出了应用高新科技促进文化产业升级的意见。具体行业上，政府也制定了相关法规鼓励新兴文化产业发展。六是鼓励文化出口的政策。2005年，文化部制定了《国家文化产品出口示范基地认定管理办法（暂行）》，对国家文化产品出口示范基地进行的认定工作全面展开。2006年，国务院办公厅转发了文化部等八部门《关于鼓励和支持文化产品和服务出口若干政策》。《国家"十一五"时期文化发展规划纲要》提出实施"走出去"重大工程项目的政策。在这些政策鼓励下，文化企业在对外文化交流和贸易中的作用日益凸现。

重庆文化产业政策构建的初步探索。我市文化产业的政策从严格意义上讲发端于2003年我市被列为首批全国文化体制改革试点省市。第一个支持文化改革发展的文件是《中共重庆市委 重庆市人民政府关于文化体制改革试点工作的意见》，首次明确提出健全文化经济政策，制定经营性文化产业政策。之后，以市委市政府名义先后制定出台了《关于印发文化体制改革试点中支持文化产业发展和经营性文化事业单位转制为企业的两个实施办法的通知》、《关于积极培育文化市场加快发展文化产业的意见》、《关于大力发展民营文化企业的意见》以及《重庆市鼓励和扶持动漫产业发展的实施办法》、《重庆市文化产业发展专项资金使用办法》、《重庆市文化产业"十二五"发展规划纲要》等系列文件，涉及调控指导、鼓励多种经济成分共同发展、培育转制文化企业、文化产业财政税收优惠等多个方面，为文化企业的发展提供了宽松的政策环境，推动了我市文化产业的发展。比如，财政投入政策方面。2005年起，重庆设立每年1000万元（现为2000万元）文化产业发展专项资金。"十一五"期间，全市文化建设投入年平均增长达47%，高于经常性财政收入增幅26个百分点。经常性文化运行支出由每年5亿元增加到近30亿元，有效保障和支撑了重庆文化建设的发展。从2007年至2011年,我市文化设施建设已累计投入三个"100亿",分别用于市级重大文化设施、区县公益文化大件和乡镇、街道文化设施建设。其中,市财政和区县财政每年为31个远郊区县各支持6000万元,用于影剧院、体育馆等社会文化设施建设。重庆还在全国率先从主城区征收的城市建设配套费中按每平方米4元用于城市社区公共文化设施建设。又如,文化体制改革政策方面。我市不折不扣落实中央文化改革发展政策,会同财政、税务部门认定文化企业114家,减免税收10余亿元。认真执行"老人老政策,新人新办法",转制前已经离退休人员,工资待遇和经费渠道一律不变;经营性文化事业单位转制时所有在职在编事业人员作为"老人",可自愿选择按事业身份或企业身份参加养老保险,需补缴部分由市财政承担。市财政对国有文艺院团投入不减反增,以2009年对院团投入为基数,转制后每年按递增10%的标准拨付经费;每个院团转制时一次性给予400万元改革配套经费。从2011年起,市级文艺院团离退休人员比照重庆市全额事业单位离退休人员执行绩效工资相关政策;在职演职人员按照财政性补贴人均3000元/月的标准执行,由市财政负责解决;市政府购买文艺演出场次由每年1000场增至2000场,平均每场1万元,超过200场的,每场补贴2万元;为每个市级国有文艺院团配备一个能满足排练、办公、仓储等功能需要的办公设施,等等。再如,扶持民营微型文化企业政策方面。降低企业集团组建条件,明确内资文化企业集团母公司注册资本由最低5000万元降至500万元,母子公司注册资本总额由最低1亿元降至1000万元,子公司数量由最低5家降至3家。外资文化企业集团母公司注册资本降至3000万元或500万美元,母子公司注册资本总额降至5000万元或600万美元。重庆创办微企用工要求在4人以上,文化微企则可低于4人,不低于2人。文化微企还可使用家庭住所作为办公场所,经营面积不再限定在40平方米以上。市财政对新创办文化微企给予补贴,最高可达5万元。税收方面,按企业实际缴付所有税收中地方留存部分,以注册资本金的补助金额等额为限,给予税收优惠财政补贴。

三、不断提高重庆文化产业政策构建的科学化水平

尽管我们在文化产业政策构建方面作出积极探索,取得初步成效,但仍有不少问题亟待解决,比如:部分政策缺位现象依然存在,政策对文化产业的扶

持力度不大,产业政策针对性不强,各部门政策不尽统一、整体协调性不够,一些政策过于原则、可操作性不强。究其原因,主要是我市文化产业总体上仍处于打基础的蓄势阶段,一些部门对文化产业认识上存在偏差,文化产业宏观管理力量有待加强等。

下一步,我们应着力处理好"五种关系",不断提高重庆文化产业政策构建的科学化水平,以充分发挥文化产业优结构、扩消费、增就业、促跨越的独特优势。

(一)正确处理产业发展规律和产业政策规律的关系

正确认识产业发展规律,是制定科学的产业政策的前提。在产业刚刚兴起的阶段对其规律的把握并不是一件易事。这需要政策制定者进行广泛深入的调研,逐步深化对产业发展规律的认识,包括把握文化产业发展的一般规律和各个具体门类的发展规律,国内外文化产业的现状和文化产业的发展趋势,文化产业作为产业发展的共性和不同于一般产业的特殊性,等等。深入了解产业政策的基本规律,是提高文化产业政策市场绩效的关键。产业政策不是一般的经济政策,就其性质来说,是一种结构政策,通过调整和优化行业结构、区域结构、技术结构,为产业的持续快速健康发展奠定坚实的基础。因此,要以优化结构为产业政策核心目标,围绕结构的调整和优化制定产业政策,不断加大对文化产业的扶持力度。

(二)正确处理政策设计者与执行者的关系

在文化产业领域,由于政策设计者、执行者往往分属不同部门,因此,在制定政策的过程中,必须充分考虑各自的职能和诉求,使政策设计既符合设计者的意愿,又符合执行者的能力和利益,从而调动执行者的积极性,保证政策从制定到实施的连贯性。一般来讲,文化产业政策的预期目标是宣传文化部门提出,但实际执行过程中,主体往往会包括甚至主要是经济部门、综合部门,这就有可能造成政策制定主体和执行主体的脱节。在这种情况下,要保证政策的实效性,就必须处理好预期目标与执行能力的关系。一方面要考虑政策执行主体所具有的物质条件、行政效率和管理水平,看其是否具有实现预期目标的执行能力;另一方面也要考虑政策执行主体是否有执行政策的执行能力,从而为目标的实现奠定基础。比如,在文化产业政策制定过程中,宣传文化部门在确定目标时,不仅要考察目标本身的合理性,还要考虑其是否具有可行性。

在执行主体为文化部门时,要考察其是否具有执行政策的能力和条件;在执行主体为经济部门或地方政府时,要充分考虑政策目标是否能够得到其支持。如果不具备执行能力或无法得到执行主体的支持,就必须对目标进行相应的调整。在这种情况下,非常有必要建立跨部门的经常协作机制,以使总体政策与部门政策边界达成共识,只有这样,才能切实保证政策的实效性。

(三)正确处理政策需求与顶层设计的关系

文化产业特殊性为其带来的特殊的政策需求,要制定科学有效的产业政策,必须在顶层设计与这些需求相匹配。比如,针对处理好国民待遇与区别对待的关系的政策需求,政策内容设计中就要考虑到鼓励民营资本进入允许的领域,与国企同等待遇,根据实际情况调整准入门槛设置。针对需对产业发展进行扶持的政策需求,政策内容设计时就要考虑综合运用财政、税收、金融等手段提供政策扶持。针对需对创新创意进行鼓励的政策需求,政策内容设计时就要考虑到通过建立基金、奖励、补贴对创新进行鼓励,并加大对创新型人才的培养力度。针对建立风险分摊机制的政策需求,政策内容设计时就要考虑到进一步规范文化产权交易,完善风险评估机构,建立风险规避机制,建立文化产业风险投资基金,拓宽文化产业融资渠道。针对鼓励文化与科技相结合的政策需求,政策内容设计时就要考虑到鼓励发展以数字化、网络化为主要特征的新兴业态,推广现代流通方式,改造传统传播方式,对文化科技创新予以奖励和扶持。针对发挥文化产业扩内需、促就业功能的政策需求,政策内容设计时就要考虑到引导创作符合消费者需要的文化产品,对低收入群体的文化消费给予一定补贴,鼓励文化产业领域的多种形式自主创业。针对集约化发展的政策需求,政策内容设计时就要考虑到加快培育骨干文化企业,发挥辐射、带动、示范作用,并通过文化产业园区建设,发挥产业集聚、孵化功能。

(四)正确处理政策机制与决策体制的关系

当前,完善文化产业政策机制,应着力完善文化产业政策的决策体制。文化产业政策机制存在的诸多问题,大多源于文化产业政策的决策体制。因此,如何打破行业分割,实现统一管理、统一执法,形成各政策主体相互协调的机制,已成为文化产业健康发展的重要条件。我市由市委宣传部牵头,市级相关部门参与,建立了多部门参加的文化产业发展和产业政策制定的协调机制,统筹产业规划和产业政策的制定和实施。下一步应更好发挥这种协调机制作用,从源头上解决不同行业管理部门之间由于互不隶属而导致文化产业政策缺乏一致性和协调性的问题,确保制定出步调统一、高效管用的文化产业政策。

(五)正确处理决策科学化与决策民主化的关系

就文化产业决策过程的科学化而言,决策者应当及时、准确地了解文化产业发展变化,建立灵活高效的行为机制。就决策过程的民主化而言,要充分发扬民主,提高政策制定和实施的公开性、透明度和广泛性,提高社会公众的参与程度。要充分听取各个利益相关者的意见,不仅要重视国有文化企事业单位的意见,也要考虑民营文化企业的利益需求;不仅要尊重大型骨干文化企业的意见,也要倾听中小文化企业和微型文化企业的心声。只有这样,出台的政策才能充分反映各方面利益,调动社会各界发展文化产业的积极性。

作者单位:
  吴进科　中共重庆市委宣传部

重庆市国有文化产业
重大投资项目监管体系建立的探讨

童艺强　朱旭龙

一、建立国有文化产业重大投资项目监管体系的意义

2011年10月,重庆市印发了《重庆市文化产业"十二五"发展规划纲要》(以下简称"纲要"),《纲要》提出在十二五时期将实现文化产业规模的大幅提升,使文化产业成为全市新的经济增长点和结构调整的重要突破口,文化产业将迎来巨大的发展机遇。同时《纲要》还列出了重庆"十二五"期间75个重点文化产业项目(投资预算金额达到1306.37亿元),结合《纲要》内容,"十二五"期间实施的"文化产业大项目带动"战略,将极大推动重庆市文化产业的发展,对于实现文化产业强市发挥非常重要的作用。而国有文化产业作为重庆市文化产业发展的主导力量,其重大投资项目的实施是推动重庆市文化产业发展的最直接因素,"十二五"期间由市级国有文化企业集团牵头或实施的"十大项目"投资额度就达到了365亿元,占我市文化产业重点项目总投资金额的27.94%,影响重大。因此加强对国有文化产业重大投资项目的监管,建立和完善重庆市国有文化产业重大投资监管体系对推动项目建设,促进国有文化企业发展,进而实现我市文化产业"十二五"规划有着十分重要的现实意义。

重大投资项目一般是指涉及单位产业结构、资产结构、产品结构等发生重大变化而对出资人权益产生重大影响的经营活动。主要包括固定资产投资(进行基本建设和技术改造等)、长期股权投资(投资设立权属企业、收购兼并、合资合作、对权属企业追加投资等)、无形资产投资(购买专利权、商标权、

土地使用权、采矿权等)、金融投资(投资商业银行、非银行金融机构、金融衍生品以及证券投资、期货投资、委托理财等)。本文中,国有文化产业重大投资项目主要是指固定资产投资和长期股权投资。

二、我市建立国有文化产业重大投资项目监管体系的重要性和紧迫性

(一)促进文化产业成为我市支柱产业的根本保障

根据党的十七届六中全会《决定》和重庆市委《关于贯彻落实十七届六中全会精神加快建设文化强市的决定》要求,需要不断深化文化体制改革,不断发展和壮大文化产业,繁荣和发展文化市场。重庆市提出,到2015年,重庆市文化产业增加值争取达到750亿元左右,占全市GDP比重5%以上,成为国民经济的支柱产业。这就要求充分发挥文化产业项目的拉动作用,利用国有文化企业长期积累下的资金和所处行业优势,加大对文化产业和其他相关产业的投资力度,发挥国有文化产业项目"龙头"带动作用,形成重大投资项目直接服务于文化产业发展或反哺文化产业发展的良好态势。但是,由于我市国有文化企业市场化运作时间不长,相对于其他行业的国有企业而言,重大投资项目的监管经验不足,对于项目监管能力有待提高,因此,构建我市国有文化产业重大投资项目监管体系,加强国有文化集团重大投资项目的监管,是做大做强国有文化集团,推动文化产业成为国有经济支柱性产业的基本和有力保证条件。

(二)确保我市国有文化资产保值增值

由于国有文化产业重大投资项目投资金额大,占国有文化集团资产总额比重高,如果对项目监管不严,可能会造成国有文化企业资金链断裂或造成投资效果不佳等后果,严重影响国有文化企业的发展和长期收益,影响国有文化资产的保值增值,进而影响国有文化企业出资人的权益。因此,加强国有文化企业重大投资项目的监管,对于维护出资人权益和保证国有文化资产的保值增值具有重要意义。

(三)完善我市国有文化集团现代企业管理制度

由于重庆市国有文化体制改革时间短,国有文化集团现代企业管理制度有待完善,现代企业法人治理结构需要进一步健全,而重大投资项目作为国有文化企业发展的重要经营项目,在企业经营管理中涉及面广,影响大,通过建立重大投资项目的监管体系,完善重大投资项目内部管理制度,明确企业内部权力和责任分工,能够不断推动国有文化企业建立决策科学、管理有效、内控完善的现代企业制度,对于规范企业运营,不断完善法人治理结构,解决束缚文化生产力发展的机制问题,推动国有文化产业体制机制的创新有着十分重要的作用。

(四)严控贪污腐败

由于重大投资项目金额大,环节多,涉及面广,如果监管不严易滋生腐败,产生问题,建立完善的重大项目投资监管体系,完善管理制度,明确监管责任,运用多手段加强对项目的监督和管理,严把项目实施环节,规范项目实施过程,实现对项目的全过程监督和管理,使重大投资项目实施透明化和公开化,能够在一定程度上抑制腐败的产生和蔓延。

三、我市国有文化产业重大投资项目监管现状

(一)重大投资项目监管现状

重庆市国有文化资产经营管理有限责任公司(以下简称"市文资公司")作为市属国有文化资产的所有者,2005年市文资公司结合市国有文化企业重大投资项目工作特点,制定了《重庆市市属国有文化企事业单位重大投资项目管理办法(试行)》(渝文资〔2005〕48号,以下简称《办法》),《办法》明确了重大投资应遵循的原则,规定各市属国有文化企事业单位要建立民主、科学的重大投资项目决策程序,成立专门机构,建立管理制度,编制年度投资计划,按规定报送年度投资分析报告、项目后评估及审计报告,2000万元以上的重大投资项目须报市文资公司审批等内容。2010年,为进一步规范投资管理,促进重大文化产业项目建设,市文资公司在《办法》的基础上又制定了《重庆市

市属国有文化企事业单位重大投资项目管理办法实施细则》（渝文资〔2010〕18号，以下简称《细则》），《细则》对重大投资项目原则、年度投资计划的管理、投资项目的管理及投资的动态监管等内容和要求进行了补充和完善，进一步明确了市文资公司及重大投资项目责任主体的职责，加强了市文资公司对出资各企业重大投资项目指导和监督，切实履行国有资产出资人职责。同时，市文资公司还将重大投资项目管理情况列入对四大国有文化集团每年的考核指标中，并与各集团领导层薪酬挂钩，进一步加强了对重大投资项目的管理。

四大国有文化集团中重庆日报报业集团制定了《重庆日报报业集团投资管理办法（试行）》及《重庆日报报业集团国有资产和大宗物资采购管理办法（试行）》。重庆广播电视集团（总台）在财务管理办法中明确了重大投资的审批管理权限，但未制定单独的投资管理办法，下属重庆广播电视传媒集团股份有限公司（原为重庆广播电视产业有限责任公司）2006年制定了《重庆广播电视产业有限责任公司投资管理办法（暂行）》。重庆出版集团2005年制定了《重庆出版集团投资管理办法》，建立了投资管理制度。重庆新华书店集团2008年修订了《重庆新华书店集团公司投资管理办法》，进一步规范集团投资行为。

（二）重大投资项目监管中存在的不足

1. 监管内容不完善

对国有文化产业重大投资项目的监管应该是全方位、全过程的监管，项目实施的每个环节、每个责任人都应该纳入监管体系，但在实际执行中，却存在监管脱节、监管内容不完善等问题，主要表现在：一是对项目前期立项监管不严。在未充分分析和理解文化产业政策，未考虑企业自身发展规划及实际情况下，盲目跟风开展热门非主业项目投资，如酒店、旅游等行业的投资，造成企业因追求短期利益而导致投资效果不佳，形成了国有文化资产的浪费和损失。二是决策程序监管不规范。存在绕开出资人批准或备案程序投资、不进行规范的价值评估投资、对涉及企业及职工根本利益的投资项目不经过职工代表大会而直接进行投资等情况。三是项目后评价监管不理想。由于后评价监管体系不完善，对于项目投资完成后整体效果的评价无法开展或者开展效果并不理想，造成项目完成后运行结果如何无人过问，形成了项目投资与效益的脱节，无法有效地总结项目投资经验，不利于形成科学合理的重大项目投资管理模式。

2. 监管主体作用发挥受限

主要表现在以下方面:一是由于未明确项目实施过程中各主体的权利和责任,形成项目实施者履行着监管者的职责,项目实施者既是"运动员",又是"裁判员",项目无监管或无法监管。二是由于企业内部监管主体(如财务、审计等)权力受限,对监管发现的问题不能及时反映和解决,同时监管主体又与项目实施者缺乏有效的沟通,造成信息不对称,监管乏力,影响了监管主体作用的发挥。三是监事会由于监督手段有限,信息不对称,无法代表出资人履行应有的监督职责。四是由于国有文化企业法人治理结构不健全,重大投资项目的决策一般由企业党委会代替董事会决策,造成董事会及出资人派出的外部董事不能发挥应有的决策监督等职能。五是由于各监督主体间职能交叉,权责不明,在监管过程中不能形成良好的优势互补作用,反而出现监管责任的相互推诿,或者是监管一拥而上情况的出现,易产生对项目的"人人不管"或"人人管"的局面,监管混乱、难以到位。

3. 监管手段不健全

投资监管制度的建立和完善是依法履行监管职能的制度保证,由于国有文化企业未建立投资管理制度,或者由于管理制度不完善,亦或由于监管制度的执行力度不够、投资项目追责制度不健全等原因,往往会出现监管过程中无制可依,或者有制不依情况的发生,造成了投资决策不规范、投资工作衔接不流畅或投资效果差等问题的发生。

四、我市建立国有文化产业重大投资项目监管体系的探讨

构建完善、有效的监管体系,需要解决以下三方面的问题,一是要明确监管内容,解决监管什么的问题;二是要找到监管主体,解决谁去监管的问题;三是要完善监管手段,解决怎么去监管的问题。只有监管内容清晰完整、监管主体明确负责、监管手段完善有效才能真正建立起行之有效的监管体系,充分发挥监管体系服务和监督的作用,保证项目顺利实施,确保项目取得预期的投资效果。

(一)监管内容

1. 项目前期监管

主要是对项目前期计划阶段的监督,对项目整体性的把控。包括项目投

资是否适应国家及重庆市对文化产业发展的规划、是否符合产业政策等；是否与企业自身实力相匹配，能否带动企业自身健康、可持续发展等；是否履行了实地尽职调查、评审及立项等前期程序；是否进行了可行性论证，并编制了可行性研究报告或投资建议书等。

2. 项目实施监管

包括项目的决策、执行、完工或处置、后续运行评价四方面的监督。

决策监管内容包括项目决策程序和过程是否公开、透明、民主，是否进行了集体决策，是否履行了董事会决策及上报审核程序，决策过程是否有完整的书面记录等。

执行阶段由于时间跨度较长、程序复杂，是项目实施监管过程中涉及内容相对较多，面比较广的一个阶段，也是监管过程中应当重点关注的一个环节，具体包括：项目执行是否严格按照项目投资计划进行，投资计划的变更和调整是否履行了必要的审批程序等；是否指定专门的部门或人员对重大投资项目进行跟踪监测和管理，是否定期对重大投资项目或被投资单位的财务状况和经营情况进行分析和评价；投资项目出现异常情况时，是否及时向有关部门和人员进行了报告，并采取了相应的措施；投资合同、协议是否征询律师或者有关专家的意见；投资合同、协议的签订和履行是否经授权部门或人员批准等。

项目完成或处置阶段监管包括项目完工是否及时办理了工程结算和竣工决算，是否委托具有相应资质的专门机构进行了工程结算和财务决算审计；项目处置的收回、转让、核销是否进行了集体决策，并履行了相关审批手续，转让价格是否委托具有相应资质的专门机构进行评估，项目核销是否取得了因被投资单位破产等原因不能收回投资的法律文书和证明文件等。

项目后续运行评价是指在项目完成并运营一段时间后（如 2—3 年），对项目立项决策、设计、招投标、施工、竣工投产和运营等全过程进行系统评价的一种技术经济活动，需要评价项目是否达到了预期的目标，项目是否合理有效，项目主要经济指标是否已实现，主要内容包括过程评价、经济后评价、影响评价和持续性评价等。

3. 财务核算及其他相关资料监管

监管内容包括项目的财务核算是否合法、合规并准确、完整，项目资金管理是否严格、规范，项目是否严格按照投资概预算进行，项目相关资料（包括合同资料、财务资料等）是否齐全、完备，资料管理是否规范等。

4. 项目责任人的监管

项目的实施需要落实到各级责任人,加强对"人"的管理是监管的一项重要内容,监管内容包括项目各级责任人在项目实施过程中是否认真履行应尽职责,是否有违法、违纪或损害企业利益行为等。

在项目内容的监管中,要注意对项目事前、事中、事后全方位的持续把握,但同时应避免因监管内容过宽或过细而降低重大投资项目的实施效率,影响重大项目投资时机的把握,应根据企业管理及投资项目实际情况,遵循成本效率的原则,准确把握监控重点,加强对项目薄弱环节和重点内容的监管,抓住监管的"主要矛盾",最大限度地发挥监管作用,实现通过监管服务项目运行,保证重大投资项目顺利、有序地实施,争取取得投资预期效果。

(二) 监管主体

1. 企业内部监管主体

企业内部监管主体大体包括企业党委、纪委、董事会、财务部门、内部审计部门、企业职工等。国有企业党委作为党在企业中的基层组织,围绕企业生产经营发挥着政治核心作用,参与企业重大问题的讨论、研究和决策。党委监管应重点放在对文化产业项目意识形态的把控上,加强对重大投资项目立项阶段和决策阶段政策性、大局性和方向性的把握,保证重大投资项目符合党的路线、方针和政策,确保项目能够体现国有文化企业良好的形象和应有的主导带头作用。国有文化企业纪检监察组织作为企业党组织和行政组织的专门监督机构,在重大投资项目实施中应重点加强对企业领导决策和重大项目各阶段具体责任人的监管上,同时应注重加强与其他各监管主体,如党委、内部审计部门等的沟通和协调工作,及时将发现或受理的项目问题与后者进行沟通,提早预防重大投资项目中贪污腐败行为的发生。董事会作为国有文化企业内部决策机构,应重点监管项目前期各项工作,做好项目决策,同时应注重开展项目后评价,及时总结项目经验,明确项目责任,为以后重大项目投资开展提供参考和借鉴。企业财务部门应通过对重大投资项目的资金管理、费用控制、账目核算加强对重大投资项目执行和项目完工或处置阶段的监管。内审机构作为项目重要的内部监管部门,其监督作用应贯彻于项目实施的整个过程,做到"事前参与、事中监控、事后评价",同时应重点加强对项目执行过程的跟踪审计,通过对财务、工程、物资、合同等监管内容的审查,及时发现重大投资项目中存在的问题,并通过加强与其他监管主体,如监事会、纪委等的沟通和协调,及时反映发现的问题,减少项目运行风险,保证项目顺利进行。企业职工作为重大投资项目的直接参与者,对项目实施过程熟悉,充分发挥企业职工对项目实施全过程的监督作用,拓展监督信息渠道,提升监管的效力。

2. 国有出资人监管主体

国有出资人监管主体包括国有文化资产监管机构及其外派监事会、外部董事。国有文化资产监管机构应通过建立重大投资项目审核或备案制度,重点加强对重大投资项目决策的管理(尤其是文化企业非主业重大投资项目决策),引导企业规避风险;在项目实施阶段应建立项目投资提示制度和统计分析制度,并组织开展不定期的稽查、审计等动态监督管理工作;同时应建立和完善项目后评价工作制度,通过运行情况的总结和评价不断推动国有文化企业建立、健全投资管理体系。外派监事会作为国有文化出资人在企业的派出机构,应健全监管手段,充分发挥其应有的职能职责,加强对项目决策的监管;通过委托审计加强对项目完工或处置阶段的监督,对项目前期各阶段监管工作进行再评价,避免监管主体在项目实施过程中的监管重位。外派董事作为国有文化出资人派驻企业的代表,应注重发挥对项目决策程序的监管作用。

3. 第三方监督主体

第三方监督主体主要包括政府审计、社会中介机构(如会计师事务所、律师事务所等)、项目专家、社会监督力量等。

第三方监督主体大多与重大投资项目无直接的利益关系,相对对立,其中社会中介机构和项目专家在各自领域有着专业技术优势,可以重点发挥其在重大投资项目实施过程中的项目评审、可行性研究、专业鉴证、项目竣工审计等方面的监督作用。政府审计依据国家政策,通过开展对重大投资项目的专项审计,加强对国有文化产业重大投资项目的监管力度。随着国家对文化产业的重视及文化产业重大投资项目的增多,政府审计将在国有文化产业重大投资项目的监管中发挥越来越重要的作用。社会监督力量(如公众、舆论媒体等)通过质询、曝光或举报等方式对项目实施过程中出现的违法、违规、腐败等问题进行监督,防范项目出现违法违规行为,揭露项目中的腐败行为。

总之,各监管主体在重大项目的监管中应明确责任,并根据各自的职能职责、优势,特点有针对性、有侧重地进行监管,建立既相互协作又互相监督的监管体系。构建党委管方向,纪委管风气,董事会重决策监督,监事会及外部董事监督决策者,国有出资人审核,审计、财务、第三方监督主体监督贯彻始终的监管体系。同时在监管过程中各监管主体应加强沟通和联系,畅通信息,各监管主体应及时反馈监管过程中发现的问题,或者根据监管主体反馈的问题及时调整监管方向。监管主体间,在相互协作的同时应建立相互监督的关系,如发挥国有出资人对企业董事会的监管,董事会发挥对财务、审计等的监管,财务、审计加强对项目实施过程的监管,监事会加强对财务审计监管过程的监管,政府审计加强对国有出资人及企业的监管,等等。只有这样才能形成对监管内容的层层监管,监管主体间相互监督的体系,充分提升监管的效率和效果。

(三)监督手段

1. 健全监管制度

健全、有效的重大项目投资管理制度是监管体系建立的框架支撑,是监管作用发挥的前提保障。市文资公司在现有《办法》和《细则》的基础上应进一步建立重大投资项目追责及奖惩制度,完善项目后评价制度,细化项目完成后的评价内容、评价方式、评价主体等,使项目后评价具有实际可操作性和应用性。重大投资项目实施企业要在国有文化监管机构的指导和监督下,根据企业重大投资项目的具体情况,结合投资类别(如固定资产投资、股权投资等)、投资程序、投资责任等进一步细化重大投资项目监管制度,形成重大投资项目监管内容完善、程序清楚、权责明确、运行有效、相互牵制的投资管理制度体系。同时应建立社会监督制度,充分发挥和调动社会力量对重大项目投资的监管作用。

2. 完善考核体系

国有文化资产监管部门及企业内部应建立和完善对重大投资项目实施的绩效考核机制,层层分解和落实项目责任,将重大投资项目实施情况、实施效果与责任人员切身利益直接挂钩,作为责任人任期绩效考评、离任评价、晋升等方面的重要考核内容;建立起科学合理的激惩机制,充分调动各相关责任部门和人员积极性,正确引导和规范国有文化企业的经营行为,形成监管合力,确保重大投资项目的实施效果。市文资公司在已实施的重大投资项目进展情况单项考核的基础上,可以考虑进一步完善对项目完工情况的考核,建立重大投资项目考核奖惩基金,根据项目运行情况对项目责任人进行奖励或惩罚;同时各国有文化企业应分别建立和完善相关考核制度。但在考核时,应尽量避免考核所带来的负面影响,不能因考核过严、过死而造成项目责任人不敢决策,一味求稳,而错失投资机会,进而影响企业的发展。

3. 开展项目后评价

通过开展科学、完善的项目后评价,对已完成项目的目的、执行过程、效益、作用和影响进行全面的、客观的分析,通过分析评价找出成败的原因,总结经验教训;通过及时有效的信息反馈,为未来新项目的决策及提高、完善投资决策管理水平提出建议,为项目实施运营中出现的问题提出改进建议,从而达到不断提高国有文化企业投资决策水平、加强投资项目管理、完善对项目各责任主体的综合考核及制约机制、提高投资效益的目的。开展项目后评价应避免后评估人员与前评估人员的重复,保持后评估人员的独立性,保证后评估结果的客观性、准确性。

4. 建立重大投资项目监管信息系统

运用现代信息管理技术和互联网技术,建立国有文化产业重大投资项目管理与监控信息系统,将监管项目统一纳入系统,通过系统对项目信息进行全过程监测、对监管主体进行监督、对项目责任人进行监控,对项目关键指标进行预警、对项目进行评价,并对系统中存在的数据进行实时汇总和综合分析;同时在信息系统内部建立监管主体间的联动机制,为各监管主体搭建一个共同管理和沟通的平台,从不同的角度加强对项目的管理,形成监管的联动机制和合力,为进一步完善监管内容,强化监管主体,丰富监管方式,提高监管效率,实现项目监管的前期预防、中期监控和后期考核。

作者单位:
　　童艺强　　重庆市国有文化资产经营管理有限公司
　　朱旭龙　　重庆市国有文化资产经营管理有限公司

重庆长江三峡库区文化产业研究

三峡库区文化产业研究课题组

文化产业是文化和经济相互渗透而形成的新兴产业。三峡库区文化底蕴深厚、文化资源丰富,发掘三峡文化资源,发展三峡文化产业,构建独具特色的重庆长江三峡库区文化产业体系,把文化产业培育成三峡地区新的经济增长点和新的支柱产业,必将对三峡库区乃至中国弘扬传统人文精神,推进产业系统创新,实现三峡库区的可持续发展产生直接而深远的影响。

三峡库区研究的地域范围主要指重庆市三峡库区 15 个区县,包括万州区、涪陵区、渝北区、巴南区、长寿区、江津区、丰都县、武隆县、忠县、开县、云阳县、奉节县、巫山县、巫溪县、石柱县。其中库区 9 个腹心区县(涪陵区、丰都县、忠县、万州区、开县、云阳县、奉节县、巫山县、巫溪县)为重点研究目标。

一、三峡库区文化产业发展的基础条件及存在的问题

三峡库区具有做大做强文化产业无与伦比的资源条件、良好的产业基础,以及宽松的政策环境。

(一)三峡库区文化产业发展的基础条件

1. 文化资源得天独厚

三峡库区文物古迹众多,不仅有古人类化石及遗址,也有旧石器时代遗址和新石器时代以及秦汉及以后的遗址,形成了丰富多彩的人文景观文化;上下几百年间峡江人民的生活铸就了三峡库区风格独特的古建筑和民居群,形成独具地域风格的古建筑文化;以涪陵白鹤梁题刻为代表的题刻彰显了三峡库

区的摩崖题刻文化;世居的少数民族,在长期历史发展过程中形成了特色鲜明的民族、民俗文化;历代慕名而至的文人墨客面对壮美雄奇的三峡美景,创作书写了大量诗词文赋,形成独特的名人文化。各种资源异彩纷呈,独具一格,为三峡库区发展文化产业提供了无与伦比的资源基础。

2. 产业基础逐渐夯实

随着经济社会快速发展,库区文化基础设施体系逐步完善,三级公共文化体系初步建立,广播、电视、公共图书馆等设施实现全覆盖;库区城乡居民生活水平得到不断提升,文化娱乐消费成为居民消费新的增长点;群众文化活动丰富多彩;库区文化企业健康发展,经营主体多元化格局初步形成,在很大程度上为库区移民就业创造了条件,解决了不少移民的安置问题;以世界级旅游资源为依托的文化休闲娱乐服务业蓄势待发,三峡库区文化产业基础逐步得到夯实。

3. 政策极为有利

为了支持三峡移民搬迁安置和库区经济社会发展,在三峡工程后续工作阶段,国家已出台了14类24项优惠政策和扶持措施,重庆库区会获得一千亿元的国家投入。中央、国务院高度重视文化建设,国务院出台《文化产业振兴规划》,标志着加快文化产业发展已经被提升到国家层面。在国家"十二五"发展规划中,首次提出,要把文化产业培育成为国家的支柱性产业。近年来,国务院三峡办提出打造"文化三峡",市委、市政府提出建设文化强市目标,相继出台了一系列支持文化产业发展的政策措施,着力建设西部地区文化产业重要增长极。

(二)三峡库区文化产业发展存在的主要问题

尽管三峡库区文化产业有着良好的发展基础和条件,近年来发展速度较快,但文化资源与文化产业的巨大反差仍未根本改变,与重庆主城区相比仍有较大差距。

一是思想认识滞后,对文化产业发展的认识不到位、重视程度不够。从库区各地对文化的研究来看,大多仍停留在"就文化论文化"的小范围研究,缺乏对整体发展战略的研究,还没有将三峡丰富的文化蕴藏作为经济发展的支撑,极少在经济发展中赋予文化内涵,造成文化优势与经济发展脱节,文化资源闲置,还处于待开发的状态。客观上,对文化建设的考核重视不够,市委、市政府每年的考核指标体系中文化发展权重过低,偏向经济发展,不足以起到导向和激励作用。

二是三峡库区整体经济实力较弱,文化发展后继乏力。2010年底,库区共计人口1517.97万人,占全市总人口的45.95%,地区生产总值3098亿元,占全市的39%,其中第三服务业产值占全市的40%,一般预算收入占全市的30.61%,均低于该区域人口在全市所占比例。库区不仅在人均地区生产总值、人均第三产业产值以及人均预算收入方面均低于全市平均水平,且库区内部经济发展实力差距大,资源严重不均衡。因此,在文化产业发展上,各区县容易各自为政,从自身条件出发制定发展举措,难以形成合力,文化发展后继乏力。

三是文化产业品牌效应差、竞争力弱。缺乏对新三峡文化形象的整体规划和营销策划,没有意识到建立新三峡统一文化形象标志的问题,对外没有一个统一的文化形象。旅游文化形象的配套设施跟不上旅游发展的需要。针对三峡工程文化和移民文化开发力度不够。

四是市场主体培育滞后。由于历史沿革,重庆较为有实力的文化集团或企业均布局在主城区,库区缺少有影响力的特色文化品牌和大型骨干文化企业。从全市范围看,库区重大特色文化项目的缺失也使得库区缺少文化产业企业成长的有利环境,在2011年度重庆市文化产业发展十大亮点评选结果中,作为库区文化代表的只有《印象·武隆》大型实景演出一项入选。

五是文化产业政策不够完善。首先是缺乏针对文化产业企业的投融资政策。文化企业大多具有以无形资产为主的资产结构轻型化特点,而无形资产评估难、处置难也导致抵押难、担保难、贷款难。其次,在文化产业发展中,库区各区县目前没有建立相应的激励创新工作机制,对文化产业发展缺乏优惠扶持政策引导,特别是对动漫创意、服务外包、软件开发、网络媒体等新兴文化产业的项目企业,在先期研发过程中资金扶持、发展环境等方面缺乏政府推动和政府扶持。

六是文化产业"走出去"能力有待提高。渠道方面,受困于对外宣传的巨额费用,又鉴于库区移民搬迁、环境保护等时间紧、任务重的影响,失去了许多建立渠道的机会;内容方面,目前整个重庆文化产品的"走出去"几乎都是"送出去"、"推出去",而没有"请出去"。如果库区文化产业的发展不能按照国际市场的需求,不能按照输入地消费者的审美和消费习惯有针对性地进行生产和创造,这样的产品不会得到市场的青睐。

七是高层次文化人才严重缺乏。我市专业文化产业人才非常缺乏,在会展业、物流业、版权运营等方面特别缺乏熟悉经营又懂市场的专职文化产业发展高级人才，而库区由于地处偏远，经济条件有限，吸引文化人才方面更是难有吸引力。

二、三峡库区文化产业发展思路

文化产业内涵丰富，作为战略性新兴产业，创意成分较大、科技含量高、监管难度大，与经济社会和人民生活密切相关。因此必须高度重视，切实加强对文化产业发展的宏观指导，明确文化产业的发展目标、产业布局和重点项目，保证三峡库区文化产业的快速科学发展。

（一）总体目标

根据三峡库区发展文化产业独特的现实条件和优势，结合世界文化产业发展的经验和我国文化产业发展的趋势，未来十年三峡库区文化产业发展的总体目标是：依托丰富、多样的自然资源与文化资源，激发创新、创意、创业活力，充分利用国家和重庆市对三峡库区经济社会和文化产业发展的政策支持，进一步把资源优势转化为产业优势和经济优势；推动传统文化产业持续健康发展、新兴文化产业逐步壮大，做大做强以文化旅游业为龙头的三峡库区特色文化产业，并逐步运用高科技手段融合传统文化产业和新业态文化产业，形成旅游文化产业比较优势突出的库区文化产业体系；形成与经济社会发展相适应的文化产业，与文化资源相适应的文化实力，与人民群众精神文化需求相适应的文化条件，把文化产业培育成三峡库区新兴支柱产业和重要经济增长点。

从三峡库区世界级旅游资源优势出发，优先发展文化旅游业，形成自然景观和人文景观交相辉映的旅游产品体系；重点推进出版印刷业改革创新，促进出版印刷业的公平竞争和全面繁荣；不断深化广播影视体制改革；大力发展影视剧制作业，逐步把三峡库区建设成国家影视剧剧本创作、拍摄、制作基地，形成影视剧制作的三峡库区风格和三峡库区品牌，成为三峡库区的一大优势产业；大力发展娱乐演出业，着力提升演出的质量水平和对外辐射能力；扶持发展文化创意业、文学艺术创作业、文博会展业和体育休闲业。

（二）文化产业空间布局

三峡库区文化产业空间布局为"一核、二区、七点"。

一核。长江三峡国际黄金旅游带为库区文化产业发展的核心动力，对库区文化产业发展发挥引领和示范作用。重点开发涪陵武陵山、北山坪，丰都名山、南天湖，忠县石宝寨、四望楼，万州青龙瀑布、潭獐峡，云阳张飞庙、龙缸，巫山大昌古镇、宁江半岛、神女溪、巫溪红池坝、大观山、宁厂古镇、开县汉丰湖、雪宝山，石柱黄水景区、西沱古镇，长寿区长寿湖、长寿古镇等旅游资源，发展旅游文化业。

二区。包括万州区、涪陵区二个重点区域。充分发挥万州、涪陵区域性中心城市的功能，万州重点发展演艺娱乐、印刷包装、工艺美术和文化旅游业等；涪陵区重点发展文化娱乐、媒体、新闻出版、艺体培训、文化旅游业等。

七点包括：丰都县、忠县、开县、云阳县、奉节县、巫山县、巫溪县。以各县的文化资源为基础，大力发展文化产业，提高对辖区内居民的文化服务功能，有重点地培育特色产业，提高对外辐射能力。

丰都根据自身文化资源和结构布局，重点打造广播影视业、文化演艺业、文化旅游业、体育博彩产业、广告会展业、文化创意业等。忠县依靠科学进步和创新，改造提升传统文化体育产业，大力发展广播影视、出版发行、印刷包装、演艺娱乐、文化会展、动漫游戏、体育彩票、运动服装、体育器材、体育表演和水上游乐等新型创意产业。开县突出地方特色，加快文化旅游业、娱乐业、广播影视业、印刷出版业、会展业的发展。云阳县重点打造文化旅游业、娱乐业、文化演艺业；加快广播影视业发展；大力发展印刷包装业。奉节县重点打造文化旅游业，扶持壮大文博展览业，大力发展广播电视业、文化娱乐及演艺业、会展业。巫山县大力发展广播影视业、积极发展出版发行业、加快发展文化旅游业、文娱演出业、文博会展业等。努力提高健身休闲业发展水平、全面推进数字化、网络化工作，加快发展、努力提升工艺美术品发展水平。巫溪着力培育体育休闲、书报刊、电子影像制品、演出、娱乐、影视、印刷等比较有优势的文化产业。

此外，除了库区9个腹心区县的其他6个区县也有各自发展重点。

江津区面向文化市场需求，充分借鉴国内外现代文化产业发展经验，根据实际情况，重点选择文化旅游业、文博展览业、新闻出版业、发展文化娱乐业、文艺演出业、艺术培训业、文化节庆业、文化创意业等进行扶持。渝北区大力发展广播电视业、出版发行业、印刷物流业、文化会展业、休闲娱乐业、文化旅游业、文博艺术业等。巴南区加快文化产业结构调整，着力壮大三大优势特色产业：温泉文化旅游业、民间艺术创作演艺业、休闲娱乐文化业，积极培育两大新兴文化产业：互联网文化产业和研发设计创意文化业，优化提升其他传统文化产业：广播电视传输服务业、出版发行业、图书音像和印刷包装业。长寿区推动文化产业向规模化发展，重点发展文化旅游业、印刷业、娱乐业等。武隆县充分利用得天独厚的旅游资源，重点发展文化旅游业、影视服务业、工艺美术和艺术培训业。石柱县依托丰富的旅游资源、城市资源和农业生态资源，继续推进文化娱乐、印刷包装、图书发行销售等传统文化产业发展，重点发展符合本地实际、具有本地文化特色的文化旅游、民族文化动漫业、土家工艺设计和制作等。

（三）示范工程与重点项目

根据三峡库区文化产业发展的总体目标要求和战略重点，在文化产业发展的重点门类中设计和确定一批具有支撑、示范和带动作用的系列工程，在系列工程中选择和实施一些重点项目，以系列工程和重点项目为抓手，推动三峡库区文化产业快速发展。

1. 示范工程

基地工程。根据三峡库区的发展基础和未来发展的需要以及各区县的文化资源现状，建设若干产业基地，主要包括文化旅游产业基地、影视制作和服务基地、创意产业基地、水上运动娱乐基地、印刷包装产业基地、动漫产业基地，以基地为主要载体，整体推动文化产业快速发展。

精品工程。文化基地建设是文化产品产出和发展的基础条件，文化产品的质量水平决定文化基地和文化产业的建设发展水平。因此，必须把文化精品制作当做产业发展的核心工程来抓，围绕三峡库区的文化资源和特色产业，不断推进系列文化精品。主要包括：文化旅游精品、文学艺术创作精品、影视剧精品、动漫游戏精品。

明星企业工程。推进文化产业化发展，关键是培育出一批具有文化企业本质特征，又有一般企业所具有的基本功能的文化企业。因此，要在适宜规模化、产业化、市场化的文化领域中培育出一批具有示范和带动作用的企业，提升企业创意创新能力、市场化运作水平和国际竞争力。企业示范工程重点项目包括：建立现代公司制文化企业、培育创新型文化企业、培育行业示范领军企业。

文化产业信息化工程。深度开发和综合应用各种信息资源，实现以信息化带动工业化，以信息化推动现代化，以信息化强化文化软实力，增强库区文化产业竞争力。主要通过网站、数字内容、电子商务和物联网建设，运用文字、图片、音频、视频和三维动画等多种网络信息表现形式，采用先进的云技术，向全球提供库区文化产业各行业、各部门和各单位的主要信息，成为与外界交流、交易的信息化平台，以及对外展示和宣传库区形象的主要渠道。

文化品牌建设和形象传播工程。以"三峡旅游"品牌为统领、以各区县形象品牌为支撑，塑造反映库区资源、生态、文化、旅游、经济、社会情况的"三峡旅游"形象和产品品牌。采取多种手段，传播库区多样性的文化；展现库区良好的生态，丰富的资源，现代化建设迅猛进步的成果；展示库区人民安稳致富、和谐稳定新库区、人与自然和谐共处的美好家园；推介世界级、高品位的旅游产品、文化体验产品，植根于深厚传统文化又符合现代生态要求的传统产品和现代高科技产品。

称号申报工程。西南卡普、石柱土戏、甘宁鼓乐、土家吊脚楼、万州川东竹琴制作工艺、《竹枝词》及其歌舞等优秀非物质文化遗产以及巫山古人类化石遗址，制作（或重新制作）申报材料，开展前期宣传，按程序申报世界非物质文化遗产和世界文化遗产；库区重点9个区县向教育部、中国文联申请授予中国艺术院校国家级美术音乐舞蹈培训、采风基地称号，建设中国艺术家视觉艺术（写生、摄影）创作基地。

2. 重点项目

根据资源禀赋原则，结合各区县的发展基础，支撑库区文化产业发展重点项目主要有文化设施项目、文博会展业项目、文化旅游业项目、出版印刷业项目、文化创意业项目、影视剧制作服务业项目、体育休闲业项目。

文化设施项目。主要有位于万州的三峡文化艺术中心、江津的艾坪山文化公园、忠县的忠州博物馆、涪陵的小田溪巴人遗址博物馆、巫山古人类遗址博物馆、云阳的井盐博物馆、渝北的两江文化中心和巫溪的乡镇文化广场建设工程等。

文博会展业项目。主要有位于巴南的重庆市非物质文化遗产博物园、开县的文物复制和艺术品加工项目、"魅力开州"演艺中心、巫山的三峡库区文艺创作演出中心、万州的三峡文博园区等。

文化旅游业项目。主要有位于长寿的菩提山·中国长寿文化城、开县的汉丰湖旅游文化游乐园项目、石柱的西沱云梯街和三教寺、巴南的云篆山旅游景区整体开发项目和桃花岛休闲文化综合开发、江津的双福文化产业园、万州的潭獐峡土家文化旅游项目、忠县的白公祠文博景区、石宝寨景区和涪陵的蔺市红酒小镇、816地下核工程遗址公园等。

出版印刷业项目。主要有位于万州的重庆国家数字出版基地三峡库区实验园区和三峡印包园区、涪陵的三峡库区涪陵刷印中心及江津的重庆印刷包装基地等。

文化创意业项目。主要有位于忠县的移民生态文化创意产业园区,万州的文化创意产业基地,江津的民俗文化影视基地、抗战文化影视基地,武隆的乌江影视基地和巫山的龙溪古镇影视拍摄基地等。

体育休闲业项目。主要有位于巫山的白水河水上健身中心和丰都的长江水上娱乐健身竞技公园等。

三、库区文化产业发展的保障措施和政策建议

当前,随着党的十七届六中全会的胜利召开,重庆文化产业迎来了新的一轮黄金发展机遇期。重庆三峡库区文化产业是我市文化产业的重要组成部分。相关市级部门必须加强统筹和扶持力度,帮助我市三峡库区相关区县党委、政府紧紧抓住机遇,创新机制体制,立足自身优势,突出发展重点,完善配套政策,优化发展环境,打造独具特色的重庆三峡库区文化产业带,为加快库区产业结构调整和发展方式转变,促进库区经济社会又好又快发展和移民安稳致富,提供更加有力的支撑。

(一)保障措施

1.思想保障

各级党委、政府要确立科学的文化产业发展观,要深刻领会中央的要求和市委的决心意图。推动文化产业成为国民经济支柱性产业,是党中央作出的一项重大战略部署。党的十七大报告、十七届六中全会《决定》、《国民经济和社会发展第十二个五年规划纲要》和《国家十二五文化改革发展纲要》都对文化产业的发展做出了明确的规划。重庆市委、市政府也高度重视发展文化产业。三峡库区各区县必须抓住机遇,增强紧迫感,采取超常措施,推动三峡库

区文化产业跨越式发展,使之成为三峡库区新的经济增长点、经济结构战略性调整的重要支点、转变经济发展方式的重要着力点。要充分认识文化产业的地位和作用。要从解放和发展文化生产力、满足群众精神文化需求、提高区域竞争力的高度,来认识文化产业的地位和作用,充分认清发展文化产业是社会主义市场经济条件下满足人民多样化精神文化需求的重要途径,是繁荣发展社会主义文化的重要载体,是推动经济结构调整、转变经济发展方式的重要着力点。要充分认识发展文化产业对于我市三峡库区的特殊重要性。要充分认识到发展文化产业是促进库区经济发展和移民就业创业的需要,是保障移民安稳致富,促进库区持续发展,实现共富和谐和长治久安的需要,把发展文化产业作为贯彻《三峡后续工作规划》、推动库区经济社会科学发展的重要突破口来抓。要增强发展三峡库区文化产业的信心。推动文化产业成为国民经济支柱性产业,既有国际先进经验又有国内成功实践。从国际看,美、英、日、韩等国文化产业增加值占国内生产总值比重都超过了15%,成为本国经济的支柱性产业。从国内看,北京、上海、广东、湖南、云南、湖北等省市文化产业增加值占当地经济比重均已接近或超过5%,对经济发展的贡献日益突出。重庆三峡库区拥有丰富的历史文化资源,在发展文化产业上具有独特的优势和条件。要树立科学的产业化运作理念。要看到文化产业最主要的特点是它的经营性,它的落脚点是产业。作为产业,它有自身的发展规律,企业规模、产业链、经济效益等就成为优先考虑的问题。发展我市三峡库区文化产业,要转变思想观念,面向市场,遵循规律,走现代产业之路,要用产业的手段来经营和发展文化产业,而不是用过去管理文化的手段来管理文化产业。

2. 组织保障

市级相关部门要加强统筹指导,大力支持我市三峡库区发展文化产业。加强统一规划和指导。可考虑由万州区牵头成立重庆三峡库区文化产业发展合作区,市级部门加强指导协调,建立我市三峡库区文化产业发展协调机制,对库区各区县立足自身优势发展独具特色的文化产业,在市级层面进行统一论证和规划,力求布局合理、优势互补,避免重复建设或恶性竞争。由市委宣传部牵头、相关市级职能部门参加,邀请国内外文化产业发展相关领域的知名专家、学者参与,成立三峡库区文化产业发展专家咨询小组,深入三峡库区开展实地调研、政策咨询,为库区各区县发展文化产业"把脉",提供咨询和指导意见。

三峡库区相关区县党委、政府要切实把文化产业发展摆上议事日程,加强领导和统筹规划,成立由党政主要领导亲自挂帅的文化产业发展领导小组,加强对文化产业发展的宏观指导协调,督促贯彻落实中央和我市出台的文化产业发展政策,结合实际出台推动本地文化产业加快发展的措施,建立有利于推进文化产业发展的工作机制。由区县党委宣传部门牵头,政府相关部门充分发挥职能作用,争取人大、政协的大力支持,调动社会各方面的力量,加快发展本地区文化产业。把文化产业发展纳入经济社会发展总体规划,纳入科学发展考核评价体系,建立相关的考核、评价和责任制度,作为评价地区发展水平、衡量发展质量和领导干部工作实绩的重要内容。

3. 制度保障

加快推进三峡库区各区县文化体制改革,建立完善统一、规范、有利于文化产业加快发展的体制机制。深化文化行政管理体制改革,加快转变政府职能,推动政企分开、政事分开,理顺政府和文化企事业单位关系,区县文化行政管理部门着力强化执行和执法监管,面向基层群众做好公共文化服务。推动文艺院团和国有电影发行放映机构转企改制,建立完善现代企业制度。加强文化市场综合执法,综合运用法律、行政、经济、科技等手段深入开展"扫黄打非",完善文化管理,提高管理效能。加强文化及相关产业统计工作,制定适合三峡库区文化产业发展的统计和考核指标,提高文化产业统计的准确性和时效性,提高文化产业统计数据的使用效益。

4. 资金保障

扩大市文化产业发展专项资金规模,加大对重庆三峡库区文化产业发展支持力度,重点扶持发展三峡库区文化产业龙头企业、重点文化产业基地、重点文化产业园区、重大文化产业工程建设。三峡库区各区县政府加大对文化产业的投入,通过贷款贴息、项目补贴、补充资本金等方式,支持国家和市级文化产业基地建设,支持文化产业重点项目建设及跨区县整合,支持国有控股文化企业股份制改制,支持文化产业领域新产品、新技术研发。鼓励各区县设立文化产业发展专项资金,每个区县至少应打造1个有特色的文化创意街区或孵化园区。市文资公司和四大国有文化集团对三峡库区的文化企业提供融资、人才等支持,或进行并购、重组,帮助其做大做强。落实好文化体制改革配套政策。对三峡库区各区县转企改制国有文化单位所有扶持政策执行期限,在2013年12月31日到期后,再延长5年。鼓励区县对转制后的国有文艺院团继续给予财政扶持。

5. 人才保障

开展三峡库区文化供求人才供求情况专项调研,切实摸清文化人才特别是文化产业人才供求缺口状况,建立库区文化人才库,制定三峡库区文化产业人才培养引进规划(计划)。市级每年举办重庆文化产业高级人才研修班和全市微型文化创意企业培训班,培训名额向三峡库区各区县倾斜。鼓励各相关区县举办各种形式的文化产业人才培训。支持西南大学、重庆大学、重庆工商大学等高等院校充分发挥专业人才集中的优势,调整专业结构,加强文化产业专业建设,培训三峡库区文化产业发展急需的各类专业人才。鼓励三峡库区各区县发挥各自旅游、文化资源优势,吸引国内外文化产业领域的知名专家学者采取灵活方式发挥智囊作用。完善机构编制、学习培训、待遇保障等方面的政策措施,打造一支了解三峡文化、热爱三峡文化、有经营头脑、踏实肯干的三峡库区文化产业人才队伍。

(二)政策建议

目前,国家和我市都出台了一系列政策举措,为加快发展文化产业提供了有力保障。但鉴于三峡库区经济社会发展的极端重要性,以及我市三峡库区文化产业起步较晚,基础较差的实际,推进三峡库区文化产业发展,除了要落实好国家和我市已有的文化产业普惠政策外,建议国家、我市以及区县还可针对三峡库区的特点和实际,出台针对性的政策,进一步形成有利于加快三峡库区文化产业发展的良好政策条件。

1. 制定激励三峡库区文化产业发展的财政政策

建议相关市级部门协调国务院三峡办专门出台扶持三峡库区文化产业发展的财政政策。由国务院三峡办设立一定规模的三峡库区文化产业专项资金,用于三峡库区重要文化企业、重大文化项目建设,做到专项列支、逐年递增、足额拨付。我市市级财政和库区各区县财政也应投入相应配套资金,用于扶持发展文化企业。加大对三峡库区各区县创办微型文化创意企业的扶持力度,给予较其他区县和一般行业微企更高的财政补助资金,力争每年创办文化微型企业不少于50家。

2. 创新激励三峡库区文化产业发展的投融资政策

建议市移民局协调国务院三峡办研究出台吸引投资者到三峡库区兴建文化企业的激励措施。积极发展风险投资、贷款担保等金融业务,建立银行、担保公司、企业"三位一体"的投融资平台,积极引导工商资本、民间资本、外来资本投入库区文化产业发展。充分发挥重庆三峡库区产业发展信用担保公司和重庆文化产业融资担保公司等金融担保机构融资担保功能,加大对库区文化产业项目的融资担保作用和力度。积极引导金融机构加大对库区产业的支持力度,鼓励信贷资金合理流向库区。争取政策性金融机构重点支持库区文化产业发展,鼓励商业银行利用中小企业再贷款、再贴现、出口退税政策、扶贫贷款,对三峡库区文化产业项目(企业)给予贷款支持。

3. 全面落实和创新激励三峡库区文化产业发展的税收政策

建议国家进一步加大对三峡库区文化产业发展的税收优惠扶持。一是放大西部大开发税收优惠政策。在现行政策规定对新办交通、水利、电力、邮电和广播电视基础产业的企业(上述项目业务收入占企业总收入70%以上的)实行"两免三减半"(即:前两年免征企业所得税、后三年减半征收企业所得税)的税收优惠政策基础上,建议对三峡库区文化企业增大优惠程度,给予"五免五减半"(即前五年免征企业所得税、后五年减半征收企业所得税)的优惠政策,并将其在库区的执行年限延长5—10年。同时,建议比照民族自治地区企业所得税优惠政策,授权重庆市人民政府批准对库区文化企业定期减征或免征企业所得税。此外,对于库区贫困区县,建议国家在5—10年内通过财政转移支付对其因税收减免而引起的财政减收给予补助。二是实行增值税返还政策。建议国家在2020年前对三峡库区文化企业实现的增值税以2011年为基数,超基数部分按50%返还企业。同时,除执行国家西部大开发有关税收优惠政策外,对新办文化企业增值税、营业税,在2015年前按国家应征税额的50%征收。三是对三峡库区文化企业房产税(城市房地产税)、土地使用税实行税收优惠。对2020年底以前到库区内投资新建文化企业所购置的生产经营房屋,免征房产税(城市房地产税)和土地使用税5年;库区内现有文化企业进行厂房扩建,对扩建部分在2020年底以前免征房产税(城市房地产税)和土地使用税5年。建议重庆市级层面加大对库区文化产业发展给予税收优惠。对库区新建文化企业,自获利年度起,5年内市级税收由财政全额返还,增强企业起步发展能力。

4. 制定激励三峡库区文化产业发展的土地政策

文化建设用地要纳入土地总体规划和城乡规划优先安排。对位于三峡库区的国家或重庆市级文化产业基地、重大文化项目、重要文化设施建设用地,可适当减免市、区县两级土地出让金。鼓励库区各区县通过租赁、兼并、抵押等多种方式盘活流转土地,保障重大文化项目的用地需求。探索生态移民、宅基地(房)换住房、城乡建设用地增减挂钩、地票交易等方式提供文化项目用地。

5. 实施促进三峡库区文化产业发展的奖励政策

制定出台鼓励在三峡库区兴办文化企业的优惠政策。实施以奖代补,对文化产业发展领先、创办文化企业数量靠前的三峡库区区县以及创造就业岗位较多的三峡库区文化企业实施奖励性扶持政策。

作者单位:

陈　扬　重庆市国有文化资产经营管理有限责任公司
程　锋　重庆市国有文化资产经营管理有限责任公司
袁道春　重庆市国有文化资产经营管理有限责任公司
何　浩　中共重庆市委宣传部
马晓燕　重庆社会科学院
王光胜　中共重庆市委宣传部
瞿庭涓　重庆嘉禾实业有限公司
李春艳　重庆市社会科学院

REPORT ON DEVELOPMENT OF
CHONGQING'S CULTURAL INDUSTRY (2012)

年度观察

开栏语

11052亿与238.75亿。这组国家统计局公布的全国和重庆的文化产业增加值数据直观地显示了当下重庆在全国文化产业版图中的地位。是的,仅从数字来看,重庆在文化产业总盘子中分得的这块蛋糕还显渺小。

可贵的是,重庆在加速追赶。

追赶缘于使命。"文化是民族的血脉,是人民的精神家园。"文化,这个词语从来不曾像今天这样发烫。伴随党中央"文化强国"的进军号角,重庆加快了"文化强市"的步伐,充分显示了这个中西部唯一直辖市的文化自信、文化自强和使命担当。

追赶缘于危机。文化产业需要得风气之先,需要抢占"制高点"。在我们还没准备好的时候,别人可能早已出发。文化产业格局初定,落后者必须努力追赶。中国需要追赶。这一年,我们看到,《财富》杂志"世界500强"有迪斯尼等5家年营业收入均在200亿美元以上的世界级文化巨头入围,其中中国文化企业依然缺席。重庆需要加速追赶。这一年,全国文化上市企业已经达到31家,总市值超过2000亿元,而重庆文化企业在上市融资上还未迈出实质性步伐,连续3年评选的全国文化企业30强,大部分集中在沿海省市,重庆无一家文化企业上榜。

追赶的劲头十足。追赶不是空喊口号,需要实际行动。这一年,重庆市委通过了《关于贯彻落实十七届六中全会精神加快建设文化强市的决定》。《重庆"十二五"时期文化改革发展规划纲要》公布实施,规划了未来五年重庆文化产业发展的"路线图"。相关市级部门互动发力,出台了《关于认真贯彻落实十七届六中全会精神助推文化产业大发展大繁荣的实施意见》等文件。重庆文化产业发展的动力更强劲,政策更给力,环境更优化。

追赶的成绩可圈可点。这一年,重庆文化体制改革重点任务全面完成,新的市场主体活力彰显,重庆电影集团成功组建,微型文化企业增至4700多家。这一年,重庆文化产权交易中心完成登记注册,文化产权交易有了新的平台。这一年,重庆出版社平均生产能力继续居全国第一,参加法兰克福国际书展,首次实现图书版权正输出,中国出版发行交易云平台项目启动,出版产业启动数字化转型。

在2011年努力追赶的途中,许多地方、许多文化企业在激烈的市场竞争中"长袖善舞",交出了年度精彩答卷。我们从中选取了6个样本,细细解剖,目的在于让读者能够见林见树。内陆地区有没有机会在网络等新兴文化产业上与得风气之先的沿海地区来一番博弈?重庆华龙网和猪八戒网的探索,或许会让业界"眼睛一亮",大受启发。而江津白沙镇的案例,则讲述了"一个乡镇的文化梦"。在我国依然有几亿人生活在农村,农业、农村和农民的"三农问题"依然是中国这个人口大国面临的挑战背景下,白沙镇的探索无疑具有重大借鉴意义。在重庆之外,我们重点选取了几个中西部地区的文化产业发展案例。其中,湖南出版产业改革发展的探索与突破,对于尚无一家文化企业实现上市融资的重庆,尤具借鉴意义。而河南清明上河园打造文化产业和内蒙古乌海成功打造首个"中国书法城",都有"无中生有"的异曲同工之妙,将会增添经济文化欠发达地区发展文化产业的信心。没有最好,只有更好。这些样本的意义,不在于能得99分或100分,而在于它们的路径,对于我们必定会有所借鉴,有所启发。

假以时日,我们可以许重庆文化产业一个美好的未来。

"文化湘军"的探索与突围

——解析中南传媒整体上市

何 方 王 靓

党的十七届六中全会顺应时代潮流、反映人民愿望，集中全党智慧作出了《中共中央关于深化文化体制改革、推动社会主义文化大发展大繁荣若干重大问题的决定》（以下简称《中央文化决定》）。

这是党中央第一次在全会上专题研究和部署文化改革发展问题，第一次就文化改革发展作出专项决定，第一次明确提出建设社会主义文化强国的战略目标，第一次作出"加快发展文化产业，推动文化产业成为国民经济支柱性产业"的科学定位，充分体现了我们党高度的文化自觉、自信、自强。

《中央文化决定》是推动当前和今后一个时期我国文化改革发展的纲领性文件。回首近年，在中央政策的支持和引导下，国内出版传媒业改革改制、做大做强的热潮一浪高过一浪。其中拥有出版、广电、动漫、演艺等四大王牌主力的文化湘军异军突起，名闻遐迩。有专家惊叹：湖南聚集了全国大批优秀的人才资源和产业资源，已成长为中国文化产业高地和文化传媒股集聚地之一，文化湘军的典型示范价值不可估量。

让我们把目光投向 2011 年 10 月 28 日，中南出版传媒集团股份有限公司（以下简称"中南传媒"）成功登录上海交易所 A 股市场，证券简称中南传媒，证券代码为 601098。

中南传媒是全国首只全产业链整体上市的出版传媒股。作为文化湘军的主力部队，中南传媒上市为全国同行业改革发展提供了宝贵经验，也为文化产业面向资本市场融资提供了经典案例。当时在资本市场引发了一股"中南传媒旋风"，业界也禁不住纷纷探究"中南传媒现象"的前世今生。

一、异军突起，中南传媒上市一鸣惊人

2010年7月16日，中国证监会发行审核委员会2010年第106次会议召开，中南传媒（首发）获通过。当时业内专家预测：一个市值有望突破200亿元的中国出版传媒板块最大蓝筹股呼之欲出，这标志着长期蓄势待发的中南传媒不鸣则已，一鸣惊人。

经中国证券监督管理委员会证监许可核准，中南传媒于2010年10月20日首次向社会公众发行人民币普通股3.98亿股A股，其中网下发行7960万股，网上发行为3.184亿股，分别占发行总量的20%和80%，募集资金项目投资总金额约为185221.56万元，计划用于出版创意策划、中南基础教育复合出版等9个项目。经上海证券交易所批准，中南传媒本次发行中网上资金申购发行的3.184亿股股票于2010年10月28日起上市交易。发行后公司总股本为17.96亿股。

10月20日，中南传媒上网发行，发行价10.66元，发行市盈率摊薄后为41.22倍。10月22日，中南传媒公告网上冻结资金达到了3852亿元，创出当期新高，远远超过了超级大盘股农业银行的2974亿元。而机构网下申购也异常踊跃，认购倍数达55倍。为了尽可能多地获得配售股权，中国人寿等配售机构均采取了"顶格申报"的策略。

中南传媒这次募投项目包含出版、印刷、发行产业链的核心环节，项目实施后将有效扩充产能、创新业务模式、提升市场开发能力、有效控制成本，其发展目标是进一步巩固公司的领先地位，打造极具竞争优势的华文全媒介内容运营商和现代综合传播平台，打造省内一流、全国先进、面向世界发展的综合性传媒产业集团。

据招股书披露，中南传媒计划将上市募集资金用于以下方面：2.97亿元用于出版创意策划项目；2亿元用于中南基础教育复合出版项目；3.03亿元用于数字资源全屏服务平台项目；3.2亿元用于湖南省新华书店区域中心门店改造升级项目；9888万元用于湖南省新华书店电子商务平台项目；9772.43万元用于全国出版物营销渠道建设项目；2亿元用于湖南天闻新华印务有限公司技改项目；1.51亿元用于中南出版传媒集团出版发行信息平台建设项目；1.85亿元用于补充流动资金。

相关资料介绍,中南传媒经营业务涵盖图书、报纸、期刊、音像、电子、网络、动漫、手机报、数字报、框架媒体等多种媒介,拥有出版、印刷、发行、印刷物资供应等一套完整的出版产业链,是典型的"多介质营运作、全流程"大型综合性出版传媒产业集团。其旗下的企业主要有湖南天闻动漫有限公司、湖南出版中心、湖南教育出版社、湖南人民出版社、湖南美术出版社、湖南文艺出版社、湖南科技出版社、湖南少儿出版社、岳麓书社、湖南电子音像出版社、湖南省新华书店、湖南省新教材公司、湖南天闻新华印务有限公司、湖南潇湘晨报传媒经营有限公司、红网等20家子分公司。

事实上,这几年我国出版传媒企业上市并不鲜见,如赛迪传媒、华闻传媒、时代出版、皖新传媒、出版传媒、新华传媒、粤传媒等多家上市公司。但像中南传媒这样品种齐全的上市公司却不多见。中南传媒拥有除广播和传统电视外诸如书、报、刊、网络、电子、音像、移动媒体等其他的媒介形式。换言之,中南传媒上市开启了跨媒体、跨文化传播集团对接资本市场的新航程。

中南传媒将发展战略制定为打造"机制灵活、主业突出、效益显著、影响深广的中国一流出版传媒骨干产业集团"。其成功上市为实现这一战略提供了资本保障。

那么,中南传媒究竟如何开启跨媒体跨文化传播集团对接资本市场的航程,其"全产业链"整体上市对出版传媒产业做优做大做强具有引领和启迪效应吗?

二、夯实基础,中南传媒上市破解难题

中南传媒从2008年组建改制上市小组到股票上市交易,前后仅2年多时间。在此期间,在中央有关部门,湖南省委省政府、省直各部门的大力关注支持下,通过改制重组夯实产业基础,中南传媒成功解决了资产剥离、人员分流和土地处置等转制难题,并根据国家政策享受了较大的税收优惠,推进了改制上市的步伐。

1. 人员重组妥善安置。2008年12月21日,湖南省政府批复湖南出版集团重组改制并境内上市方案,同意湖南出版集团按照"确保稳定、人随业务走"的原则进行人员重组。湖南出版集团在重组改制中统一划定内退标准,属于纳入上市范围的企业或业务的三类人员(离退休、内退、遗属等人员,下

同）归属于湖南出版集团或其下属单位,其社会统筹外费用采取返还土地价款和冲减企业净资产、一次性足额预提作为中南传媒对湖南出版集团负债的方式解决,不足部分由湖南出版集团通过拟上市公司分红等方式解决;未纳入上市范围的机构或业务的三类人员的社会统筹外费用由湖南出版集团承担。同年12月24日,湖南省劳动和社会保障厅批准湖南出版集团分流安置人员总数7031人,按湖南省人民政府办公厅有关文件规定,提留的职工经济补偿金、离退休、内退、协保人员费用以及病残人员等费用为48500万元,按国家和省有关事业单位政策规定提留的离退休和内退人员的养老保险、医疗保险、津补贴及丧葬抚恤费用为15600万元,按企业规定自主发放提留的费用31900万元,合计96000万元。根据《重组方案》和《重组协议》,上述96000万元职工安置费用中,81416.546万元通过提留中南传媒对湖南出版集团负债冲减净资产的方式解决,其余通过土地使用权出让价款返还或其他方式解决。

2. 资产重组突出主业。根据《重组方案》和《重组协议》,湖南出版集团将出版、印刷及物资供应、发行、报纸及网站等主要经营性业务及相关资产投入公司。与此同时,在政策允许的前提下,在贯彻突出公司主营业务原则的基础上,剥离与公司现有资产和业务没有联系的资产,包括政策不允许进入资产、非主营业务相关资产、非经营性业务相关资产和产权存在瑕疵的资产。

3. 土地处置及时获批。2008年12月20日,湖南省国土资源厅、湖南省财政厅出具《关于湖南出版投资控股集团有限公司土地估价报告备案和土地资产处置方案的批复》,核准湖南万源评估咨询有限公司出具的《土地评估报告》,同意进入股份公司的土地共402宗,评估总面积为771835.61平方米,评估总价为92130.30万元。2009年9月28日,湖南省国土资源厅《关于对湘国土资函464号文件的补充批复》,补充批复土地总面积由771835.61平方米变更为771343.18平方米,划拨土地使用权面积由414807.75平方米变更为414315.32平方米,评估土地总价不变。296宗划拨土地在不改变土地利用现状和用途、不转让的前提下,经公示后办理了土地使用出让手续,签订了《国有土地使用权出让合同》,并按要求补缴了土地价款。

4. 国家政策助力发展。根据《关于文化体制改革中经营性文化事业单位转制后企业的若干税收政策问题的通知》《关于文化体制改革试点中支持文化产业发展若干税收政策问题的通知》《关于文化体制改革中经营性文化事业单位转制为企业的若干税收优惠政策的通知》《关于转制文化企业名单及认定问题的通知》等文件的规定,2007年至2009年,中南传媒享受的所得税免税金额分别为140409799.66元、120063073.46元和131747726.73元,所得税免税额占利润总额的比例分别为35.96%、32.21%和27.01%。根据《关于宣传文化增值税和营业税优惠政策的通知》等文件,中南传媒子公司新华书店公司所辖各县及其以下新华书店,享受增值税免税政策,其他出版业务的子公司属于该文件规定范围内的科技图书、中小学课本等出版物在出版环节实行先征后退政策。此间,增值税优惠金额分别为86022080.83元、87688434.44元和81830938.24元,增值税优惠金额占利润总额的比例分别为22.03%、23.52%、16.78%。

三、滴水石穿,中南传媒十年磨一剑

中南传媒聚集"天时地利人和",成功上市成为必然:天时——中央政策指明文化大发展大繁荣的方向;地利——地方政府对产业改革改制的政策支持;人和——中南传媒敢于面对挑战,勇做体制改革先行者。

国内同行普遍认为湖南出版产业坚持解放思想,通过近10年的深化改革,使企业在思想观念、体制机制、发展方式、产业结构、管理体制等方面都发生了深刻变化,企业竞争力、传播力、影响力明显增强,因此其成功实现了一次又一次的创新、突破和跨越。

(一)思想观念先行,全方位转换体制机制

中南传媒上市主要得益于10年来力推的三轮体制改革。

2000年6月的首轮改革奠定了发展基础。当年湖南新闻出版局旗下十多家出版发行单位进行优化整合,以"集团化、集约化"为核心组建湖南出版集团。出版湘军航母由此扬帆起航。

2004年的第二轮改革扫清了发展障碍。湖南出版集团更名为湖南出版投资控股集团,并与省新闻出版局实行政企分开、管办分开,整体转制为省管大一类国有企业。新集团成立后,提出做强主业、做精品牌,积极参与国际竞争的改革思路。改革营运模式,实现由单一产品运营向产品运营和资本运营并重的重大转型;改良产业业态,实现从传统出版产品生产向现代内容产业的重大转型。

2008年12月的第三轮改革彻底转制重组。成立中南传媒,强力推进整

体改制上市工作,这也是出版湘军改革的第三次决定性战役。中南传媒由湖南出版集团整体改制而来,注入全部出版传媒主营业务和资产,由湖南出版集团及其全资子公司湖南盛力投资有限责任公司联合发起设立,注册资本13.98亿元。之后,中南传媒在创新体制、确定新型市场主体的基础上,确立了"多介质、全流程"为中南传媒的上市概念,开创了产业转型、做大做优做强的新征程。

(二)融合新兴媒体,跨行业实现强强联合

2009年7月,湖南红马创业投资有限公司、湖南盛力投资有限公司、湖南华鸿财信创业投资有限公司、湖南湘投高科技创业投资有限公司以及深圳市达晨创业投资有限公司等5家湖南本土创投合计出资4.55亿元注资中南传媒。此次入股正式启动了中南传媒IPO计划。这5家创投公司合计占中南传媒发行前总股本的16.8%。湖南出版集团仍为中南传媒大股东,占发行前总股本的81.55%。这样,中南传媒以增资扩股形式引进数家战略投资者,在集团绝对控股的基础上完成了多元产权结构改造。

同时,中南传媒加大对数字出版和新媒体的投入。战略并购红网,成功介入动漫领域,成立天闻动漫公司,与日本角川集团战略合作落地,组建天闻动漫控股的天闻角川动漫公司。先后开通手机报、潇湘滚动新闻、名师网、快乐老人网、掌上红网等网络媒体。国家新闻出版总署批准湖南建设"中南国家数字化出版基地",成为新闻出版总署批准成立的第四个国家级的数字出版基地。

2011年1月,中南传媒与华为公司共同向天闻数媒增资3亿元,中南传媒拥有该公司51%的股权,而增资后的天闻数媒将以数字阅读与出版,数字教育业务运营为主营业务,在全球范围内开发、运营数字内容资源。与此同时,其下属三家全资子公司天闻印务、湖南新华书店和潇湘晨报启动投资计划。

2011年5月与中广传播集团有限公司签署《三网融合创新教学平台及电子书包应用系统业务战略合作协议》。同时与湖南省教育厅签订了湖南省2011年中小学义务教育免费教科书政府采购协议,协议总价6.43亿元。

(三)发展方式嬗变,全流程创造产业价值

保持传统优势业务。中南传媒已拥有出版、印刷、发行、印刷物资供应等一套完整的出版业务产业链,中小学教材出版业务在全国新课标教材市场具有强大的竞争力和品牌影响力。通过全力构建畅销书、常销书、外向型图书三大类图书产品群,打造了文学、科普、医学、少儿启蒙、艺术、动漫、经管、生活读物等13条产品线和近20个畅销图书品牌。其中,科普、古典名著、作文、音乐图书品牌保持细分市场前3名的地位。5家出版社进入了全国百强单位,总数列全国地方出版集团第二。

着力扩大经营范围。通过战略合作、并购等方式积极扩张介质,构建综合性传媒集团。其业务已涵盖图书、报纸、期刊、音像、电子、网络、动漫、框架媒体、数字媒体等多种媒介,集编印发供各环节于一体。先后创办的《潇湘晨报》《快乐老人报》《中学生百科》《晨报周刊》《虹猫蓝兔》等报刊,都取得了良好的社会经济效益。

积极拓展国际市场。湘版图书、音像制品,都有了走向国际市场的成功记录。2007年10月,湖南出版投资控股集团携300种具有原创性的精品图书,在第五十九届法兰克福国际书展参展。开幕当天,就与美国、加拿大等国家的出版机构签订图书版权输出合同10项,金额达100万美元。之后,在发展目标、市场运作、产业布局、人才培养等多方面,加大与国际同行的交流与合作力度。

经营活力迅猛增强。创造了7天出版《中国男孩洪战辉》的奇迹。《爱因斯坦全集》一书销售收入高达5000万元。其旗下的物流中心发展成为中南地区最大的物流中心,6家出版(公司)社出版的科普图书、古典名著、音乐图书等,稳居全国同类图书市场销量第一。2011年8月,子公司湖南省新华书店和湖南电子音像出版社公司,中标湖南省新闻出版局农家书屋图书电子音像制品采购项目。中标金额合计9533.63万元人民币。

社会经济效益显著。2005年总资产、净资产由2000年集团成立之初的31.1亿元、15.1亿元分别增长到60亿元、30亿元。2010年,实现销售收入40.5亿元,利润4.87亿元,主营业务盈利水平再创历史新高。2008、2009连续两年被评为全国文化体制改革先进企业,连续两次获评全国文化出口重点单位,2010年蝉联"全国文化企业30强"。

四、湘渝比肩，中南传媒上市"启示录"

比照中南传媒上市沿革，重庆文化产业同样大有文章可做，大有潜力可挖。

启示1：依托政策支持，深化改革转制

《中央文化决定》从全球化角度，从中国经济转型角度，给我们描绘了一幅以深化文化体制改革为动力，推动中国文化发展的宏阔前景。中国文化产业将进入黄金发展时期，而中南传媒这样率先登陆资本市场的文化产业上市公司，有条件在这次文化新政策中实现相对更快的发展。

文化产业已经提升到国家战略性产业的高度，但传统的体制已很难适应新形势的要求。中南传媒改制上市证明，光自身进行小打小闹的机制改革不行，须借助资本的力量进行体制创新，在走向资本市场的进程中实施资本重组与战略投资，提升核心竞争实力，实现企业规模扩张。

重庆文化产业有能力借鉴中南传媒"借力资本并购重组，打造战略投资者和产业基地"的开创性做法，把改制上市作为做大做强的首选道路。创造条件，优化资源组合，建立现代企业制度，加快企业转制和上市进程。

启示2：对接资本市场，实现投融资渠道多元化

发展文化产业，必须建立多元化的投融资机制，加大投资力度，提高文化投资效益。重庆文化产业可进一步鼓励和吸引民营资本进入文化投资领域，以独资、合资、参股、联营、合作及特许经营等方式，积极参与文化产业的建设、开发和生产经营。积极借助资本市场解决资本短缺问题。针对不同的产业板块，加快融资、并购、重组步伐，借助资本力量扩张规模。要努力整合图书、报刊、音像、电子、电视、数字、手机出版等资源，创造条件择机上市融资。

在《中央文化决定》精神的鼓舞下，新一轮文化体制改革大潮必将兴起，谋求改制上市的企业也将增多，利用资本市场获取资金支持已成为融资的重要渠道。但也要清醒地认识到：上市固然可以募得足够的资本金，资金当然可以成为企业发展的助推器，但企业发展空间的大小主要取决于知识产权、创意、品牌等无形资产，这些因素在某种程度上决定了企业未来的发展命运，资

本只是起到辅助性作用。

启示 3：统筹资源，延伸产业链，确保利润最大化

中南传媒依托多年积累的丰富内容资源，融合相关产业资源，积极延伸产业链条，形成了横跨"编印发供媒"一体化经营的独特商业模式。这种极具竞争优势的商业模式，一方面有效提升了公司的品牌影响力，另一方面也保证了产业链利润率的最大化。

在统筹资源方面，重庆的做法也极其相似。近年来，重庆出版集团已组建了20多家全资或控股公司，形成了图书报刊、纸业贸易、文化地产、卡通动漫、网络出版、机械制造等各具特色的6大经济板块和10大产业集群。凭借教材教辅立社，凭借大众类图书的异军突起打开国际国内影响，凭借纸业贸易、印刷包装、创意产业和房产开发等多元化发展实现扩张，实现了从单一出版社到文化传媒企业集团的跨越。

但是，对照中南传媒奉行的一体化商业模式，重庆可借鉴"多介质传承现代文明，全流程创造产业价值"的理念，加强图书与广电、网络、动漫等媒体的互动，探索建立综合性出版传媒一体化产业集团，逐步实现向多媒体综合传媒经营的重大战略转型。

启示 4：融合新媒体，拓展新领域，确保产业持续发展

在数字化进程中，人们的阅读习惯已经逐渐开始从依赖厚重的书本转向手机、电子阅读器和平板电脑等终端，以纸介质为主的传统出版业面临新的冲击。对此，中南传媒通过融合新兴业态资源，积极推进发展数字媒体、数字出版等新业务项目，有效拓展产业领域，扩大产业增长点。

在数字出版方面，重庆已经有所突破。如汉王科技联合重庆出版集团推出的建党90周年《读点经典》电纸书纪念版。这套电子阅读器包括电纸书642种，有声读物305种，受到市场的欢迎。比照中南传媒，重庆企业要下定决心实现从传统出版到数字出版的跨越，充分利用数字技术提升图书出版、报刊出版、电子音像出版、网络出版、版权贸易的现代科技水平。加大网络卡通、网络游戏、互动娱乐、传媒等网络出版的开发力度，做强主业、做大产业，增强核心竞争力。推动出版集团由区域性向全国性的转变，努力打造长江上游的出版中心。

出版界是文化建设的主力军，是文化发展的核心。重庆出版业可借鉴中南传媒上市案例,学习北京、上海、广东等发达地区文化产业改革发展经验,在建设文化强市中继续巩固和发展先进文化的传媒阵地,继续当好改革开放的排头兵,为努力建设西部文化高地作出应有的贡献。

作者单位:
  何 方 重庆日报报业集团重庆日报社
  王 靓 重庆巴蜀中学

河南清明上河园:"无中生有"发展文化产业

夏 帆

一提起河南旅游,很多人往往会想到"靠老祖宗吃饭"的少林寺、龙门石窟、殷墟遗址等历史遗存。其实,除了这些"古董级"的传统旅游资源,近年河南人在旅游方面不乏创新之作,开封清明上河园就是其中一个。这个"无中生有"的主题公园,预计2012年接待的游客将突破160万人,旅游收入1.1亿元,纯利润3000万元,在河南各大景区中名列前茅。

"没有清明上河园,就没有开封在'郑汴洛旅游线'中的地位。"清明上河园成为了河南当之无愧的旅游业先锋,成为民营控股旅游产业成功运营的典范。本文将从清明上河园的构思、设计、产业链、资金来源、政府在项目中扮演的角色等方面,来剖析观察一个"无中生有"的构想,是如何成为"揽金"抓手的。

奇妙的创意:把千年前的"名画"变成了今天的"名园"

时间退回到1998年10月28日,清明上河园正式开园,票价40元。当时很多人都认为,这景区的管理者"疯"了。因为在当时,开封市最好的景区——龙亭的门票只有15元。40元,几乎是当年河南景区中最高的门票价格。

但事实上,开园当天,清明上河园门庭若市。从开业至年底仅仅两个月时间,清明上河园门票收入300多万元。这个数字比当时开封市所有景区一年的门票收入还要多。2011年,清明上河园更是创下了接待游客130万人、旅游收入8300万元的佳绩,同时成功晋升为国家5A级景区,成为和少林寺、龙门石窟两处历史遗存并列、河南全省的3个5A级景区之一。"现在每天入园的人数不低于2000人,最多的时候有8000多人,旺季时早上8点就开门了!"导游王小姐称。

河南省旅游局局长苏福功这样评价清明上河园:"把千年前的'名画'变成'名园',从静态的画到动态的景,从文化资源到旅游产品,创造了河南旅游史上的奇迹。"清明上河园也成了开封市的一张名片,大宋文化的一方印徽。

走进清明上河园,眼前景色会让人立即想起北宋宫廷画师张择端所画的传世名画《清明上河图》。使人眼前一亮的是,该园的所有景色都仿照画中原样1:1复制出来。在这个350亩的园子里,一弯虹桥、勾栏瓦肆、市井街巷都复原再现了,甚至,细致到画上的一口水井,你都能找到踪迹。在二期工程中,园内还参考《清明上河图》,将画中汴梁皇家园林街区"截取"下来,进行创造性复建,这包括气势恢宏的上善门、宣和殿等。

除了在园内格局上采取"复制+创造"的方式筑了"形",园内的工作者也都一身宋代的打扮。这里有巡视的皇帝妃嫔、迎宾仪式上的达官贵人、富商小贩、平民百姓,有撑船的艄公、洗衣的妇女、摆场打拳的艺人、走江湖的医生、被押解的犯人……此外,你还能看到河市交易、汴河漕运,甚至街头卖艺等生活场景。这里生活百态,样样不缺。有意思的是,这些"群众演员"们并不是在表演,而是自然生活在其中,游客才是打扰了这些画面的"穿越者"。

当然,这些人物并非为了实景区显得更真实而存在,他们自有用处。若酷暑难耐,眉清目秀的丫鬟会送来绢伞为你遮阴,酒馆里的孙二娘是卖吃的,挑担的师傅真的在供应凉茶……他们每一个人的存在,既是在给你提供真实的服务,也使游客在园内有穿越时空仿佛回到一千多年前的真实的旅游体验。

游客来到这里眼见的是宋景,接触的是宋人,吃的是宋菜,买的是宋物,听的是宋乐。"我们所追求的就是人在画中游的境界,是梦幻与现实的和谐统一,景区的宣传词很好地概括我们想传递的东西:一朝步入画卷,一日梦回千年。从吃住行游购娱6大旅游要素着手,每一个细节都让游客感受到,这不是公园,这真的就是宋代!"清明上河园总经理周旭东说。

河南大学课题组对清明上河园的宋文化的挖掘有两方面评价:一方面是以主题公园的形式在开封复原传世画作,从而融入开封历史古城的丰厚宋文化底蕴。清明上河园位于大宋古都开封,景区的文化展示更具可信度、真实性和吸引力。另一方面是不断深入挖掘宋代的民间艺术,以宋文化为灵魂,从景区建筑设计、店铺设置、节目创编、沿街叫卖到商品交易、服装、道具都反映了北宋社会的真实生活。

精准的定位:历史情景再现增加趣味性和参与性

如果仅仅是复原,那还不够。复原古代生活的景区众多,杭州有宋城,横店有影视城。除了复原外,什么是清明上河园常盛不衰的奥秘呢?

这还是要从清明上河园开园之初说起。

清明上河园早期的主题定位仅是笼统的"清明上河图再现景区",但具体如何表现,如何经营也是一片空白,观光当然是远远不够的。在这个前提下,周旭东提出了"活化历史"的理念,首次在河南引入情景剧目演出,打破了河南景区传统的"白天看庙,晚上睡觉"的形式,使静变动,既丰富了文化内涵,又增加了趣味性和参与性。游客可以去触摸,去感受,去参与。

现在,在清明上河园上演的情景剧很多,每天有26项、62场巡演。在这里,你可以参观皇家马球赛、和老百姓斗鸡、去抢王员外家千金抛的绣球当女婿、参加殿试选拔状元郎、观看水上实景战事。如果没有导游带领,很难在最短时间内一个不落地把剧都看完。

"深入到文化核心层的体验是最难忘的体验。"周旭东总结,"清明上河园的成功有两个要素:第一,是主题定位宋文化准确,这个很关键。因为清明上河园只有在开封、在它的原创地才能展示它的风采。第二,形式新颖。我们追求的是活化的历史。我们不仅展现了宋文化,而且我们把历史变成了一种有形的东西,有宋代流传下来的民间手工艺和绝活表演,有宋代民俗风情,有根据宋代故事创演的剧目,游客可以去感受,去参与。我们从技术上加了很多互动效果去让景区显得更真实。"

被周旭东津津乐道的另一个创举,是清明上河园成功的市场定位。清明上河园刚投入运营时,有人建议到北京、香港去开新闻发布会。周旭东却认为,景区刚建成,品牌有限,实力有限,做全国市场力量不足,不如集中兵力进攻区域市场。

国际上有一个著名的旅游市场理论:100公里以内(1个小时的车程)是核心市场,200公里以内是主体市场,300公里之内的是边缘市场。周旭东根据清明上河园的主题定位和在建的高速公路网络,制定了清明上河园的市场定位:半径100公里以内为一级市场,半径300公里以内为二级市场,半径

500公里以内为三级市场。而他首先把目光盯向河南,盯着郑州。此举使清明上河园一举制胜,第一年即实现盈利,并且稳固地抓住了核心消费群,实现持续盈利,成为中部地区唯一一个成功的主题公园。

经过10余年的发展,清明上河园的市场已经扩张到了半径500公里的范围,覆盖了济南、徐州、石家庄、太原、陕西、武汉、合肥等周边省市,完成了其打造区域品牌的目标,开始迈向全国品牌的征途。

"我们对清明上河园还有三个目标。"周旭东说,第一个目标是把清明上河园打造成中部地区都市休闲根据地。如今旅游已从观光旅游转变为休闲旅游。第二个目标是把清明上河园打造成中国古代非物质文化遗产的展示地和演出地。如水傀儡、皮影戏、马球、斗鸡、蹴鞠、木偶、传统高跷等,都是非物质文化遗产,将来还要增加制陶等。第三,要把它做成中国古代娱乐的最大再现地。现在有马球、蹴鞠、斗鸡,今后要建立秋千园、垂玩场,"用古代娱乐文化,来满足现代人的娱乐需求。这样清明上河园永不过时,因为文化永远不会过时。"

审慎的扩张:"夜品牌"拓展增收源与低成本延伸产业链

对于周旭东而言,景区经营得再好,它也只是一个点,但如果把这个点通过规模化扩张,一个点就可以变成一片。拉长旅游产业链,做大旅游产业,这才是王道。随着旅游业由观光旅游向休闲度假游转变,高管层决定增加园内的晚间娱乐节目,打造"夜品牌"来延伸开封旅游产业链,改变景区留不住游客、旅游收入单一的现状。

为此,清明上河园做了件大事——投资5000万元打造一台大型水上实景演出《大宋·东京梦华》。打造实景演出的念头,当时在高管层也曾经犹豫过,万一效果不好,几千万的投入将打水漂。

"要做就做精品,要投资就投资最好的。"周旭东很坚定。

《大宋·东京梦华》从创作到演出只用了7个月时间,2007年10月,《大宋·东京梦华》正式和游客见面。这台演出以10首游客耳熟能详的宋词贯穿,展现出一个如梦如幻的锦绣王朝,一幅如诗如画的盛世画卷。它更是就地取材,以清明上河园二期皇家园林的亭台楼榭、水系廊桥和宽阔的汴河水面为实景,在艺术效果方面,采用高科技声光电技术,给游客带来震撼的视觉冲击。

人们不仅在剧中能欣赏到南唐后主李煜的《虞美人》、辛弃疾的《青玉案》、岳飞的《满江红》、柳永的《雨霖铃》、苏轼的《水调歌头》等宋词,还能看到大宋热闹上元夜、万国来朝的宏大场景、真实的水战场面等画面,让人充分领略到一个梦幻的东京,感受到千年之前大宋文明的深厚魅力。

有业内人士评价,这部剧将河南旅游演艺推向了国际级水平,是河南文化、旅游产业和演艺结合的典范,使文化、旅游和演艺产业都得到了大发展、大繁荣。

三年磨合期之后,实景剧《大宋·东京梦华》开始盈利。"每场演出的成本在8万元左右,一场如果有600名观众就可以保本,剩下的都是利润。"周旭东说。为了推广实景剧,清明上河园特地推出了演出+门票的180元套票,而普通成人票为80元/人,套票还可以在下午5点半提前入园,享受白天游园乐趣。目前,演出收入已经成为清明上河园除门票、租赁、自营收入外,非常重要的一部分。

值得一提的是,能迅速扭亏为盈,清明上河园自有法宝:公司化管理使演出成本能控制在最低。周旭东解释,演出的背景是清明上河园二期皇家园林的实景,剧目中贯穿了白天的实景演出;演职人员中没有一个正式演员,大多是开封市舞校学生、园内的商户,甚至周边的农户。"比如,白天我们在园内看到的斗鸡的、耍猴的、打马球的、耍大锤卖艺的、撑船的,甚至王员外家的千金都是剧中演员,对于二次演出每人一场费用约20—50元不等,道具还是白天的道具,演出者又赚了外快,两全其美。"

除了增加实景演出以外,清明上河园的"夜品牌"中拓展了东京夜市。在夜市,游客能吃上地道的开封菜,如黄河鲤鱼焙面、炒红薯泥、无盐饺子等。夜市的繁荣不仅为游客提供了就餐的地方,延长了旅游产业链,也解决了当地老百姓就业问题。

作为开封市旅游产业的龙头,已发展10余年的清明上河园和不少旅游企业一样,遭遇到瓶颈问题是:接下来怎么办?要留住更多客人,使清明上河园产品立于不败之地,必定要创新旅游产品,必然要加大投资力度。

现在,清明上河园即将开启新的征程投入三期工程建设。根据规划,将在清明上河园建设"御汤园温泉"项目,这还包括了在园内建设五星级酒店。"休闲+养生,在新的旅游时代,将再次拉长产业链条,能留住更多客人。"周旭东说。

但是,钱从哪里来呢?向银行贷款,负债经营是否依然可行?

对于旅游企业来说,融资渠道如果仅限于银行贷款,将是致命的硬伤。

"清明上河园目前是开封运作最好的景区,但和绝大多数景区一样面临融资的压力。"开封市政协副主席、河南大学环境与规划学院的梁留科教授说,"目前河南旅游企业最缺的就是资金,因为景区和周边产品的开发投入非常大,没有钱,很多事情都不好办,也就无从谈起后续的发展。"尤其在目前宏观经济调控下,国家出台了从紧的货币政策,这将使企业融资更加困难。"有了钱,再加上优秀的创意,才能打造出吸引人的景区,才能留住游客。每个旅游企业都是一样的,'融资'对它们来说已经迫在眉睫。因此清明上河园的上市诉求正当其时。"梁留科认为。

改制:向资本市场冲刺

在清明上河园文化产业的发展战略中,公司改制和谋求公司上市,成为清明上河园最重要的关键词,而且,迫在眉睫。

改制,可以使企业更加明晰产权结构,达到市场要求的企业法人结构,真正建立起规范化运作的体制机制。

为了让企业健康发展,周旭东下决心改制。他希望通过改制,吸收不同的股东,形成不同的利益结构,实现企业法人治理,在企业的决策上、投资战略上达到一种平衡。同时,在企业内部利益的均衡上,也达到一个新的境界。

业内人士分析认为,在中国目前经济飞速发展的状况下,清明上河园改制、上市之后,进入资本市场,可以获得更多的资金来源,降低企业运作风险;同时,获得投资资本,完成滚动发展。

如今,清明上河园新的发展蓝图已经勾勒完成:上市之后,通过资本运作,建旅游酒店,整合开封的旅游资源,拓展新的旅游项目。"比如,成立旅游管理公司、旅游产品开发公司等连锁企业,还可以向外投资,建清明上河图的连锁店,使景区规模、品牌进一步扩展,实现旅游经济的跨越和腾飞。通过与资本市场的连接,来进行资源的整合、新项目的开发、产业链的拉长,实现规模化、标准化和国际化。只有这样,才能在今后的旅游发展中,真正地实现可持续发展。"

据了解,清明上河园已于2009年4月30日完成改制,目前已有券商介入,进入上市辅导期,力争2012年登上创业板,进入资本市场,实现旅游的产业化。

届时,清明上河园将由单一的景区变为有"上游"、有"下游"的产业链——"上游",有旅行社、酒店;"下游",有旅游产品开发公司、旅游管理公司,可能还会有旅游车队,把一个单纯的旅游景点变成一个大的旅游发展集团公司。"今后,我们希望把宋文化逐渐发展成创意产业,比如开发一些动漫产业,进行新的文化创意和文化创意的输出,力争在产业结构上不断地创新、升级。"

企业与政府:主角与配角

旅游产业发展,政府该有何种姿态?清明上河园的案例或许可以给我们一些启示。

1998年3月,开封市政府与海南置地集团公司达成了合作开发建设清明上河园项目的协议。协议规定由海南置地集团公司与开封市旅游局双方共同出资组建开封清明上河园有限公司。其中,置地集团公司占55%的股份,开封市旅游局占45%的股份。

从清明上河园的建设和发展历程来看,政府的通盘规划、倾力支持,以及在推动清明上河园发展中甘当配角的积极参与,是作为民营控股旅游企业的清明上河园成功的重要因素。

政府的积极作用在清明上河园的发展过程中有三方面的体现:一是对于清明上河园创建的准备与促进。清明上河园的前期工程虽然由国家来投资和管理,但从一开始政府就把目光投向了引资改制领域,并适时寻找合作机会。1993年和1998年先后两次与海南置地集团公司积极洽谈并达成合作协议,从而奠定了股份制建园的良好基础。二是对于清明上河园扩张的大力支持。在清明上河园二期工程建设中,涉及到原有开封水产科学研究所的改制工作,政府的大力推动和灵活处理,使这一问题得到了顺利的解决。三是清明上河园七年发展中的政府全程参与。过去七年是清明上河园跨步大发展的时期,同时也面临诸多发展初期的资金、环境、安全及宣传问题。作为参股方,政府并未以经济收益为主导,而是考虑到清明上河园的长远发展,和海南置地集团公司目标一致,股权盈利全部留做企业发展的积累,并大力进行环境改善,提供安全保障和进行宣传推介工作,为清明上河园的可持续发展起到了关键的作用。

业内人士认为,清明上河园有限公司由海南置地集团公司和开封市旅游局共同出资兴建,出资者根据出资比例分享企业的产权。这种明晰的产权关系也同时规定了企业法人的权责关系,企业依其全部法人财产,依法自主经营,自负盈亏。虽然政府是清明上河园的第二大出资者,但只根据其出资的比例享有企业的权责,并不以政府行为来干涉企业的运营,二者的关系是民事法律关系,这就确保了企业经营的自主权,使企业能以市场为导向进行策划和经营。

借鉴:重庆可打造移民主题公园

他山之石,可以攻玉。我市也可以效仿开封,选取本地的一段传奇的历史文化,打造主题公园,发展文化产业。

目前重庆的主题公园有4个,分别是:九龙坡区的龙门阵魔幻山国际旅游度假区、南岸区的海昌加勒比海洋公园和洋人街、江北区的方特科幻公园。

这4所公园除洋人街外均为主题游乐园,园场内均以大型游乐设施为主,各自定位有所差别。

具体而言,龙门阵魔幻山主题公园由成都天友旅游集团操刀,以重庆本土卡通形象熊嘎婆为吉祥物,在以耍水为主的魔幻山板块加入以后,成为最齐全的大型游乐机娱乐场。加勒比海洋公园由大连海昌集团打造,经营时间集中在夏季,是以耍水为主的大型娱乐场所,它在文化上采用了加勒比海盗、东南亚等国外混合元素充当其主题,以异域风情夺人眼眶。方特科幻公园则是由深圳华强集团打造,为我市较早的科幻主题游乐园,针对的群体年龄层偏小,约为5—16岁的儿童和青少年。洋人街和前三者不同的是,它是一个开放性的多主题的游乐园,既有中型游乐设施,也有可体验的娱乐项目,更有纯观光的景点。

值得一提的是,这4所公园,除了方特科幻公园是纯粹发展主题公园外,其他三者都有为开发商发展地产项目助力的作用。这意味着,公园经营对开发商而言并不重要,以主题公园带动土地价格和人流量才是重点。

目前,重庆现存的主题公园,并未对本土文化进行深度挖掘。我们完全可以打造一个以重庆为历史背景的主题公园,让游客到此,不仅能玩得愉快,愿意消费,又重塑了一个不一样的重庆。

笔者认为,在重庆历史上,人们熟悉巴渝文化、抗战文化、红岩精神。据统计,本市巴文化的主题公园有巴国城,抗战文化的主题公园因其特殊性暂时缺位,红岩精神已由红岩联线打造,虽并未做成公园形式,但也是以发展文化产业方向在前进。有一段文化历史是有迹可寻、可以发挥丰富,但被大众忽略的,那就是移民文化。古有湖广填四川,今有三峡移民文化,正是由于移民文化的影响,才造就了一个包容、开放、活力的重庆。这段历史作为主题公园的内容,可以非常丰富。而未来打造的移民文化主题公园,可以由政府牵头,公开招标,选择有实力的公司操刀完成,通过对吃住行游购娱六要素的全方位配置构造,来再现一个移民时期的重庆,复刻出"人在画中游"的景象。

笔者认为,在该主题公园内,一期可主打"湖广填四川"牌。园内,依照近年来失而复得的清光绪年间的《重庆府治全图》,按比例恢复重庆十七道门,可重点复建巴县衙门、白象街、湖广会馆、磁器口等老重庆景点,打造一个湖广填四川时期的老重庆。在园内,可以有湖广人迁徙至重庆、家族发展兴盛、重庆开埠等过程,可融入姓氏文化、码头文化,展现纤夫拉纤、挑夫下力、手制瓷器以及老百姓的生活等内容。在饮食方面,可以加入火锅、江湖菜等元素,园内四处可以贩卖炒米糖开水、担担面等特色小吃。在二期工程中,可以"三峡移民"为主题,展现三峡库区风土人情和现代重庆人精神风貌。值得一提的是,这一部分最重要的是要凸显观赏性和体验感,除此以外,均应弱化处理。

作者单位:

夏　帆　重庆日报报业集团　重庆时报社

做大做强互联网产业　推动重庆文化产业大发展
——华龙网发展案例分析

李　成

党的十七届六中全会确立了建设社会主义文化强国的宏伟目标,以现代信息产业和现代科学技术为支撑的新兴文化产业,也迎来一个健康有序快速发展的新契机。如何抓住这一历史机遇,进一步解放思想,开拓创新,积极稳健地推进新兴文化产业又好又快发展,是一个应该认真研究和亟待解决的新课题。

重庆是我国西部最重要的中心城市,网络文化的发展是重庆文化产业发展的重要内容。华龙网作为重庆网络媒体的"龙头"与"旗舰",在承担主流媒体责任的同时,积极探索多元化产业发展的新路,取得了明显成效。

一、坚持新闻立网,提升核心竞争力

华龙网成立于 2000 年 12 月 20 日,是国务院新闻办公室批准组建的全国首批省级重点新闻网站。2009 年 7 月,原重庆日报报业集团主办的华龙网与重庆广电集团主办的视界网进行强势整合,成为重庆首个集报刊、广播、电视、网络、手机、微博、户外 LED 等"七媒一体"的综合型新闻网站。

"两网"整合以后,华龙网始终把内容建设作为提升核心竞争力的重中之重,强化原创新闻的深度和厚度,以"第一时间报道重庆"作为新闻报道的着力点,打造了一支集文字、图片、视频报道为一体的综合型记者队伍。为了进一步发挥和调动记者的积极性,设立了新闻奖励基金,制定了《新闻采写考核管理办法》,对首席记者和每月考核特别优秀记者进行特殊奖励。

新闻报道既强调每日编辑处理稿件数量,更强化专题策划制作的创新能力和水平,确保国际、国内重大突发事件和网友关注的热点问题,能够在第一时间推出较高质量的网络专题报道。

在内容建设上,不断探索和改进新媒体报道的表现形式,在视音频报道方面,开设了"乡村达人"、"华龙点击"、"华龙搜索"三档特色栏目;在新闻采访方面,推出了"直播重庆"、"小人物大情怀"、"影像纪事"、"微关注"等特别报道;在内容编辑方面,围绕热点、重点话题第一时间推出专题报道的同时,整合华龙网多渠道、多终端的报道形态,创造性开展"院坝直播会",以网络、重庆3G门户、微博等多种形式对乡镇(街道)的特色产业如何发展进行互动性直播推介,并发动广大网友共同参与献计献策。

为了发挥网络媒体优势,搭建起党委、政府与老百姓互动、沟通的交流平台,在重庆市委办公厅、市政府办公厅、市纪委、市纠风办等部门的指导和支持下,华龙网全力打造了包括《阳光重庆》《市长在线》在内的重庆网络问政平台。

经过多年的努力,华龙网开设了新闻、重庆、宽频等13个新闻频道,区县、房产、3C、财经、健康等10个资讯类频道及论坛、博客、播客、微博四大自媒体互动平台。

为了更好地发挥对外宣传的独特作用,华龙网还开设了英语、日语、俄语、法语、韩语、西班牙语六个外语频道和新加坡联合早报网重庆频道,面向全球报道重庆。

到目前为止,华龙网已经成为重庆乃至西部地区最大的出版型网站,重庆日报报业集团和重庆广播电视集团(总台)独家授权华龙网在互联网上使用、发布、交流14报1刊,16个电视频道和6个广播频率的内容信息。华龙网不仅打造了《重庆日报》《重庆晚报》《重庆晨报》《重庆商报》《新女报》等五大数字报,而且还开通对重庆广电集团的主要电视频道和广播频率进行在线直播、回放和点播功能。

2011年11月,华龙网荣获全国"新闻出版业网站百强"、"内容资源多元化经营示范网站"和"最受欢迎的党报党刊网站"。

目前,华龙网的日均IP访问量超过120万,日均页面浏览量超过1200万,Alexa全球排名2500名左右,国内排名进入前200强,是重庆点击量最大、最受市民欢迎的网站之一。

二、抢占新媒体市场,实现多元化经营

在强化内容建设、提高核心竞争力的同时,华龙网从建设重庆网络文化高地的角度出发,不断运用新技术、开发新产品,扩大经营收入,增强产业发展后劲。

目前,华龙网开发的主要产品有:

(一)《重庆手机报》

《重庆手机报》创办于2007年3月,是华龙网结合传统媒体和新兴媒体应用高新技术推出的新传播平台,是"一张手机上的主流报纸",更是"手机上的重庆新闻门户网",促进了主流文化能够得到更大范围的传播。

经过几年的发展,目前,重庆手机报用户已经达到100万,成为重庆最有影响力的手机媒体。

为了加强区县网络媒体建设,2010年11月29日,华龙网正式启动区县网络媒体建设"三个一"工程,即在重庆每一个区县建一张网(频道)、建一个通联站、办一张手机报。

到目前为止,在全市38个区县中,已有合川、南岸、北碚、巫山、九龙坡等10多个区县与华龙网合作,开办了手机报,用户数已突破100万。

(二)重庆3G门户

随着3G的广泛运用和三网融合的推进,三屏融合已成不可逆转的趋势,以手机为载体的移动互联网将成为大互联网时代的核心平台。华龙网抓住这一有利时机,于2010年7月与目前国内最大的手机互联网门户和最大的手机软件开发商——3G门户网签订了战略合作协议,携手打造重庆3G门户。2010年11月,重庆3G门户正式上线。

重庆3G门户内容包括新闻、互动、消费、休闲、资源五大板块,立足于重庆本地信息,致力于打造一个属于重庆人自己的生活互动资讯网络,让每一个重庆人拿起手机,随时随地都能获得讯息。

2011年1月8日,重庆3G门户创下重庆新闻史上第一次手机直播重庆两会。同时还对重庆首次德比大战实况、军旅歌唱家张迈作客华龙网、专访川

剧皇后沈铁梅、白岩松重庆大学谈"幸福"等进行了直播。2011年12月23日第一次日PV超过100万。

重庆3G门户是重庆第一家手机综合门户网站,也是重庆手机上网第一平台。PV量为40万人次／天,其中79%为重庆本地用户,移动用户占70%。

(三)乐家易电子商城

根据国家"十二五"发展规划,电子商务产业作为国家重点扶持产业,日益成熟的网购环境将进一步推动电子商务行业发展。2011年9月8日,华龙网与重庆万道科技有限公司合作成立乐家易电子商城,正式进军网购行业。

乐家易电子商城作为重庆市政府重点扶持的项目,聚集众多优秀的网络电子商务精英,是西南地区最大的专业性家电等产品类销售的B2C网购平台;它以用户体验和互联网为核心技术、以成渝两地为运营中心,辐射全国。旨在中国西南地区建立起一个"巨无霸"电子商务企业,将有效填补重庆垂直类网络购物平台的市场空白。

乐家易电子商城以"方便市民,服务民生"的经营理念,在较短的时间内受到了众多消费者的青睐,并于2011年获得"重庆十大电子商务网站"称号。

(四)当代艺术空间

华龙网作为重庆主流媒体,在推动重庆艺术发展的道路上一直进行着不懈努力。从2009年开始,先后邀请重庆本土艺术家参与或举办"当代艺术提名展"、"重庆当代艺术国际巡回邀请展暨日本第36届AJAC海外艺术家邀请展"、"重庆艺术群落'穿越'当代艺术主题展"、"宋庄国际文化艺术节"、"未来之声——元宵当代艺术作品品鉴展"、"双城记事·中国重庆·新西兰奥克兰国际人体彩绘艺术展"等活动,为扩大重庆当代艺术影响力、助推文化产业发展作出了较大贡献。

同时,华龙网还利用自身全方位、多平台的传播优势,开设了华龙网艺术频道,打造艺术家交流、艺术品交易的网络平台,并与重庆美术馆、坦克库·重庆当代艺术中心、锦和艺术中心、重庆画院、湖北艺术馆、文轩艺术机构、重庆三峡博物馆等机构紧密合作共同打造艺术高地。

(五)无线城市

"无线城市"被誉为继水、电、气、交通外的城市第五项公共基础设施,是现代服务业的基础平台,是政府服务职能的重要窗口,有利于产业发展,更与人们生活息息相关。

2011年,华龙网与中国移动重庆分公司合作,开展重庆"无线城市"计划。

重庆"无线城市"利用云计算、物联网、WLAN、TD、智能终端等多种技术,为整个重庆提供随时随地随需的高速无线网络接入,提供智能化的感知手段,提供强大的云计算处理能力,建立一张覆盖全市的无线城市综合信息网络。

同时打造重庆"无线城市"统一门户,提供与政府工作、企业运行、群众生活密切相关的丰富的无线城市综合信息服务,如公共事业查询缴费、预订车船票、电子政务等信息服务,实现信息强市、信息兴业、信息惠民,提升社会管理和公共服务水平,发挥信息服务对经济社会发展的导向作用。

重庆"无线城市"建设更强调内容、应用和服务,会以强政、兴业、惠民为宗旨,通过无线城市尖端技术,使得全社会的信息化程度大大提高,极大地方便民生。

重庆无线城市平台建成后,市民将可以用手机畅享移动新生活:逛街时,你可以随时拿出手机用 WLAN 热点上网,搜索心仪物品的信息;下班途中,你可以用手机提前查询出行线路,绕开交通堵点;坐在车上,只需操作手机,就可遥控家电智能运行;出门在外,再也不用担心工作,再也不用担心钱包。批阅公文、购物刷卡,都可以只通过手机轻松实现……这幅美好的图景,因为移动互联技术的迅猛发展而在一步步成为现实。

(六)Hello Chongqing 全媒体精英外宣杂志

为了向各国驻重庆外事机构工作人员、驻重庆外企外籍管理人员及员工、各大高校外籍教师及留学生、来重庆旅游的外籍游客,最直接、最深刻地反映当代重庆经济建设、城市发展、文化风貌、艺术生态、生活方式等各方面的动态与现状,2012年3月,由重庆市人民政府外事侨务办公室、重庆市人民政府港澳办公室主管(主办),华龙网协办了 Hello Chongqing 全媒体精英外宣杂志(半月刊),分为 Business、Fashion 两个版本,以最权威、最新鲜、最时尚的城市生活讯息入手,携手重庆本土各类涉外资源,为世界拨动重庆时间,为重庆打开世界之窗,将成为重庆媒体涉外宣传的一张名片、重庆市官方外事政策发布唯一平台,中国西部涉外招商、涉外文化交流的标志性窗口。

三、向互联网产业延伸,建成第三大传媒集团

"十二五"期间,华龙网在坚持新闻立网,发挥好网络舆论引导功能的同时,着力向互联网相关产业延伸。

2011年,华龙网实现经营收入3467万元,同比增加1296万元,增长59.70%,利润327万元,同比增加89万元,增长37.39%。

2011年3月,华龙网成功收购重庆亿坤科技有限公司,获得了重庆市通信管理局颁发的IDC资格证书,无线增值业务成为了新的经济增长点;由单一的技术输入开始向技术输出转变,技术服务取得较大突破,陆续全权为永川、江津建设新闻门户网站,取得了良好的社会和经济效益。

"十二五"期间,华龙网将按照市委三届五次全委会精神,围绕"启动股份制改革并积极筹备上市,建成我市第三大传媒集团"战略目标,大力开展资本运作,拓展经营思路,在做大做强传统经营项目的同时,积极向相关文化产业延伸,实施带动性强的大项目,培育以云计算互联网产业园、三维重庆数字项目为重点,集资讯服务、文化娱乐、广告创意和数字出版、人才培训等为一体的文化产业集群。

1. 西部新媒体数字集成中心及重庆电子商务城

"十二五"期间,华龙网将与中搜合作打造重庆新闻区域性搜索平台。利用重庆3G门户,为重庆手机网友提供本地的资讯、产品和服务。重点整合重庆礼品市场,以诚信经营、价格优惠、交易便捷、物流畅通为优势建设重庆电子商务城;以发布、查询实用生活资讯为重点,打造重庆生活商务通,建设大型户外新闻视频等。

2. 中国西部新媒体从业人员培训和认证中心

建设中国西部新媒体培训基地,立足重庆面向西部开展网站采编人员、主持人、技术人员等从业资格认证和专业培训(华龙大厦)。

"十二五"期间,华龙网还重点做好包括云计算、ArmebB2B商务交易平台、三维数字重庆、网吧连锁、中小企业公共服务平台等项目。以进一步做大做强互联网产业,助推重庆文化产业大发展。

四、对我市互联网推动文化产业发展的建议

（一）加大对新兴文化产业项目建设的指导与服务

一是加强服务。调动社会各方面力量，为新兴文化产业发展提供政策、信息、技术、资金和管理等方面的服务。二是加大资金投入。通过多种方式，支持新兴文化产业重点项目建设，特别是支持各类新产品、新技术、新品牌的开发和建设。建设一批具有鲜明民族特色和良好市场前景、较高经济社会效益的骨干文化产业项目。三是积极引导民营资本和其他社会资本有序进入新兴文化产业领域，努力形成全社会关心、支持、参与和服务新兴文化产业发展的良好氛围。

（二）搭建发展平台，加快园区建设

着力建设一批起点高、规模大、能够代表国家水平和未来发展方向的新兴文化产业园区和示范基地。以园区和基地为依托，努力催生一批具有较强实力、竞争力、影响力和自主创新能力的大型文化企业和企业集团。以华龙网为核心，努力打造具有集聚效应和竞争力的新兴文化产业产品品牌。加大政策扶持力度，推动互联网文化产业跨地区、跨行业联合，壮大企业规模，促进文化产业结构调整。

（三）加大中央和地方政府政策性引导资金的投入

文化产业主管部门要不断深化融资体制改革，加大中央和地方政府政策性引导资金的投入，通过信贷贴息、项目补贴、补充资本金等方式，支持新兴文化产业重点项目建设。特别要支持各类新产品、新技术、新品牌的开发和建设，鼓励金融机构加大对新兴文化产业项目建设的支持力度。

作者单位：

李　成　重庆华龙网新闻传媒有限公司

瞄准新兴文化业态　加快文化产业发展
——对重庆猪八戒网络有限公司发展之路的调查与思考

王　东　容　琦　程晓宇

党的十七届六中全会指出:"加快发展文化产业,推动文化产业成为国民经济支柱性产业。"为帮助社会各界进一步了解文化产业,进一步谋划发展文化产业,切实增强文化自觉和自信,推动社会主义文化大发展大繁荣,近期,我们对我市文化创意产业的代表企业——重庆猪八戒网络有限公司(后简称:猪八戒网)进行了专题调研,力图通过解析个案呈现文化产业发展的规律和特点,提供借鉴和参考,以进一步坚定全市各级各部门加快文化产业发展的信心和决心,共同推动我市文化产业跨越式发展。

一、重庆猪八戒网络有限公司的发展历程

近年来,我市大力发展文化产业,积极推动文化创意产业发展,鼓励国有资本和民营资本进军文化市场,形成了一批优秀文化企业脱颖而出的可喜局面。猪八戒网就是其中的一个亮点。在短短的5年间,崛起为全球最大的威客网站,成为中国最大的一站式服务业电子商务网商,获得国际风投基金千万美金级投资,并在十七届六中全会召开后受到中央电视台《经济半小时》栏目的深度聚焦。

重庆猪八戒网络有限公司是"威客模式"的探路者和实践者。所谓"威客",即英文单词 Witkey 的中文译音,指的是那些通过互联网把自己的知识、智慧、经验、技能转化为财富的人。"威客模式"是指人的知识、智慧、经验、技能通过互联网转换成实际效益的模式,也就是虚拟的电子商务——人们的知识、智慧、创意、经验、技能通过互联网进行虚拟产品的生产和交易。

重庆猪八戒网络有限公司于 2005 年底由《重庆晚报》记者朱明跃辞职"下海"创建。2006 年 9 月,猪八戒网正式上线运营,以"不卖有形的货物、专卖无形的智慧"为理念。2007 年获国内博恩科技集团 1000 万人民币投资,先后于 2007、2008 年入选"中国最佳商业模式 100 强"和"中国商业网站 100 强"。2011 年获美国国际数据集团(IDG)1000 万美元投资,在北京设立了办事处,在美国休斯敦成立了分公司,开通了英文国际站,并获 2011 年度"中国十佳商业模式"称号。

截至 2011 年 10 月,公司拥有员工近 300 人,网站注册"威客"580 万人,他们通过猪八戒网为国内外各种机构、企业组织、社会团体和个人提供在线创意服务,交易总数超过 50 万件,年增长率超过 500%,累计交易额突破 6 亿元人民币。目前,公司正积极实施战略转型,从国内最大的威客网站升级为第三产业交易平台,向全服务业电子商务进军,积极争取在美国纳斯达克上市。

二、重庆猪八戒网络有限公司的主要做法

一家创立时间不算太长的民营企业缘何"异军突起",成为我市文化产业发展中的亮点。使的是什么样的力,出的是什么样的招?通过调研,我们认为,重庆猪八戒网络有限公司的成功做法有以下五个方面:

(一)瞄准了文化创意产业这个"大市场"

公司从建立初,就把目光投向了文化创意产业这个大市场。作为一家从事文化创意网上交易的网站,猪八戒网通过搭建文化创意网络交易平台,帮助近 600 万的文化创意人才将其知识、技能、创意、智慧直接转化为生产力,服务于海内外各行各业,实现了把大众的文化创意直接转化为"真金白银"。在猪八戒网的交易单中,既有"花 50 元给妹妹定制特色祝福短信"这样的创意"小单",又有"花 205000 元为金山网络公司开发插件"、"花 190000 元为中国七大传统节日创作形象标识"这样的创意"大单"。据公司监测显示,截至 2011 年 12 月,全球共有 25 个国家和地区的 580 万人在猪八戒网上发布需求或出售创意满足他人需求,每天交易额达 200 万元,几乎每一秒钟,就有一个文化创意在猪八戒网上进行交易。

(二)找对了网络信息技术这台"助推器"

互联网既是猪八戒网"安身立命"的基础,又是其做大做强文化产业的"助推器"。公司将科技与文化有效融合,通过实践运用和创新改良"威客模式",把市场需求很大的文化创意交易搬到网上进行,充分发挥了网络的助推作用。公司内专门有一支成规模的网络技术团队,不断开发和研究网络新技术,创造性地推出了和"支付宝"类似的"易极付"等电子商务第三方支付平台,并尝试性地引入新一代移动通信、下一代互联网、云计算等先进技术。全球各地的"威客"不仅可以通过计算机参与文化创意的在线服务和交易,也可以借助公司自主研发的安卓手机客户端等在手机等其他移动通讯平台上进行服务和交易。

(三)聚拢了大众文化人才这班"智囊团"

公司高度重视人才队伍的吸引和凝聚。几年来,公司以独特的"悬赏"和"竞标"模式,通过做大做强网站规模,有效吸引了各种各样的大众文化人才,形成了庞大的文化人才"智囊团"和"资源库"。为更好地聚拢广大"威客",增强网站与注册"威客"的黏合度,从2007年起,猪八戒网开始使用威客会员等级制度:收入49元是猪一戒、999元是猪二戒、59999元是猪五戒,当收入为30万元时,就可以成为猪八戒网设计的会员最高等级——猪八戒。对于等级最高的"威客",猪八戒网会在介绍业务时予以优先考虑,或者直接派发业务,从而有效地调动了广大"威客"的积极性,激发了人民大众的创作创造热情。猪八戒网的注册"威客"中,既有各大高校的在校本科生和研究生,又有企事业单位的在职员工,还有赋闲在家的离退休老人和家庭主妇;既有平面设计类专才,又有动画创作类专才,还有文案写作和设计、制作、推广、策划等俱佳的复合型文化专才。例如每年在猪八戒网上创收十几万元并在2006年被中央电视台《新闻联播》栏目报道的"威客王"陈怡,就是北京一位具有平面设计专长的普通家庭主妇。

(四)打好了品牌塑造推广这张"宣传牌"

公司十分重视自身的品牌塑造和宣传推广,从企业的命名到网站的设计和包装,无一不具有鲜明的特色。为凸显文化创意这一企业特征,公司量身定制了"创意下凡"、"啥人才都有,啥都能做"等一系列朗朗上口、易于推广的宣传口号,并设计了数十种猪八戒卡通形象作为公司的形象标识,通过媒体报道、广告投放、网络链接等宣传手段,积极打造猪八戒网品牌。为让更多的人了解威客和了解企业,公司牵头编撰了《威客力》、《中国式众包》等书籍投放书市,一度成为各大书店排行榜上的畅销书,起到了很好的宣传公司业务和展示公司形象的作用。为全方位做大做强"猪八戒"品牌,公司与河南卫视联办了中国第一档威客创意秀节目《创意时代》,拍摄了中国首部威客互动剧《懒人工舍》第一季——《出招吧,小姐》,还积极选派员工参加中国教育电视台、江苏卫视《职来职往》栏目,有效提升了企业的影响力和美誉度。

(五)抓住了政府大力扶持这只"有形手"

近年来,我市着眼于提升文化软实力、建设文化强市,制定多项措施,加大了对包括文化创意产业在内的文化产业的扶持。公司抓住机遇,在各级各部门的大力扶持下不断发展。在辖区层面,公司是渝中区政府设立的技术创新中心,在市级层面,是市科委、市发改委、市经信委、市财政局、市国资委、市知识产权局等六部门联合设立的全市创新型试点企业。在财税资金扶持上,市经信委、市财政局给予了公司工业和信息化发展专项资金、中小企业发展专项资金,市信息产业局给予了信息产业发展资金,市财政局给予了重庆市地方特色产业中小企业发展资金,市科委给予了中小企业创新基金。仅2008年至2011年间,公司获得市级和区级各类资金扶持100多万元。此外,市委领导也对公司发展作出过重要指示,要求"把猪八戒网打造为重庆版阿里巴巴",为公司发展注入了强大的动力。

三、对发展文化产业的几点启示

重庆猪八戒网络有限公司的实践探索启示我们:在信息化时代,随着经济全球化进程不断加快,文化产业发展大有文章可做,大有潜力可挖。猪八戒网作为我市文化产业发展进程中的一个个案,其成功绝非偶然,更蕴含着许多必然。

启示一:加快文化产业发展要推动思想解放

怎样发展文化产业,把文化产业的发展放在一个什么样的位置,不仅是一种战略考量也是一个认识问题。从国际经验来看,文化产业尤其是文化创意产业这类新兴文化业态，被普遍认为是一种新的经济发展范式，范式本身就是关键性、枢纽性的概念，而发展范式的转型实际上就是发展观的转型，就是思想的解放和观念的转变。发展文化产业要敢于冒险、敢闯敢干，不怕打破"铁饭碗"，勇于突破体制机制障碍，培养锻造"市场人"的眼光和胆量。特别是对于那些具有一技之长，但又长期生活在"体制内"的文化从业人员来说，要摒弃"小富即安"的观念，鼓励创新创造，勇于不断超越。猪八戒网创始人朱明跃及其经营团队一班人当初放弃稳定工作"下海"创业并取得今日的成绩，即是一本很有说服力的"正面教材"。

启示二：加快文化产业发展要重视新兴文化业态

大力发展新兴文化业态，推动文化繁荣发展，是培育文化产业新的增长点的重要途径。2009年9月，国务院发布了《文化产业振兴规划》，在提到当前和今后一段时间的重点任务时指出，要重点发展包括文化创意产业在内的几类文化产业，其中"文化创意"居于首位。文化创意产业是在经济全球化背景下产生的以创造力为核心的新兴产业，是一种相对较新的文化业态。据统计，全球文化创意产业每天可以创造220亿美元的价值，并以5%的速度递增。国际上，文化创意产业已成为发达国家引领国家产业结构调整和创新发展的重要力量。当前，我国大部分地区文化创意产业的发展还处于起步甚至是摸索阶段，我们要更加重视发展文化创意产业等新兴文化业态，尤其是要重视现代高新科技支撑下的文化创意新业态、文化产品新形态，将其打造成文化产业中的"拳头产品"。

启示三：加快文化产业发展要用好科技发展成果

中央领导同志曾指出，要从战略高度审视科学技术在文化发展中的重要地位和作用，积极推动文化与科技的融合。事实证明，科技与文化的融合可以产生"蝴蝶效应"，现代化技术能为文化产业特别是文化创意产业插上腾飞的翅膀。20世纪末以来，互联网信息技术得到了飞速发展，网络对社会生产和生活的影响日益全面、更加深刻。从国际来看，以微软、英特尔为代表的一批主营互联网业务的公司以其迅猛发展奠定了福布斯排行榜上的领先地位。从国内来看，以阿里巴巴为代表的一批网络公司通过打造"淘宝网"等主要经营实物交易的电子商务平台，引领了国内互联网经济的方兴未艾。猪八戒网的案例再次说明，发展文化产业要密切关注现代信息技术发展新成果、新思路、新模式,使其为我所用、为文化产业所用。

启示四:加快文化产业发展要发掘文化人才队伍

发展文化产业,队伍是基础,人才是关键。文化产业本身是内容产业,而内容产业的核心和源头就是创新。因此,就文化产业的核心层和外围层而言,对从业人员的素质要求都很高,这就需要有一大批能力高、素质强的文化人才队伍。从我国人口众多的现实国情来看,文化人才队伍是一个庞大的概念体,不仅包括传统的"体制内"文化人才,也包括散布在四面八方的"民间"文化人才,"威客"也是其中一支重要力量。对于发展文化产业这项宏大和系统的工程来说,必须汇聚八方力量,必须凝聚各界智慧,必须整合人才队伍。当然,由于受客观条件的限制,不少文化人才尚未被发现、尚未被发掘,人才资源还未能得到最优化配置。我们要加大对文化人才市场的开发力度,积极构建全方位、多元化的文化产业人才体系,吸引更多的人才参与文化产业发展,投身文化产业建设。

启示五:加快文化产业发展要强化政府职能作用

任何一个产业的发展,除了依靠市场发挥资源配置的基础性作用外,政府职能作用的发挥也至关重要。强化政府的职能作用,有利于引导文化产业的发展。国际上许多国家的经验表明,文化产业如果失去政府的主导,缺少政府的扶持,这个产业就做不起来。从猪八戒网的个案也可以看出,仅仅一个普通的民营文化企业,在短短的5年间,就得到了各级各部门数十个项目支持和上百万资金投入。正是得益于政府部门对文化产业发展所给予的政策优惠、资金拨付等扶持,猪八戒网络有限公司才能顺风顺水、不断壮大。要实现党的十七大所提出的我国文化产业的跨越式发展,以及十七届六中全会提出的推动文化产业成为国民经济支柱性产业的发展目标,当前和今后一段时期,我们必须从建设中国特色社会主义的国情和建设文化强市的市情出发,从全国和全市文化产业的特点和发展方向出发,充分强化政府在推动、扶持、引导文化产业快速发展上的职能,助推我市文化产业大发展。

作者单位:
  王 东 重庆市社会思想动态研究中心
  容 琦 重庆市社会思想动态研究中心
  程晓宇 重庆市社会思想动态研究中心

白沙：重庆历史名镇的文化产业发展之路

陈 毅 刘 弘

江津区白沙镇位于重庆市西部，距重庆主城72公里，幅员236.7平方公里，总人口14万，是重庆市第一人口大镇。2002年被重庆市列为首批历史文化名镇，2010年被国家住房和城乡建设部、国家文物局命名为第五批中国历史文化名镇。2010年底，《白沙古镇保护规划》获市政府审批通过，预计投入10亿元，修复老街区、修缮抗战遗址、营造老重庆影视基地、建抗战文化主题公园。白沙镇朝天嘴码头已成为影视剧拍摄时重庆朝天门老码头的唯一替身。将白沙镇朝天嘴码头作为朝天门码头替身拍摄的已有10余部电视剧，如央视一套黄金时段已热播的《江姐》、《纸醉金迷》等。

一、白沙镇文化产业发展概况

（一）历史文化资源

1. 建筑文化

白沙历史街区规模宏大，古建筑群依江而建、依山而筑，山水布局特点突出。目前形态完整、传统风貌连续的历史街巷共有13条，总长8450米，历史建筑面积10万平方米。传统街区核心区主要以明清和民国初建筑为主，大部分保存完好。建筑类型包括穿斗房、吊脚楼、三重堂、四合院、风雨场、洋楼、碉楼、会馆、书院、寺庙等，几乎涵盖了所有基本建筑类型，堪称中国山地建筑文化的博物馆。

2. 抗战文化

抗战时期,国民政府迁都重庆,国民政府审计部、中央图书馆、国立编译馆、军政部新兵培训处等部分国民政府机构迁驻白沙,川东师范、国立女子师范学院、教育部特设大学先修班等8所学校也先后迁入白沙,大量国内知名人士、文化名人随之流寓白沙,极大地活跃了白沙的文化。因为文化的空前繁荣,白沙成为抗战大后方文化大镇,与沙坪坝、北碚夏坝并称为重庆的"三大文化区"。现在,白沙境内的抗战文化遗址共有30多处,且大都保存完好,其中已被重庆市文物委员会授牌的抗战遗址保护点有23处,占重庆市抗战遗址183处的13%,居重庆市16个历史文化名镇之首。

3. 名人文化

白沙本土名人包括辛亥革命烈士卞小吾、原中联部副部长及党委书记李初梨、白屋诗人吴芳吉、著名国画家张采芹、巴蜀史地学家邓少琴、抗日名将夏仲实、著名油画家陈可之、著名作曲家王锡仁、著名书法家周浩然、前国家女排主教练邓若曾,等等。抗战期间,作为抗战大后方重要的文化中心,一大批著名教授、学者、作家、教育家以及各界知名人士也都流寓白沙,其中包括陈独秀、冯玉祥、黄炎培、梁漱溟、卢前、胡小石、佘雪曼、周光召、丁衡高、蒋复璁等人。众多名人汇聚白沙,对白沙文化发展产生了巨大的影响,对中国近现代社会、经济、文化、科学进步也作出了卓越的贡献。

4. 民俗文化

白沙古镇,民风淳朴,非物质文化遗产丰富,至今还保留着许多文化底蕴深厚的民俗活动。每逢春节,白沙民间都要开展舞龙舞狮、扭秧歌、打联枪、打铁水等欢庆活动,从正月初一开始持续到元宵节才结束。划龙舟也是白沙民间一项重大的传统活动,每年端午节都要举行盛大的划龙舟比赛。白沙民间一直盛行楹联文化,庙宇、祠堂、房门、墓碑等多刻有楹联,每逢传统节日、婚丧嫁娶、诞庆岁新、开张志庆等也都会张贴楹联。此外,白沙的民间文学、庙会祭祀、川剧座唱、烧酒酿制、名吃制作等民俗文化都十分丰富。

5. 生态文化

白沙地质生态奇特,自然环境优美,名胜古迹众多。著名景点包括半个世纪前就入选美国《世界风景名胜辞典》的黑石山风景区、重庆市(省级)风景名胜区滚子坪、西蜀胜境邻母洞、张公山仙女洞、驴溪河风景区,等等。周边还有国家级风景区四面山、国家级森林公园大圆洞、国家级文物保护单位石门大佛寺、省级文物保护单位清源宫等风景名胜与之交相辉映。生态文化在白沙文化产业中具有重要地位,是推动白沙文化旅游发展的重要环节。

(二)文化产业发展模式探索

为保护白沙镇丰富的历史文化传统,做大做强文化旅游产业,打造文化品牌,扩大对外影响,白沙镇积极采取一系列的措施和行动,取得了明显的成效。

1. 加强古镇历史文化保护

2001年,白沙镇将古镇保护发展纳入《白沙镇城市控制性详细规划》。2002年,白沙被评为重庆市级历史文化名镇后,白沙镇政府出台了《白沙古镇保护管理办法》和《关于加强白沙古镇房屋维修改建管理的规定》,并编制白沙古镇保护规划,2009年规划编制完成并通过了重庆市政府的审批。这期间,政府坚持"修旧如旧"的原则,对鹤年堂、聚奎书院、白屋文学院、石柱洋楼、七七纪念堂等部分古镇历史建筑进行了抢救性保护维修。2010年12月,白沙镇成功获得由国家住房和城乡建设部与国家文物局联合颁发的"第五批中国历史文化名镇"称号,全镇有23处建筑被重庆市文物局文物保护委员会列为抗战遗址文物保护单位,纳入挂牌保护范围。

2. 推进老重庆影视基地建设

白沙镇抗战遗址众多,古建筑群规模庞大,带有非常突出的老重庆特色,为影视剧取景提供了大量素材。其中,朝天嘴码头是目前川江流域唯一保存完好的古码头,其地形地貌酷似重庆老朝天门。白沙充分利用这一资源优势,看准西南地区还未形成具有一定规模的民国风格取景地这一缺口,着力打好抗战文化牌,从2006年迄今已吸引了30多部影视剧到白沙取景拍摄,例如央视一套黄金时段热播的《江姐》《纸醉金迷》等。通过引进影视公司投资,在白沙糖厂建成200米多长的老重庆一条街,还原了抗战时期老重庆解放碑等街景。2011年10月,白沙"老重庆影视基地"正式挂牌。由西南大学、重庆电视台、白沙镇政府三方共同参与的课题——《白沙老重庆影视基地研究项目》同时在白沙开题。通过影视作品的宣传,更多的剧组前来白沙取景,剧组的到来又带动了本地旅游、餐饮、住宿、服装、木材加工等产业共同发展。为适应满足剧组的需要,政府大力培养群众演员队伍,努力改善交通、住宿、餐饮等条件,鼓励民间成立影视文化产业公司,为剧组的入驻提供方便条件。同时,政府还积极打造影视文化旅游项目,逐步形成影视文化产业链。

3. 打造地方文化活动品牌

白沙镇立足于"文化兴镇"的发展思路,不断挖掘白沙历史文化,积极营造文化氛围。从2010年开始,白沙镇开始积极打造地方文化品牌,每年定期举行传承光大传统民俗文化的"元宵民俗文化节"、"端午长江龙舟文化节",传承爱国主义精神的"抗战文化艺术节"等规模宏大的文化活动。同时,政府还根据重大节庆宣传需要,不定期开展各类爱国纪念活动,在群众中形成浓厚的文化氛围。例如2011年9月在白沙举行纪念辛亥革命100周年活动,境内外20多家媒体和80多家网站竞相报道,引起极大反响。这些文化活动每年都能吸引数十万游客前来白沙古镇,扩大了白沙的影响力。游客的到来也给当地经济带来了巨大的效益,不仅让老百姓得到了实惠,还让群众直接感受到文化繁荣带来的好处,从而形成文化建设与经济发展的良性循环。

4. 加强古镇文化旅游宣传

为了宣传古镇历史文化,促进文化旅游产业发展,政府在2010年投入资金20多万元,借助市级报纸、电视、网络等多家媒体专题介绍白沙历史文化,逐步提升了白沙的知名度。同年6月1日,政府又投资2万元开通白沙古镇文化旅游网,设立抗战遗址、历史人文、影像白沙、非物遗产、风土民俗、景点介绍等板块,积极推进以"白沙古镇—黑石山—滚子坪"旅游精品线为主,将塘河古镇、石蟆古镇、大圆洞国家森林公园纳入白沙旅游网络体系的"一线三点"旅游发展战略,面向全国宣传白沙古镇。2010年,白沙共接待了包括中国建设部、台湾国民党党史馆等各方来宾、专家学者在内的2000多人次前来参观考察,发放白沙抗战遗址宣传画册、《风流白沙》、古镇光盘等数千册(盘)。2011年,政府又面向全国征集白沙古镇"三划"方案和白沙地方文化标志设计,积极树立了白沙的对外形象,极大地提升了白沙的知名度。

二、白沙镇文化产业发展存在的问题

(一)创新商业模式存在一定障碍

由于白沙历史建筑群规模庞大,地方政府无法承担古镇建设所需的全部资金,需要建立一套合理的投融资模式来满足旅游开发的资金需求。在现有模式下,古镇旅游开发涉及的部门关系较为复杂,很多权属关系难于界定,很难在制度层面保证"谁投资谁受益"这一基本投资原则。投资方追求经济利益最大化的价值追求与当地居民切身利益需要之间易产生矛盾,例如旅游开发给当地居民带来的不便和基本生活费用上升等。由于当地居民是影响白沙旅游业能否稳定发展的重要因素,只有保护好当地居民的利益,才能有效实施商业模式的创新。另外,白沙老街地形复杂,且80%建筑物属私有财产,商业模式创新过程中居民所得利益不尽相同,这也为古镇的统一打造带来了困难。

(二)抗战遗址抢救保护维修缺乏资金

白沙镇抗战遗址的抢救保护过分依赖于财政资金。镇级财政运转困难,严重制约了抗战遗址的科学保护和开发利用。镇内大多数抗战遗址年久失修,部分建筑已出现倾斜、檩折柱损、构件脱落、围墙垮塌。其中老街区部分传统建筑椽子腐朽,屋面漏雨严重。有三百多年历史的明代建筑雕刻损毁,壁画褪色,石质构件(包括碑记)遭风化,白蚁虫害较重,面临坍塌危险。拯救抗战遗址保护维修迫在眉睫。区、镇两级政府虽然加大了对历史建筑和文物保护单位的维修力度,但离全面保护维修还有较大差距。

(三)文化资源的保护与利用滞后

白沙丰富的历史文化资源与文化资源整合开发程度严重不相匹配,无法形成独具特色的文化产业和品牌。一是白沙镇的核心历史街区长度近10公里,历史建筑达10万平方米,而参与文化产业发展的主体仅有政府文化部门及社区少数人员,政府及开发单位投入力度远远不够,难成规模效应;二是技术、人力和资金的制约,古镇的基础设施落后,对外界的宣传不够,很难吸引外来投资者,严重影响白沙的文化产业发展。古镇历史文化资源的开发利用问题,尚需要各级政府以及社会各界的共同关注。

(四)政策扶持力度不够

白沙是农业大镇,以农业人口和农业产业为主,政策支持主要偏向农业和工业,对文化产业的政策扶持力度不大。镇级财政每年在文化产业方面的投入仅10多万元,远远不能满足产业发展的需要。而文化产业作为新兴的产业类型,在市场体系尚不完善的情况下,很难完全依靠市场有效地配置资源。因此,政府制定政策,修正、引导和调节文化产业发展方向,通过扶持新兴文化企业,加强技术人才与经营管理人才支撑培养及引进,从争取市、区级文化项目资金等方面为文化产业快速、健康发展创造良好条件,注重技术人才及经营管理人才的培养,为其营造有利于公平竞争、快速发展的环境。

三、白沙镇文化产业发展方向

(一)推进文化基础设施建设

着力推进一批特色鲜明、功能完善的文化基础配套工程建设。实施项目带动战略,按照"修旧如旧"的原则对历史建筑进行保护性修复,并在核心老街区周边完善基础配套设施的建设。加快以大旗山城市公园、抗战文化广场和抗战雕塑、巴渝风情一条街和爱国广场等项目为代表的标志性文化重点配套工程建设,完成白沙"三划"方案和白沙地方文化标志设计,完善市政设施上档升级工程,修建停车场,逐步按白沙古镇文化旅游的要求实施城区街道综合整治,改善旧城区环境条件,不断提高白沙的文化品位,推动白沙文化基础设施建设迈向更高层次。

(二)修缮老街区及抗战遗址

"十二五"期间,利用政府资金完成对张爷庙、国立中央图书馆、国民党党史编纂委员会旧址3处抗战遗址修缮,启动21处抗战遗址的修缮工作。捆绑申报中国第七批国家文物保护单位,积极推进聚奎书院申报国家级文物保护单位工作,修建白沙抗战历史博物馆、酒文化展览馆、民间民俗工艺展览馆、三峡石展览馆等,深度挖掘文化旅游资源,不断吸引外地游客前来参观。

(三)将品牌效应转化为经济效益

近年来,白沙文化产业在创造经济效益上已初见端倪。2010年5月举办的端午长江龙舟文化节吸引10万游客到白沙旅游观光,2011年2月举办的元宵民俗文化节又吸引8万游客来到白沙,仅这两项活动就为白沙创造直接经济效益900万元。白沙文化底蕴丰厚、特色突出,可以挖掘的文化旅游资源还相当丰富。因此,今后要在保证公共文化服务的基础上加快经营性文化产业发展,扩大文化的对外影响力和辐射力,以抗战文化品牌为龙头,更好地整合其他文化资源,吸引更多的文化人才,让文化来服务经济,创造更加丰厚的利润。

(四)聚力打造影视文化产业

白沙·塘河影视基地建设已列入江津区"十二五"期间要完成的50个重点建设项目。要充分挖掘江津特色抗战文化,深入打造以白沙镇、塘河镇为龙头的抗战影视基地,形成以四大古镇和四面山为一体的影视产业链,实现"特色文化产业发展"这一突破。影视产业是白沙文化产业发展中的一大特色。作为江津影视文化产业的主战场之一,白沙将从政策扶持、改善交通、住宿、餐饮条件等方面为影视基地的发展创造条件,推进吃、住、行、游、娱、购等相关产业发展,提供与影视生产相关的综合性服务,走综合经营之路。经营者可以从不同的侧面挖掘相关的产品,比如建设特色影视剧院、游客影视体验馆,让游客回顾在白沙拍摄的系列影视剧;开发"跟着影视去旅游"文化产品,出售影视剧照、书籍、光盘等纪念品;开展"影像白沙·微电影拍摄"活动,设计"亲临现场当演员"情节,让游客不仅可以参观,而且还可以穿上影视剧人物的服装,亲自演一回影视经典片段,并拍摄制作成光盘,完成游客的一种心灵之旅;开发群众演员市场、服装道具市场。白沙朝天嘴社区正在积极筹备申报有关影视文化公司,主要业务范围包括服装道具租赁、影视剧组接待等。

(五)扶持民间文化企业

民间文化企业是推动文化产业发展的生力军。白沙镇将充分发挥政府在文化产业发展中的引导、扶持、推动、调控和服务作用,营造服务文化企业发展的优良环境,培育区域性文化产业集群,兴办各种民间演艺团队,例如目前基础较好的民间吹打、传统舞龙、舞狮、秧歌队、腰鼓队等,大力促进民间文化产业市场化,努力提升文化产业的竞争力。目前,白沙石坝街社区正在积极申报注册白沙风云文化传媒发展有限公司,主要就是面向群众文化活动的组织和开展。

(六)建设文化产业强镇

重庆市委三届五次全会以来,出台下发了《关于推动文化大发展大繁荣的决定》、《关于进一步深化文化体制改革的若干意见》等系列政策文件,江津区提出加快建设与"双百"现代化大城市相适应的文化事业。各级文化事业改革为白沙文化产业的发展带来了新的机遇。白沙镇将充分利用渝泸高速公路和重庆市三环高速公路建设的契机,把"津沙文化"作为重要支撑点,打破地区和行业壁垒,积极打造文化产业投融资平台,推动一批具有核心竞争力的文化企业发展壮大,继续做大做强文化产业,使白沙这座拥有千年历史的文化古镇焕发出新的生机和活力。

作者单位:
  陈 毅 重庆市江津区白沙镇政府
  刘 弘 重庆市江津区白沙镇政府

REPORT ON DEVELOPMENT OF
CHONGQING'S CULTURAL INDUSTRY (2012)

年度大事记

2011年度重庆文化产业发展十大亮点

一、文化体制改革重点任务全面完成,新的市场主体活力彰显

出版发行、影视剧制作、重点新闻网站、电影发行、文艺院团等经营性文化单位全面转企改制,重庆被评为全国文化体制改革先进地区。2011年报业、广电、出版、新华书店四大国有文化集团收入、利润、资产总额分别为改革前2004年的246.26%、222.79%、290.37%。新的文化市场主体活力彰显:重庆演艺集团演出1329场,第一个完整运行年度收入突破1亿元,是改制前2009年的两倍多;重庆红岩文化产业集团正式运行,全年演出210场,收入2300多万元;重庆日报报业集团成立重报传媒公司和重报新媒体公司,打造上市融资平台和新媒体对外投融资平台;重庆电影集团成功组建,启动《我最好的朋友江竹筠》《温故1942》《与妻书》等一批电影项目;全年新增微型文化创意企业4712户。

二、图书出版社平均生产能力继续居全国第一,渝版畅销书不断涌现

图书出版生产能力继续居全国第一,全国"三个一百"原创图书评选中,渝版图书社均入选数与京沪同列前三甲。《读点经典》及衍生产品继续畅销,累计发行突破2200万册,与《忠诚与背叛》《吃的真相2》共同被评为"大众喜爱的50种图书"。重庆出版集团《藏地密码》第10辑发行超过40万册,累计发行突破400万册;《气场》在当当网独家包销26万册,创造网络包销新纪

录;《医者仁心》《我们台湾这些年》《孝心不能等待》《毫无代价唱最幸福的歌》等一批新的畅销书涌现,带动大众类图书单品种入库量和重印再版率双双大幅提高。重庆大学出版社进入全国大学出版社20强,西南师范大学出版社被评为"中国十佳教育出版社"。

三、全市城市电影票房收入突破4亿元,电影消费持续高速增长

全市新增影院18家、银幕113块、数字厅126个、座位12887个,全年累计放映城市电影49万场,观众1253.5万人次,票房达40099万元,同比分别增长76.42%、40.84%、34.15%。其中票房收入继续位列全国第九、西部第二。人均电影消费12.5元,同比增长31.6%。影片《建党伟业》以1630万元创年度国产单片最高票房,《变形金刚3》创年度进口单片最高票房。

四、华龙网实现60%的高速增长,新兴文化产业异军突起

华龙网用足用活新闻门户网站的品牌和技术优势,大力拓展区县政务、无线增值和技术输出等业务,营业收入和资产总额分别实现60%和71%的高速增长。大渝网日均用户数达到160万,日均访问量超过2000万,继续领跑西部。全市广播电视有线网络整合形成了"一市一网、全程全网"的格局,新增数字电视用户20万户,全市累计达256.8万户,新增互动终端21.5万台,全市累计达45.2万台。开创中国本土网络商业模式的猪八戒网获得美国国际数据集团投资1000万美元,网站全年交易额达到6726万元,同比增长84%。

五、市文资公司成功注册中期票据14亿元,文化产业融资平台支撑有力

市文资公司充分发挥国有文化资产出资人集合优势,成功注册中期票据14亿元,2011年顺利发行6亿元,成本明显低于同期银行贷款基准利率,有效改善国有文化集团融资结构,有力支持重大项目建设。重庆文化产业融资担保有限责任公司全年担保项目98个,金额8.08亿元,支持一批文化产业项目

实现贷款融资。重庆文化产权交易中心完成登记注册,预计2012年上半年正式运行。文化产业发展专项资金共资助32个项目,资助总金额2000万元。2011年度中央财政资金资助我市3个项目,资助额850万元。公益基金、融资担保、债券融资、产权交易、投资基金等文化产业投融资平台建设规划全面推进。

六、第三届西部动漫节成功举办,会展经济高速发展

第三届中国西部动漫文化节成功举办,展场面积25000 m²,315家动漫企业参展,观众25万人次,现场销售额5000万元,合作项目签约54亿元。重庆·中国西部IT数码文化节吸引560余家数码厂商、2500余家经营户和70万人次观众参会,实现销售4.51亿元。第四届中国(重庆)万石博览会现场观众10万人次,现场交易量超6000万元,下单订货1100万元,签订合作项目32项、金额达4200万元。中国·重庆库存图书交易会吸引读者71.8万人次,销售图书45.5万册,码洋3867万元。中国(重庆)国际文化创意产业项目推介会现场签署10份项目投资协议,签约金额54.285亿元。

七、杂技剧《花木兰》赴欧洲巡演,文化"走出去"实现新突破

我市组团参加第63届法兰克福国际书展,实现图书版权输出55种,引进35种,首次出现正输出。重庆演艺集团杂技剧《花木兰》(《木兰传说》)赴英国、法国、比利时、瑞士、捷克、波兰等欧洲国家巡演,时间长达半年,每天演出3—4场,既传播中华文化,又获得经济效益,成为重庆文化产业"走出去"的典范。享弘影视公司发挥自身经验和渠道优势,打造动漫国际发行平台,推动中国动画片出口12部计3万多分钟,出口额120余万美元。

八、重庆大剧院票房突破 7000 万元,重大文化基础设施市场化运营模式日趋完善

重庆大剧院全年组织演出 199 场次,接待观众 34.87 万人次,总上座率 73.6%,票房收入 7007.43 万元,助推重庆大剧院综合业绩连续两年居保利院线全国 23 家剧院中的前三名。其中爱尔兰史诗舞剧《欲望之舞》、中国煤矿文工团《声音的暖流——红色经典朗诵演唱会》、《爱与和平——世界著名歌星诺雅与米娜音乐会》、大型音乐剧《三毛流浪记》等名剧受到广大市民热捧。尤其注重文化民生:商业演出售出 40 元低价票 19155 张,占总票房的 9%;继续举办"打开艺术之门"高雅艺术普及活动,组织演出 12 场次,票价在 20—100 元之间,让更多普通市民和中小学生有机会走进重庆大剧院欣赏高雅艺术。重庆大剧院完全市场化运营模式得到广泛认可,对市内文化设施管理运营产生积极示范效应。

九、《印象·武隆》成功试演,文化与旅游融合发展亮点纷呈

成功组建重庆旅游文化传媒集团,依托央视、重庆卫视、《重庆日报》等知名媒体启动文化旅游产品大营销战略,"重庆非去不可"主题营销口号叫响全国。2011 年 10 月 1 日《印象·武隆》大型实景演出在武隆仙女山景区成功试演,共演出 10 场,售出门票 27600 张,平均上座率达 103.5%,预计于 2012 年 4 月正式公演,成为文化与旅游融合发展的典型示范。巴国城完成婚庆公园改造,建成重庆市创意作品展示中心,成为巴文化旅游基地。歌剧《钓鱼城》成功上演。舞台剧《大足石刻千手观音》为第 13 届亚洲艺术节冠名演出。预计全市全年接待游客增长 37%,旅游总收入增长 38%,创历年新高,居于全国前列。

十、中国出版发行交易云平台项目启动,出版产业启动数字化转型

中国出版发行交易云平台策划方案通过专家评审,待市政府和新闻出版总署批准后,将进入实质性实施阶段。目前正按总署意见细化方案。数字阅读平台(书香重庆网)、仓储式出版平台上线、"名师在线"一期、中小出版社企业资源计划(ERP)建成运行。新推出《商界传奇》、《大剑OL》等本土网络游戏。维普资讯、聚购科技新获互联网出版资质,其中聚购科技是我市首家获得网络游戏出版权的民营企业。我市出版业数字化转型启动,初步实现内容产品全媒体发布。

2011年度重庆文化产业改革发展大事记

钟兰祥 整理

2月

2月1—2日,2011年全市宣传文化工作会议召开。会议提出,从形成合力、做好基础工作、找准主攻方向、转变发展方式、加大保障力度五个方面出发,全力推动文化产业发展。会议提出文化产业发展目标,到2015年,全市文化产业增加值占全市地区生产总值的比重达到5%,成为全市支柱性产业。

3月

3月17日,重庆出版社有限责任公司成立,3月29日,市编办批准撤销重庆出版社事业机构编制。至此,我市最大的出版社——重庆出版社完成转企改制。

4月

4月7日,开创中国本土网络商业模式的猪八戒网与美国国际数据集团签订投资协议,猪八戒网获得该集团一次性风险投资1000万美元。

4月12—13日,文化部文化产业司与市文化广电局联合举办了金融支持文化产业发展培训班,邀请各类金融机构负责人到场,分析解决我市文化企业融资瓶颈问题。

5月

5月6日,三届市政府确定实施的文化产业"六大基地十大项目"之一的重庆新华物流配送中心正式投产,项目技术水平达到国内全行业先进。

5月20日,2011中国(重庆)国际文化创意产业项目推介会成功举办。本届推介会吸引了来自欧美、中国台湾等市内外70余家投资机构、投资基金、投资客商参加,现场签署了4份战略合作协议,开启了金融与文化产业合作的大门,签署10份项目投资协议,签约金额54.285亿元。

5月21日,重庆"十二五"文化产业十大项目之一的重庆天健创意(动漫)产业基地奠基建设。

6月

6月3日,黄桷坪艺术园区的核心项目——川美·创谷建成开谷。

6月30日,全市广播电视有线网络资源整合全面完成,有线电视"一市一网"传输格局形成。整合后,有线电视用户数492万户,总资产31.28亿元,净资产14.3亿元,网络年收入13.65亿元。

7月

7月7日,重庆文化产业融资担保有限责任公司成功增资到1.8亿元,进一步增强了为中小文化企业提供融资担保的实力。

7月17—19日,大型红色经典舞剧《铁道游击队》在重庆大剧院成功上演,连演3场,创下99%的高上座率。这是重庆大剧院管理有限公司第一次独立运作的大型演出剧目。

7月19日,中国银行间市场交易商协会正式接受重庆市国有文化资产经营管理有限责任公司14亿元中期票据注册。这是我市积极应对银根紧缩形势、拓宽文化产业融资渠道取得的一个重大进展。

7月28日,全市文化体制改革暨表彰工作会议召开,出版发行、影视剧制作、重点新闻网站、电影发行、文艺院团等经营性文化单位全面转企改制,文化体制改革重点任务全面完成。

8月

8月22日,中国出版发行交易云平台项目建设方案通过专家初评。

8月25日,全市区县城市数字影院建设现场会在丰都召开,全市城市数字影院全覆盖工程启动。

9月

9月5日,重庆重报传媒有限公司成立,注册资金5000万元,负责经营重庆日报报业集团的广告、印刷、发行等资产。

9月5日,重庆重报新媒体发展有限公司成立,注册资金2000万元,负责经营重庆日报报业集团的网络等新媒体资产。

9月14日,我市连续第三年荣获全国电影专项资金管理工作一等奖。近三年,我市城市电影发展迅速,票房收入从2008年的1亿元增加到2011年的4亿元,列全国第九、西部第二。

9月28日,中国·重庆库存图书交易会暨第四届重庆读书月书市开幕。本届书市为期9天,共吸引读者71.8万人次,销售图书45.5万册,码洋3867万元。

9月29日,由广电总局和市政府共同主办的第三届中国西部动漫文化节在重庆国际会议展览中心开幕。本届动漫节为期5天,共吸引观众25万人次,315家企业参展,现场销售金额5000万元左右,合作项目签约54亿元。

9月30日,2011重庆·中国西部IT数码文化节开幕。本届数码节为期11天,共吸引560余家数码厂商、2500余家经营户和70万人次观众参与,实现销售4.51亿元。

10月

10月1—7日,大型实景演出《印象·武隆》在武隆仙女山景区成功试演,共演出10场,售出门票27600张,平均上座率达103.5%。

10月14日,《重庆市文化产业"十二五"发展规划纲要》正式印发。纲要提出,"十二五"期间,实施10个西部一流的重大项目,培育一批10亿级和100亿级得大型文化企业,文化产业年增加值突破1000亿元,到2015年占地区生产总值的比重超过5%。

10月16日,从第63届法兰克福国际书展传来消息,我市在本届书展实现图书版权输出55种,引进35种,版权贸易首次出现顺差。

10月22日,重庆现代印刷包装基地一期工程重庆正隆正式投产,预计年产瓦楞纸板1亿平方米、销售额达4亿元,填补了我市现代大型纸器生产空白。

10月24日,重庆文化产权交易中心有限责任公司注册成立,注册资本1亿元。这是重庆首个文化产权交易服务专业机构。

10月27日,我市第一家大型电影制作机构——重庆电影集团注册成立,注册资本1亿元人民币。

11月

11月8日，重庆新闻传媒中心、重报文化创意产业园、重庆有线电视网络产业基地三个文化产业重大项目同日奠基。重庆新闻传媒中心总投资6.6亿元，是一个多功能、全媒体的现代传播大厦。重报文化创意产业园总投资约15亿元，设计为文化产业孵化和生长基地。

11月10日，重庆聚购科技发展有限公司获得新闻出版总署核发的《互联网出版许可证》，成为我市首家获得网络游戏出版权的民营企业。

11月19日，重庆杂技艺术团在法国巴黎成功演出杂技剧《花木兰》（欧洲版），这是该团赴欧洲巡演半年的首场演出，也是全国杂技界第一次以杂技剧形式赴欧洲商演。

11月24日，"国家下一代广播电视网（NGB）媒体云业务实验室"在重庆授牌。这是国家广电总局继上海、杭州后设立的第3个国家NGB实验室，将进一步完善全国NGB实验布局，推动重庆乃至全国的NGB建设发展进程。

11月29日，重庆广电集团（总台）与中广传播集团有限公司签署合作协议，成立重庆中广传播有限公司，开发移动多媒体广播业务（CMMB手持电视）。

12月

12月3—10日，第四届中国（重庆）万石博览会在重庆国际会议展览中心举办，参与观众10万人次，现场交易量超6000万元，下单订货1100万元，签订合作项目32项、金额达4200万元。

12月13日，《重庆商报》和上海第一《财经日报》签订战略合作框架协议，双方将在新闻报道内容上展开深度合作，并在产品研发、财经指数和活动推广等方面进行紧密合作。

12月14日，繁荣重庆演出业座谈会召开，会议通过了《重庆市演出行业协会会员自律公约》。

12月22日，由重庆日报报业集团和重庆轨道交通集团合办的《都市热报》创刊，这是我市首家免费轻轨（地铁）报纸，拓展了平面媒体在新型公共交通系统的阵地。

12月29日，重庆日报报业集团印发物流基地签约落地两江新区水土高新技术产业园。

12月30日,国务院办公厅公布三网融合第二阶段试点地区(城市)名单,我市位列其中。

作者单位:
钟兰祥　重庆市国有文化资产经营管理有限责任公司

附 录

征稿启事

《重庆文化产业发展报告》(简称蓝皮书)是立足于重庆文化产业发展的年度性报告。该书全面贯彻党的十七大精神和科学发展观,按照《文化产业振兴规划》和"314"总体部署,全面展示重庆市文化体制改革和文化产业发展成果,深入分析文化产业市场的变化,探寻提升重庆文化软实力的新机制和新途径,为文化产业发展提供年度指导。蓝皮书每年出版一次,是重庆市文化产业的权威性工具书,具有全局性、前瞻性和可操作性。

为全面反映重庆市文化产业的现状、发展脉络及走向,《重庆文化产业发展报告》特向全国征集课题和稿件。

《重庆文化产业发展报告》由总报告、行业报告、市场调研、金点论坛、年度观察和年度大事记等部分构成。其中,行业报告涵盖了重庆报业、广电、出版、发行、印刷、动漫、影视、演艺娱乐等;市场调研对重庆文化产业的某一有机组成部分进行数据统计和宏观扫描;金点论坛给专家学者提供言论场所,就重庆文化产业中的热点问题及现象进行阐述;年度观察将文化产业的视野扩展到了全国乃至世界,挖掘当年文化产业中对重庆文化产业具有较强借鉴性的大事件,以翔实的材料,鲜明的观点形成独到的个案分析。您可以自行选择合适的板块投稿。请于当年10月1日前将文章题目或提纲发送到指定信箱。话题和稿件一经采用,稿酬从优。

来稿要求观点新颖,数据准确,行文流畅。行业报告、市场调研的字数为10000左右,年度观察、金点论坛为6000字左右。蓝皮书除强调权威性之外,还要求可读性。

来稿应为未公开发表的文章,敬请作者自留稿底。来稿请注明作者的工作单位、姓名、职务及联系电话。蓝皮书编辑部享有编辑权。

联系方式:重庆市渝中区中山四路174号
　　　　　重庆市国有文化资产经营管理有限责任公司
邮　　编:400014
联系电话:023 - 67012831
电子邮件:cqlanpishu@gmail.com

合作单位

中共重庆市委宣传部

重庆市发展和改革委员会

重庆市文化广播电视局

重庆市新闻出版局

重庆市移民局

重庆日报报业集团

重庆广播电视集团(总台)

重庆市社会科学院

重庆工商大学

重庆出版集团公司

重庆新华书店集团公司

重庆华龙网新闻传媒有限公司

重庆市社会思想动态研究中心